The Unique World

方
寸

方寸之间　别有天地

日文底
本化的色
的

简　素

簡　素　の　精　神

2022修订版

〔日〕冈田武彦——著

钱明——译

社会科学文献出版社
SOCIAL SCIENCES ACADEMIC PRESS (CHINA)

译者序

冈田武彦（1908~2004）是当代日本最负盛名的思想家之一。以他为首的九州学者圈，在为学方法、经典诠释及思考理路等方面有许多共同点，在一定程度上形成了有别于东京、京都等地学者圈的学派雏形，这就是从楠本端山（1828~1883）、楠本硕水（1832~1916）兄弟开始，到端山之孙楠本正继（1896~1963），再到冈田武彦、荒木见悟（1917~2017）及其弟子们展开的"新儒学运动"，冈田先生称之为"楠门学"。楠本端山和楠本硕水虽属于江户时期信奉朱子学的山崎闇斋（1618~1682）门下的三宅尚斋（1662~1741）一系，但他们大量吸收了阳明学、东林学及蕺山学的思想资源。因此，虽然楠本端山被认为是幕末维新时最大的儒家，而楠本硕水被定格为日本最后的朱子学者，但我们从其三传弟子冈田武彦先生身上看到更多的却是阳明学和蕺山学的精神气质。

就九州学者圈内部的学术风格和思想个性而言，其区别也是很明显的，特别是冈田武彦和荒木见悟，既通力协作、取长补短（如合作主编《朱子学大系》《阳明学大系》等多部巨著），又各显特色、相得益彰。如果说荒木先生是纯研究型的学术巨匠，那么冈田先生则可以说是研究加哲人型的思想大师。他们的弟子们说他们就像北宋的两大儒程颐与程颢，或明末的东林学者顾宪成与高攀龙。在思想个性上，冈田先生以敏锐、洒脱、修悟而著称，除了做学问，亦擅长东方书画和西方古典音乐，且周游列国，体认先哲，高朋满座。也许冈田先生的风格，若无特殊的气质和素养，是很难真切领悟的，无怪冈田先生常会感叹思想人生的寂寞和心灵世界的孤单。正因为冈田先生有着哲人的气质和勇气，才能够将一只脚迈出学院，跨入民间，在"做学问"的同时，还在"修悟"和"做人"方面达到了其同时代学人难以企及的高度。

神儒共体：日本儒学的转换

冈田武彦先生毕生研究儒学尤其是阳明学，但他并非传统意义上的儒学家，而是一位主张"神儒共体"的具有日本特色的儒学思想家和教育家。他的思想是对战后日本社会及当代人类命运的反思与总结，他身上真切地体现了儒学的日本化。

冈田先生晚年照

近世[1]日本人观念中的"儒教"是有比较严格的时间限定的，多是指由藤原惺窝（1561~1619）和林罗山（1583~1657）等江户儒者导入、以宋代朱子学为核心内容的"性理学"，而冈田先生所说的"儒教"却是以阳明学和神道学为中心的日本儒学。

虽然从宏观上说日本学者也认同日本与中国、韩国同属东方儒教文化圈的说法，但从微观上说，儒教究竟对日本产生了多大影响，看法却相当不一致。尤其是近现代以来，在日本先行的思想指导下，超越普遍性而强调日本特殊性的研究倾向逐渐占据了主导地位，特别是津田左右吉（1873~1961）的思想，直至今天仍有很大影响。津田认为："日本文化是基于日本民族生活方式的历史展开而独自形成的，其精髓可以说完全不同于中国文化。……日本过去的知识分子在知识的层面上虽受中国思想的熏陶很深，但这与日本人的实际生活相去甚远，可以说儒教对日本人的实际生活并没有产生直接的影响。日本与中国，日本人与中国人，几乎在所有的层面上都截然不同。""若把儒教与日本人的生活联系起来解读，那就会产生矛盾和冲突，要么牵强附会，要么曲解儒教而不顾其实质。……实际上，儒教被日本化并非事实，儒教就是儒教，是中国之思想，是文字上的知识，它并没有进入日本人的生活。"[2]

当代日本著名历史小说家司马辽太郎、学者陈谦臣等也认为，儒教对日本人而言只是一种比较抽象的哲学理论，是做学问的对象，而

1　日本历史时代划分之一，由安土桃山时代起，至幕末维新前止，约为16世纪中后期至1867年。——编者注
2　津田左右吉：「支那思想と日本」，岩波书店，1938，第2~3页。

日本的神社

非生活原理和日常的行为规范。奈良时代制定的《十七条宪法》第二条提到的"笃敬三宝",反映的是隋唐时期中国佛教的隆盛及其对日本的影响,这之后日本受佛教的影响不比儒教小,所以在日本几乎看不到宣扬礼教的"牌坊",但"佛塔寺院"随处可见。虽然德川幕府公认的意识形态是儒教,武士们使用的教科书也是"四书五经",但那也只局限在统治阶级内,并没有深入民间,成为普通人的思维习惯。

冈田先生的看法与上述学者不同。他把儒教融进日本固有的神道体系中,认为儒教是神道的重要组成部分,离开了儒教,也就谈不上神道。在他看来,日本的神道大致经历了五个发展阶段:一是反本地垂迹说阶段,即主张把神道放在根本的、主体的地位,而将儒教、佛教置于派生的、从属的地位,认为是"日本生出种子,中国展现枝叶,印度开花结果。所以佛教是万法之花果，儒教是万法之枝叶，神道才是万法之根本"[1]。二是儒家神道阶段。进入江户时代以后，佛教势力日趋衰微，儒教成为占统治地位的意识形态，出现了主张以儒教为根本的神儒结合的神道流派。三是垂加神道阶段。在大量吸取儒、佛思想之后，神道自身的羽翼逐渐丰满，出现了神主儒从的思想倾向，在此基础上形成的一大流派即垂加神道。该流派认为应当"以神道为主，以儒道为润色"[2]，主张用儒教的大义名分和忠孝观念来维系天皇的神圣权力。四是复古神道阶段。它排斥儒、佛二教，认为儒、佛二教歪曲并遮蔽了日本的古道真义，故主张将此二教从神道中清除出去，而以《古事记》和《日本书纪》等古典文献来阐明真正的日本精神。五是国家神道阶段。它是把垂加神道、复古神道等思想推向极端的产物，其基本思想是敬神爱国、崇祖尊皇，并强调国体主义和日本主义。

江户时代，朱子学和阳明学传入日本以后，儒教达到了繁盛的顶峰。但当时的儒者如林罗山、贝原益轩（1630~1714）等，都在学习和传播儒教的同时输入神道思想，表现出神体儒用的思想倾向。贝原益轩强调"神儒并行而不相悖"，神道是无言之教，而儒教则是神道精神的语言化，"谓神道不假儒教而自立则可，谓儒教不辅翼神道则不可"[3]。冈田先生的儒教论，可以说是贝原益轩思想的继承和发展。他把贝原益轩所强调的"神儒一体"推进到"神儒融摄""神儒共体"的新阶

1　吉田兼俱：『唯一神道名法要集』，《日本思想大系》第 19 册，岩波书店，1970，第 234 页。

2　石田一良编『神道思想集』，筑摩书房，1970，第 296 页。

3　海老田辉己：『学問と思想』，冈田武彦监修『貝原益軒』，西日本新闻社，1993，第 55~101 页。

段，所以可以将他的儒教称为神道化的儒教。所谓"共体"，即互为本体。它与其他神道的最大区别就在于肯定儒教的地位，认为两者都是日本文化精神的支柱，只不过神道是潜在地渗透于人们的日常生活中，而儒教则是用说教、学问的形式把神道思想表述了出来。冈田先生的"共体神道"思想，也来源于他长期以来所坚持的一体的认知取向。

　　如果说战前的日本儒教宣扬的是大义名分、皇权至上，所扮演的是保守和反动的角色，那么以冈田先生为代表的日本当代儒学家，则是以儒教"共生共存"的道德意识论和"万物一体"的自然生态观为基石，为实现亚洲一体化或寻找亚洲国家所拥有的某种共性进行着积极的理论探索。儒教强调统一、和合与共生，这是最符合人类和地球之根本利益及21世纪之发展方向的。21世纪是一个共生的时代，新世

1992年，冈田先生一行在章江船上，洒酒祭祀王阳明

纪的东方的现代化，必然是以创造出一个和谐共生的社会为前提的。[1]哲学的建构作为一个基础，对于东亚乃至整个世界而言也是一个共同的课题，而儒学在这种哲学建构过程中能够发挥独特的作用。

冈田先生这种"共生共存"的理念，并非出于早期儒家的以人为中心的道德理想主义，而是来源于宋明新儒学的心物合一、万物一体的生态整体主义以及日本传统神道的原始自然主义。冈田先生重视对宋明新儒学尤其是阳明学的创造性还原和复归、对本民族神道传统的发掘和活用，并长期致力于"神儒合一"即儒学日本化的研究普及工作。这或许正是冈田先生要把这种日本化的儒学称为"东洋之道"[2]，以区别于中国的儒学或新儒学的用心之所在。

简素与崇物：日本文化的自我

在冈田武彦先生看来，日本文化的精神实质是东洋之道，而东洋之道的核心又是神道和儒教，因此，他对日本文化的自我进行了深入探究，提出了"简素"和"崇物"两个根本性的哲学范畴。

他认为，简素就是简易平淡的价值追求和内外功夫，简素精神就

---

[1] 難波征男編《岡田武彦、張岱年対談：簡素と和合——対立から大同の世紀へ》，中国書店，1999，第94~109頁。

[2] 冈田武彦主张用"东洋之道"来代表东亚文化的核心价值。"东洋之道"是相对于"西方之学"而提出的，但它隐含着日本文化中心论的倾向，就如同中国人所理解的"儒家文明"隐含着中国文化中心论一样。——译者注。以下除特殊说明外，皆为译者注。

是崇尚思想内容的单纯化表达，认为表达越单纯，其内在精神就越高扬。西方文化重知性，求华丽展开，而东洋文化尤其是日本文化重感性，求回归简素，前者是分析，而后者是综合。在冈田先生这里，简素不是精神内容上的，而是表现技艺上的，即在表现形式上不外露精华，尽可能地抑制。以简素为基础的哲学精神，不追求主知的思辨，而崇尚主行的体认。

　　中国人既善于把事物对立起来思考，又善于从一体的立场出发，将事物进行调和。所以穷理与尽性、唯精与唯一、博文与约礼、道问学与尊德性等在中国人这里是并行不悖的。日本虽大量吸收了中国传统的思想与文化，但日本人可以说是把简素精神发展到了极致，这能从日本的和歌俳句、陶瓷工艺及建筑风格等文化形态中窥见一斑。阳明学是中国传统哲学中体现简素精神的结晶，所以能在日本大行其道。

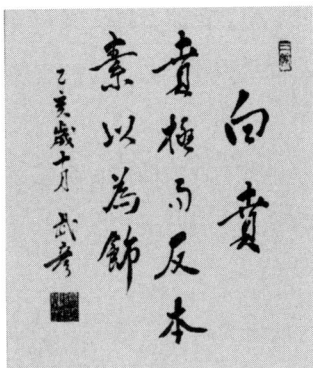

冈田先生手书"白贲"

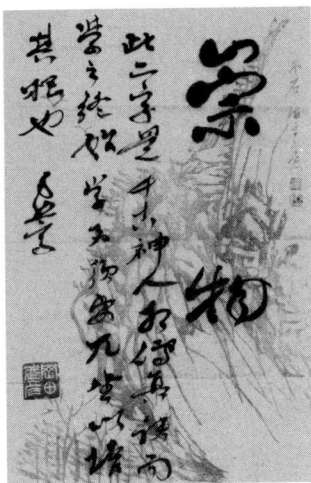

冈田先生手书"崇物"

如果说简素是冈田先生对日本文化精神的高度概括，那么崇物便是冈田先生对日本民族心理的精练总结。简素与崇物在冈田先生那里，可以说是一对相辅相成的概念，两者在思维方式上高度重合，这也是为什么冈田先生在阐述"简素"时要常常述及"崇物"，反之亦然的重要原因。

他说"崇物"二字是"日本思想文化的根本理念"。因为在日本人看来，物并非单纯的物质，它具有生命的灵性，无论是生物还是非生物，都拥有灵魂与情感。所以冈田先生曾做过这样的总结："现在吾之思想的极致理念是'崇物'二字。物即命，命即物，人虽为物之灵长，然一旦无物，生即不复存在。有了对物的崇敬之念，便产生对生命的崇敬之念。""知道了对物之生命的崇敬，就会对物产生感激之情，由此而转化为共生共死、万物一体之仁的理念。"[1]冈田先生的这一思想与宋明儒者有一脉相承之处。宋明儒者把动植物与自然界看作宇宙生命和意义的体现，主张通过"观物"以体验宇宙生命的"生意"。但宋明儒者对自然的看法，仍局限于传统儒家的艺术性或审美性的自然境界，它既不能与道家的自然观相区分，也无法区别于文学家、诗人对自然的观赏态度。[2]倒是日本的"崇物"心理，不仅使人在"物化"后成为物的一部分，而且还赋予物以主体性和伦理性的意义。

冈田先生还认为，崇物思想与当今人类环保意识的关系，就犹如一棵大树，崇物是培其树根，而环保是修其枝叶，根未培，枝叶焉能繁茂？

1　森山文彦编《冈田武彦先生语录》，2000年私家版。
2　陈来：《中国近世思想史研究》，商务印书馆，2003，第42~43页。

崇物心理来自对生灵万物的直观体验，因而也是一种简易直截的思维方式。如果说崇物是日本民族精神的内在体现，那么简素便是日本民族精神的外在表现，而日本人的生活方式和行为习惯正是在崇物的心理定式与简素的思维方式上达到精妙统一的。[1]

若把日本人的崇物心理与中国传统的道家、儒家思想做一比较的话，便不难看出其中之差异。道家讲"造物"或"观物"，[2]是对"道"这个"造物者"的崇拜，"崇物"则是直接对"物"这个自然对象的崇拜。道家主张顺应造化，物我合一。它之所以归顺自然而超越世俗，是由于看破人间是非、得失、荣辱的反复无常。日本的

日本花道注重表现花木原本的自然形态，这也是日本人自然崇拜的一种体现

1　冈田武彦:「崇物論」,『活水日文』2004 年第 45 号。

2　如《庄子》《淮南子》讲"造物"，程颢、陈献章讲"观物"。程颢有"欲观万物自得意"（《二程遗书》卷二上，上海古籍出版社，1992）之说；陈献章则有《观物》诗行于世（［明］陈献章:《陈献章集》，中华书局，1987，第 683 页）。

"崇物"，不是隐士哲学，而是庶民哲学。它主张的物我合一，是大我与小我的合一，而非无我。

儒家讲的"天人合一"，虽与日本人的崇物心理较为接近甚至有重合，但区别也是显而易见的。概括地说，日本人对自然的"敬畏"，使他们更多地依赖于自然，在对待外来事物时，也更加注重形式的接受；相反，从儒家"天行健，君子以自强不息"的豪言壮语中，可以感受到中国人更注重现实层面的自我感受，在对待外来事物时，不是被动地接受，而是有选择地"拿来"。但是，中国人所说的征服与改造绝不是破坏，而是与自然的调和，也就是"天人合一"的思想，这是中国人与日本人自然观的共同点。只不过日本人侧重于"天"或"物"，而中国人侧重于"人"或"我"。[1]西方文化中有"在上帝面前人人平等"的观念，中国文化中则有"在天地（自然界）面前人与万物平等"的观念。如果把前者视为"人类中心论"的话，那么后者就是"非人类中心论"。[2]日本哲学由于比中国哲学更注重"物"，甚至把自然之物与人文之物等量齐观，都作为崇拜之对象，所以可以说是一种"万物中心论"。

日本哲学的宗教精神，除了"敬畏万物"之外，还表现在对自然界的感激、报恩这种观念中。日本神道以天地万物为父母，将自然界视为人类生命的赐予者，因此有一种报恩思想，对自然界有一种发自

1　吴光辉：《传统与超越》，中央编译出版社，2003，第238页。
2　蒙培元：《为什么说中国哲学是深层次的生态学》，《新视野》2002年第6期。

内心的宗教情结。有了这种宗教情结，就会自觉地爱护自然界，而不是任意地去掠夺和破坏，从而使人与自然界的生命联系较之其他宗教文化要表现得更紧密、更显著。在日本人看来，天皇是自然的化身，是万物之灵的体现，而神道从本质上说，就是一种崇物的信仰体系与宗教精神。这是日本民族在引进、吸收、消化中国传统儒、道思想的过程中发展出来的独特的思维方式。日本人视物为神，认为物有超人的力量，日本神道宣扬多神，历来有八十万神、八百万神及一千五百万神之说。因此日本的神社不计其数，所供奉的对象是自然界的万物。在崇物心理的支配下，价值判断不要了，是非界限模糊了，美丑标准不见了，自然界和人世间的一切都成了顶礼膜拜的对象。

兀坐与体认：心物合一的简素功夫

什么是"兀坐"？据《辞海》的解释，"兀"有二解：一为"高耸特出貌"，一为"浑然无知貌"。很显然，冈田先生所说的"兀坐"，当为同体于自然的圆融境界，它既不是朱子所说的"尔固非远事绝物，闭目兀坐，而偏于静之谓"[1]，更非宗教式的虚无枯坐，而是一种

---

1 《晦庵文稿》卷七《答张敬夫书》。周濂溪也把"兀坐"等同于"静坐"。据王阳明弟子董沄《把卷录》记载："濂溪先生初从东林总（北宋禅僧）游，久之无所入，总教之静坐，先生于是静坐月余，忽有所得，以诗呈曰：'书堂兀坐万机休，日暖风和草自幽。谁道二千年远事，而今只在眼睛头。'总肯之，遂与结青松社焉，出《性学指要》书。"（钱明编校整理《徐爱·钱德洪·董沄集》，凤凰出版社，2007，第264页。）

兀　坐

源于王阳明的"兀坐经旬成木石，忽惊岁暮还思乡"[1]的心物合一的简素功夫。就外在姿势而言，它是一种适合日本人生活习惯的修行方式：膝盖和脚趾接触地面，身体则坐在脚跟上。在这个位置上，修行者可使自己的心灵、身躯与自然万物交融合一。

冈田先生早年身体力行的修行是"静坐"，以为"静坐"才是真正的简素功夫；后来是什么都不做的"枯坐"，以致使简素功夫等同于虚寂无为；最后才发展到人我两忘、心物一体的"兀坐"。因为在冈田先生看来，静坐是以心为主、以身为仆，这样的心是缺乏具实性

1　吴光、钱明、董平、姚延福编校《王阳明全集》，上海古籍出版社，1992，第675页。

的以物为累的拘泥之心，其简素化也表现得很不彻底；"枯坐"则如同《正法眼藏》中道元的"只管打坐"，极易使人进入"弃人求佛的佛教世界观"，而背弃"以人为本的儒教世界观"。只有以身为主、以心为仆的"兀坐"，才能使人进入"洒洒落落""心物一体"的动静合一的境界。因此，"兀坐"才是最具实在性的简素功夫。用冈田先生的话说："万物会归于心，心归于身也。身也者何，曰：体躯而非体躯者也。"[1]只有做到"兀坐以与物为体"，才能培根养身，这是冈田先生从几十年的人生经历中体悟出来的接触世界、解释世界和交往世界的独特方式。

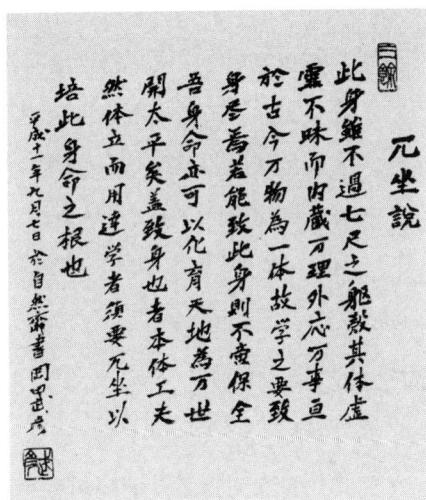

冈田先生手书《兀坐说》

1　岡田武彦述『わが半生・儒学者への道』，思遠会，1990，第 376 頁。

冈田先生说："阳明学是体认之学，是培根之学，是身心相即、事上磨炼之学。"[1]为学的根本宗旨在于"兀坐培根"。体认，即切身感受。他在《崇物论》中说："随着研究的深入，我逐渐对宋明理学中的体认之学有了浓厚的兴趣，觉得正是体认之学才使得东方哲学具有了西方哲学所没有的思想特色。因此，我便去试着体验宋明儒学家体验过的生活，从而逐渐自觉到这才是真正的东方学的研究方法。后来我还意识到，这样的研究方法已不在印度和中国，而主要存于日本。出现这种情况其实并不突兀，它与源于宋明时代精神文化的日本传统密切相关。古语曰'游骑无归'，我却可以幸运地回归自己的精神故里了。宋尼《悟道》诗云：'尽日寻春不见春，芒鞋踏遍陇头云。归来笑拈梅花嗅，春在枝头已十分。'这首诗大概可以充分表达我向日本传统也就是体认之学回归的心境了。"

不难看出，冈田先生所强调的"兀坐"和"体认"，尽管只是修行的方式和做学问的手段，而且似乎都能从中国的传统思想中找到源头，但其实质却源自日本人所固有的"崇物"心理和"简素"精神。

简短的结语

至此，我们认为可以把冈田先生的学问系统概括为一种以"身

1　岡田武彦：『王陽明大伝：生涯と思想』，明德出版社，2002，第3頁。

学"为人生目标，以"崇物"为文化根本，以"简素"为价值取向，以"体认"为手段，以"兀坐"为功夫，以"共生共存""心物一体"为最高理念的，彼此间相辅相成、体用互补、完整而和谐的思想体系。这可以说是冈田先生半个多世纪以来为日本神道和儒教精心建构的思想大厦。

冈田先生常说自己不是学问家而是思想者。与学问家不同的是，思想者更注重精神取向。这样的人，一旦迷恋自己的选择，便会达到如痴如醉的境地。这样的人，是用整个生命拥抱着自己的思想，甚至有一种宗教式的热情。叔本华曾把思想家比作弹奏一架自己的风琴的乐师。冈田先生便拥有自己的风琴，并且乐于谱写自己的乐谱。他受过西方哲学的熏陶，也沉湎于宋明儒学；他研究过毛泽东，也修过佛教的禅宗。然而当他在儒学中发现了自己的坐标而进入神儒共体的高远意境后，那些曾先后精心研究过的知识和学问，就全部被纳入他的思想体系之中。他把它们化为自己所需要的成分，以增加他思想的完整性。当他确定自己的选择，完成了一个有别于他人的理论体系后，一个赫然存在的生命就呈现出来了。于他而言，这一生命从此不会消失，是实实在在存在的。也许显得孤独，这种孤独，是升华到哲学高度后的境界，是一种犹如陈子昂在《登幽州台歌》中吟诵的"前不见古人，后不见来者；念天地之悠悠，独怆然而涕下"的高迈情怀。

钱　明

2016 年 2 月

目　录

上 篇　简素的精神

上 篇

简素的精神

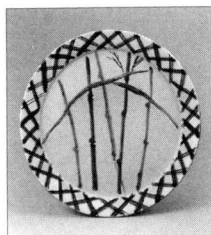

前　言

　　看看今天的日本社会，大概都会承认，多数的日本人已失去了自信和自豪，陷于迷茫并看不到前进的方向。造成这种状况的原因，是日本人在第二次世界大战中战败，并遇到了历史上从未有过的时代大变局，直到今天还置身于对传统文化进行极端批判和排斥的暴风骤雨之中。但是，漫长岁月培育的传统文化，已深深地渗透进日本人的躯体之内，若不加甄别地全盘拒斥，就会使自己染上各种各样的外来病毒，顺其发展，甚至有可能连日本的生存也会危机四起。那么怎么办才好呢？我想只有重新回顾传统文化，并对其意义和价值进行再认识，找回日本人的自信和自豪，除此之外，别无他途。在这里我们应当铭记扎尔斯泰在写给印度圣雄的信中所说的话："拥有悠久历史的民族文化，必有其自身的价值，但我们不应该在与其他民族文化的比较中谈论其价值。"

　　日本的一些有识之士指责日本人的缺点，说什么"日本的常识即世界的非常识""暧昧的日本人"等。其实从这些话语中，恰恰应当看到的是隐藏于其中的异于西方文化的优秀的日本文化神髓。

什么是日本文化的特色？一言以蔽之，即"简素"。日本人的世界观就是以简素的精神为基石的。与西方文化的华丽性相对照，两者完全相反。不过，强调简素是日本文化的特色，并不是说日本文化中就没有华丽的成分了；反之，强调华丽是西方文化的特色，也并不是说其中就没有简素的因子了。只不过把两者的特色拿来对比的话，就不能不做如此之判断。那么，为什么两者之间会产生这样的差异呢？不因为别的，就是因为在面对外界时日本人是自我抑制型的，而西方人是自我彰显型的。

但是，在强调日本文化是简素的同时，切不可将其误解，以为是内面精神单纯、毫无可取之处的低层次的文化形态。实际上正好相反。为什么这么说呢？因为这里所说的简素，是"文极反素"（修饰到了极致就成了无饰）的意思，即华丽的极致。因此，它在形式上虽类似于原始的简素，但在精神上却相去甚远。这里所说的简素，主要是指表现形式，而不是内在之精神。故所谓简素，就是表现受到抑制。由于受抑制而追求简素，使得原有的内面精神变得愈加丰富、充实以至深化，这就是简素的精神，这就是日本文化和日本人的基本世界观和审美观。日本人一直以来都是以此为根本，积极地受容[1]华丽的大陆先进文化，并将其简素化和日本化的。

---

1 接受和容纳（多用于感觉、意志、文化等方面）。

然而，拥有以这种简素精神为根本的文化性格的日本人，如果自吹自擂并拒绝或排斥其他华丽形态的文化，那就不仅不能使日本文化进步发展，还会使其退化并萎靡沉滞，最终只能是死路一条。实际上，两种文化的相互结合，才是创造新文化的开始。如果将此比喻为天和地，那么天地的确是相反的存在，但唯有天地相合才能生成万物。由此出发，日本文化的简素精神具有世界性价值的道理，也就不言自明了！

所以，日本人要自信自豪，既要继承这种精神遗产，又要学习与此相反的其他文化，努力使本民族的文化能够进步发展。只有这样，才谈得上为世界文化的进步发展做出贡献。

迄今为止，关于日本文化的特色在于简素的问题，国内外的有识之士虽已有揭示甚至赞美，但大都只限于日本文化的一个领域，而并没有将其贯穿全部的日本文化，并将其作为日本人世界观和审美观的基础来加以论说。我在本书中虽概略地指出了这一点，但要得出这些结论，却不能不仰仗各学科众多专家的赐教，甚至借鉴他们的高论。借此机会，我要向诸位表示深深的谢意。

如果读者能通过本书重新认识日本传统文化的意义和价值，从而保持一些作为日本人的真正的自信和自豪，那对我来说真是喜出望外了。

1998 年 6 月

冈田武彦

一 日本人
　　与
　　简素的精神

埴轮[1]之心

据专家说，今天的日本列岛是经历了以下变迁后才形成的：

像眼前这样四季变化分明、自然恩赐丰富、环境优美的日本列岛，其历史最早可追溯到绳纹时代。距今两三万年前，地球进入大规模的冰河期，海平面低于现在数十米之多，多数大陆架成为陆地。

当时的日本列岛与大陆相连，日本海则是个辽阔的内海。与现在相比，整个列岛少雪干燥，气候寒冷。

到了距今 8000 年的绳纹时代早期，地球气候转暖，各地的冰河及南北极的冰床也开始融化，海平面上升，朝鲜海峡扩大。此外，冬

1　埴轮是日本古坟顶部和坟丘四周排列的素陶器的总称。用泥土烧制而成，有圆筒形和形象形两种。形象埴轮有人物、动物、器物、房屋等形状。埴轮是了解当时人们生活的重要窗口。

季的西伯利亚寒流则席卷着水温上升了8℃的日本海的水汽袭向日本，从而导致日本海一侧雪量增大，太平洋一侧继续干燥。与此同时，南方的温带林也逐渐北移，并扩展到了日本列岛的多数地域。日本像今天这样的气候环境就是从绳纹时代开始的，绳纹文化也就是在这样的环境中培育起来的。

欧亚大陆有着广阔的森林和平原，日本列岛则由环境各不相同的岛屿连接而成，形成了与之明显不同的环境条件。距今6000年前，气温进一步转暖，比现在还高出2℃，海平面也比现在高出1米以上。因此，日本沿海一带的平原很多都被海水吞没了，形成一些浅窄的江河。

日本列岛的森林树种丰富，以树木果实为主的植物性食物较多。很多深入陆地的海湾盛产各种各样的鱼类贝类，而且还是鸟类的生息繁衍之地，因而动物性食物也较丰富。

绳纹人在海与平原或河与平原的接合处构筑部落，并依靠在各地域采集的丰富的食物资源过日子，不仅掌握了巧妙利用这些资源的技能，而且已达到了较高水准。我想，这也许是从大陆传过来的水稻生产技能起到重要作用的结果。绳纹人当时已是一流的技术家和艺术家，这与四季变化分明、风景秀丽的日本风土不无关系。某些西方人认为日本是艺术之国，于是很想了解日本人的艺术性格究竟是从哪儿养成的。

日本列岛开始使用陶器大约是在1.2万年以前，这正是绳纹时代开始的时候。那个时代的陶器种类非常多，并且被刻上各种纹样。陶器虽是用于煮炊和盛放料理的实用性工具，但同时也是祭祀用的东

绳纹时代中期的土偶
山梨县八代郡御坂町上黑驹遗址出土
图片来源：郑宁《日本陶艺》，黑龙江美术出
版社，2001

绳纹时代中期的深钵
青森县八户市是川一王寺遗址出土
图片来源：郑宁《日本陶艺》

西，所以要刻上各种纹样。

绳纹陶器浓重而执拗，富有超自然的过度装饰性和猎奇性，奇特而神秘，具有魔术般的想象空间，既热情饱满，又滑稽可笑，确实多姿多彩。

从文化史的角度说，绳纹时代以后是弥生时代，接着就到了古坟时代。弥生时代相当于公元前3世纪到公元3世纪。古坟时代则是日本的国家形成时期，即4世纪到7世纪。

弥生文化又被称为稻作文化，是在绳纹时代从朝鲜半岛或中国南部传到西日本的，后来又向关东地区传播，所以称为"弥生"文化。

一进入弥生时代，大概由于追求实用的关系，许多陶器没有了装饰性，变得简素清晰起来。到了古坟时代，像埴轮这样素朴、单纯、稚拙的器物也被制造出来。在思考日本的简素精神的时候，这一变迁过程需要特别留意。

如果把绳纹文化和弥生文化进行比较的话，两者的反差之大，从陶器上也能一目了然。于是也就出现了为什么同一民族会产生如此不同的两种文化形态的疑问。造成这种反差的原因，一方面是生活方式和经济活动的变化，另一方面则要从人类学上去寻找。

据我的推测，绳纹人原本是狩猎采集的民族，拥有独特的宗教信仰，这反映在他们所制作的陶器上，就是如上所说的过度的装饰化。但他们在日本列岛长期居住的过程中，受风土环境的影响，渐渐养成了以率直温和为主的性格特征，并形成了崇敬自然的民族心理。这种倾向，后来又由于稻作文明的传入使生活趋于安定而愈加强烈起来。结果，就连他们使用的陶器也自然而然地淡化了装饰功能，甚至制作出了毫无装饰感的器皿。至于那些把稻作文明传播到日本的大陆人（人数时多时少），则很快就被日本的风土环境同化了。如果考虑到上述因素，那么绳纹与弥生两种文化之间的巨大反差，也就没必要那么在意了。

陶器从绳纹时代到弥生时代演变的过程，就是简素化的过程，而接下去古坟时代的埴轮，则是这种简素化达到极点的标志。

从弥生时代的一二世纪起，日本与中国的交流也开始增多，这可以从弥生时代的遗迹中发现汉代陶器和古坟时代伊始大陆传来的物品增多等方面判断出来。

弥生时代后期的舟形注口陶器
熊本县下益城郡城南町宫地出土
图片来源：郑宁《日本陶艺》

　　尽管如此，出现无装饰性的陶器和埴轮这类土偶这件事本身，应当引起我们的高度关注。我把日本人的简素精神定调在这个时代，理由就在于此。

　　这种弥生时代的陶器已失去了绳纹时代陶器那样的过度装饰性，转而拥有单纯的形态美，而埴轮则更加趋于单纯化。埴轮是一种黄土色的土偶，其表情充满稚气，犹如撒娇的可爱玩具。

　　埴轮既不像守卫秦始皇陵的兵马俑那样突出造型，也不像汉、六朝及隋唐时期的随葬品中的陶俑那样具有华丽的色彩。此外，在汉代陶器中还有具备强烈动感造型的漆黑舞俑，而埴轮却表现得极具静态感。

　　埴轮之所以具有这样的特色，也许是由于它是在古坟之外置放的礼仪性物品，因此，它的足部成了圆筒，而样子则被制成直立型的，反映出创作者被日本风土熏陶出来的率直而温和的民族性。

但是，古坟时代出产的埴轮，也或多或少地受到了中国的影响。之所以这样说，是因为中国古代在建造坟墓时，在坟墓两侧都要排列若干石人和石马，使坟墓显得十分庄严，而这点在日本的古坟中也能看到。

埴轮这种土偶，爽直得给人一种儿童般天真烂漫的感觉，其造型艺术超越了客观性和写实性而极富印象性，因而是极其简素的东西。这种简素，不能不认为是对单纯装饰性的否定。应该看到，这正是当时的装饰文化走向集约，人工上回归自然的必然结果。本书所谓的简素，其真意就在于此。

古坟时代后期的埴轮：楯持人
群马县太田市回古坟出土
图片来源：郑宁《日本陶艺》

这种力量潜在地流淌于日本人的血液之中。他们在受容大陆文化的同时，又使之日本化，从而创造出了独特的文化形态。

回归自然

世上好像从来没有过如日本人这样喜爱并崇敬自然的民族。与日本人相反，欧美人认为，自然是被人类支配、利用的对象。那么日本人的这种自然观又是怎么产生的呢？原因就在日本人居住的这片土地。

日本的国土呈锯形，有着很长的海岸线，由大小数千个岛屿组成，气候总的来说还算温暖，享有充足的日光和慈雨，四季变化很有规律，其景趣可以说就像一幅优美的画卷。《日本美术的特质》的作者矢代幸雄从海外归来看到日本国土的时候，曾对一路的印象作过如下描述，只要读一下这段文字，就会更加了解日本人崇敬自然、以自然之心为心的独特文化背景。

日本是漂浮于温带亚热带海洋中的群岛，岛上巍然屹立着被白雪覆盖的座座火山，其中自然现象的急剧变化，令人眼花缭乱。为了能真切感受一下日本的这种特色，我从欧洲回国时特地乘坐了以前坐过的西伯利亚火车。在连续一星期的列车旅行中，眼中所见始终是景色雷同、一望无际的茫茫欧亚大草原。那里悠然生活着似乎没有什么兴奋点的大陆

日本北海道的风景

民族，而且在我的感受中这一切好像与自己全然不能分离。但一过朝鲜半岛，进入日本群岛后，眼前突如其来的景致，真是与之形成了鲜明的对比。大的岛屿白浪荡漾于碧海，绿草滋润于地平；小的岛屿树木繁茂，翠绿铺地。大大小小的各种岛礁，狭长地点缀在海平面上；平原、丘陵、森林、高山则交错地镶嵌在陆地上。蓝天彩云飞舞，绿地光影追逐，好一派千变万化、生动活泼的景色！真是眼前一亮。

最近我又乘飞机出入日本。我沿着长长的空中走廊，从阿拉斯加到阿留申群岛，一路南下，在从奥州三陆[1]附近向日本列岛靠近的时候，似乎觉得到了中国神话传说里的东海蓬莱岛。从冰天雪地的阿拉斯加起飞后，曾发生日本军队悲剧的险峻崎岖、白雪皑皑的阿图、基斯卡等岛上，荒凉场景尽收眼底。忽然间，我眼前又出现了那条宛如天鹅绒般的带子。它绿意浓浓，此起彼伏；峰峦耸立，透似水晶。在

1　日本东北地区太平洋沿岸一带的总称，主要指青森、岩手、宫城三县。

蔚蓝色的大海里，其轮廓犹如一条不规则的曲线，上下翻滚，波浪迭起。面对着眼前这千姿百态、变幻无穷的美景，我完全陶醉了。

矢代幸雄还对日本国土四季变化的美景作过这样的描述：

位于温带的日本，一年中春、夏、秋、冬被平均分配，四季循环，色彩斑斓，好像一幅铺开的美不胜收的风景画卷。山野连绵、杂草丛生、林木繁茂的盛夏与落叶、霜雪遍野的寂寞严冬形成了鲜明对比；其间还夹带着灿烂的春花和凋谢的秋叶。画卷随着景色的变化而变化。

在如此这般的四季交错间，又加上了一首绝妙的变奏曲，即朝晖夕阴的气象变化。日本四面环海、水蒸气多，偏偏又是高山耸立，水蒸气一上升，瞬间就化为烟云，凝固后又成为雨雪，飘然而落。千奇百怪的水蒸气从出现到消失，真乃转瞬之间，变幻莫测。日本这些自然现象，举世罕见。

以上描述的景象，到访过日本的外国人也有同感。这样的自然环境是不能不对日本人的民族性和文化心理产生深刻影响的。

虽然日本的自然环境并不仅仅像上面所描述的那样，大自然"赐予"日本人的还有恐怖的台风、地震等，但从总体上说，自然界是适意明快、施惠于人的。所以日本人对大自然既有亲爱之情又有崇敬之意，其结果就是使自然与人类达到了完全融合、紧密无间。

这种与自然的关系能紧密融合至此的民族恐怕是世上绝无仅有

保罗·克洛岱尔

的。因此，日本人崇拜并寄思于自然之主体是理所当然的。自然界对于日本人来说，不仅是优美和高贵的象征，而且是他们生活中受其恩惠最多的对象，所以日本人视自然为神圣完全是无意识的。日本的神道就源于这种自然崇拜。

保罗·克洛岱尔（1868~1955）[1]是对日本人心理有着深刻了解的外国人之一。他是法国著名的诗人和剧作家，曾在中国及世界许多国家当过外交官。从大正10年（1921）到昭和2年（1927），他出任驻日本大使，曾赴日本各地讲演。在其讲演集《朝阳中的黑鸟》（内藤高译）中有这么一段叙述，对我们理解日本人传统的自然观以及由此而

---

1 保罗·克洛岱尔（Paul Claudel）是近现代法国文坛上介绍中国文化的第一人，1891年开启职业外交家生涯，在中国住了15年，1936年回国，潜心从事写作，宣扬天主教。作品有《金头》《认识东方》《正午的分界》《人质》等，最有名的是《缎子鞋》。

生的简素精神，能助一臂之力。因字数较多，恕摘要于下：

　　要说日本人的心理或传统性格，那就是崇敬。当面对着所崇敬的对象时，自身的个性就变得弱小，谦恭地关注于各种舍弃自我的事和物。这些对我来说并不难理解。直到现在，他们的宗教也不是崇拜某种超越性的存在，而是与自然力量和社会存在紧密地结合在一起的。日本的宗教，就其不具备从彼岸来造就此岸世界的明确"启示"这一点来看，确实与印度、中国的宗教没什么不同。但即使如此，两者在深层仍有差异。印度人从本质上说是冥想主义者，他们总是凝视同样的东西，这是因为他们所注视的东西永远是一种假象和隐喻。中国人居住在世界上最大的冲积土地带，他们最关心的是如何调整与自己同胞的关系，故制定法律，以便在暴力和诉讼当中解决兄弟间如何分配土地、水等财产这样兼具道德性和实践性的问题。

　　日本人则不同，他们显然归属于一个被割裂出去的完整世界。这个世界在相当长的时间里与地球上的其他地域没有过任何接触。国土被整个建成了一座神殿，日本人在那里只关心一年当中的始与终，即从大雪纷飞的一月，到入梅后的阴雨绵绵、大地复苏；从早春的蔷薇色雾霭，到晚秋的袅袅炊烟；庆丰收的典礼在色彩斑斓中逐次展开。日本人的生活，正如旧家子弟参加古老家族的祭祀仪式一样，缜密有序。日本人倾向于服从自然，甚至使自己成为其中的一员，并参加为自然举行的各种各样的祭祀仪式。他们关注自然，使自己与自然同化，使用自然的语言，尝试自然的服装。日本人的生命与自然同在。人类与自然之间达到如此亲密的关系，如此相互理解和磨合，恐怕还没有哪一个国家做到过。两个世纪以来（大概是指锁国期[1]），日本人只做与自然彼此关照的事情。

请允许我为这一切祈祷。我宁愿这种和合永远持续下去，它对其他国家的人来说，绝没有什么教训可言，因为日本原本就与世界上的其他国家没什么关系。当异质而陈腐的东西进来以后，正深陷于奴隶和地狱中的人所发出的吼声，似乎并没有搅乱这个魔法岛屿上的音乐。我每次返回法国，所见到的一个令人厌恶的现象就是，比蟑螂更厉害的一些所谓新发现的害虫，正在迅速蔓延，我们美丽的国土正一点一点地遭到侵蚀，这不能不激起我深切的悲伤之情……

在中国有一个被叫作"风水"的古老理论，据说人若破坏与自然的和谐关系，就必然会受到惩罚。这样的事情在日本是绝不会发生的，因为在那里人类与大地已结成了和平共处的关系。正像大家在国歌里唱的那样，愿整个世界的岩石上都长满青苔。[2]

克洛岱尔还把日本的自然称作"为整体崇拜而准备和调整过的一座神殿"，并认为"日本被称为神之国不是没有理由的"。

有不少外国人对日本人的自然崇拜心理比较了解，比如有名的小

1　约为17世纪初至19世纪中叶。
2　日本国歌《君之代》："我皇御统传千代，一直传到八千代，直到细石变岩石，直到岩石长青苔。"

泉八云（1850~1904）[1]和布鲁诺·陶特（Bruno Taut，1880~1934）[2]。这里我想介绍文塞斯劳·德·莫赖斯（Wenceslau de Morais，1854~1929）的观点，他曾是葡萄牙海军士官，在明治末期来到日本并与日本女人结婚，最后逝于日本。

莫赖斯曾发表过许多有关日本的著作。他在《日本精神》（*Relance d'alma japonesa*）一书中写道：

关于白人与日本人的精神，白人对其所拥有的两个概念——神的概念与创造自然的概念——作区别对待，并将两者根本地割裂开来。这大概是由于白人所面对的严酷的甚至与人类为敌的气候环境所致。所以白人走的是两条截然相反的路，一条是祈求神的事物，换言之，即虽看不见，但可以想象甚至幻想的事物；另一条是把地球上的事物都当作迫害压制人的障碍，一些白人至今仍在为筑路而毁林烧山，以致毁掉动物的生息之地。他们诅咒地球上的事物，必欲征服支配之而后快。

日本人不理解这种截然相反的做法。在他们看来，神的观念与自然的观念不仅没有区别，而且相互一致，两者都趋向某种共通的目的。基于这种需要爱的泛神论的精灵说，日本人从宇宙表面——太阳、月

---

1 原名拉夫卡迪奥·赫恩（Lafcadio Hearn），1850年生于希腊，长于英、法，19岁时到美国打工，后成为记者。1890年赴日，此后曾先后在东京帝国大学和早稻田大学开设英国文学讲座，与日本女子小泉节子结婚，1896年加入日本国籍，从妻姓小泉，取名八云，在日本一共生活了14年。小泉八云是著名的作家兼学者，写过不少向西方介绍日本和日本文化的书，乃近代史上有名的日本通、现代怪谈文学的鼻祖。

2 德国表现主义建筑大师，1933年逃离纳粹德国来到日本，被誉为"日本现代建筑之父"。他的建筑设计特点是注重对玻璃和水晶的运用，在建筑理念上则借助材料的历史意义和物理特性，以表现宗教神秘主义的色彩。

亮、星星、山峦、河流、森林、花草、动物、庄稼——所有的一切中看到了神。欧洲人一方面是理想化，另一方面是一遇麻烦就想用暴力手段去征服，因而崇尚观察；日本人却崇尚静观，因而并不祈求观察。

应该看到，欧洲人的行为过程是能动的、利己的和自我的，是在精神宿命论中对人的个性的肯定，是对与心并存的具有物属性的"我"的彰显。

通过以上叙述，也许能更好地理解日本文化为什么会超越繁缛的人为文化而回归自然并以简素为宗的问题。

松之事则习松

古代日本人不仅把人视为神，而且把宇宙万物都视为神，但这类神并不是像西方人所说的超然于人与自然之上而存在的绝对者。人者神也，自然者亦神也。也就是说，人本身是神，自然本身也是神。因为人和自然在日本人看来是应当敬畏的存在，所以称之为神。简言之，所谓神即高贵而有灵性的生命。

这种生命是宇宙万物都具有的，因此可以说，宇宙万物同具有人格灵魂的人一样，也有物格灵魂。所以日本人对物所持有的敬爱之心犹如对人，比如农夫对农耕时用的牛马牲畜，就像对兄弟或自己的孩子一样侍候，绝不把它们当作畜生使唤。

那么，怎么才能知道物不单单是物质而是具有物格灵魂的存在（即神）呢？所谓神，用西方人的话说就是实在（真的存在），但西方人在认知神时，采取的是将其作为主观对象加以分析的方法。本来主观与对象应该是一体的，但西方人却把它们分割为主体与客体，并根据主观来求得客体之实在。这主要是受自然科学的影响所致。

实际上，物之真实是不能用这种分析的方法去认知的，而必须采用全一性的知觉方法去把握。西方人喜欢用分析的方法认知事物，如主张"理性即实在，实在即理性"什么的，过分强调理性，专门摆弄思维，而对理性以外的包含了感性和意志的潜在意识中的直观认识却并不在意。然而，若没有直观，就不可能把握全一。

下面举一个极简单的例子。何谓神？何谓佛？若凭理性思维去认识，神和佛是不能被认识到的，只有使自己与神一体、与佛一体，亦即让自己变成神、变成佛，神和佛才会被自然地直观认识到。

这种直观认识，用现在的话来说就是与神、佛一体，直观思维就是由此产生的。这对习惯于科学思维的现代人来说是难以理解的。我们不妨举一个具体的事例说明一下。

明朝中叶诞生了阳明学的始祖王阳明（1472~1529）。阳明年轻时读南宋朱子（即朱熹）的书，以为一草一木皆含至理，必须逐个穷之，于是努力用功，终于茅塞顿开，悟得万理即一理，认为如此一来便能成为圣人了。

一次偶然的机会，阳明与友人见其父官邸的庭院里生长着许多竹子，以为竹子有竹子之理，当穷之，于是与友人一起面对竹子以求理。

王阳明
出自清代上官周撰《晚笑堂竹庄画传》

谁知三日后，友人筋疲力尽，便终止格竹，而阳明却说"汝无根性"，仍坚持格竹。但一周后，阳明自己亦因疲劳过度而遇疾，于是自谓"圣贤有分"，放弃了儒者之志。

阳明的穷理方法是先把竹之理对象化，然后穷之，所以是不可能穷得竹理的。那么应怎么做才好呢？如果采用松尾芭蕉所谓的"松之事则习松，竹之事则习竹"的方法，使竹子与自己合为一体，也许就能悟得自我的竹理了。也就是说，只有感应了竹的灵魂和"我"的灵魂后，才能直观认识到竹之理。

那么，怎么才能让竹子与自我合为一体呢？这就需要崇拜竹子。崇拜即内在的自我尊敬，自我尊敬即摈弃"我"的自负而随顺他者，这样才能使自己与竹子合为一体。于是，竹的灵魂与"我"的灵魂合二为一，所谓竹之理也就迎刃而解了。简言之，以竹心为心也。这就是芭蕉所谓的"学"。总之，现代人崇敬自我，这是由理性导致的复杂思维方式，而我们是否应熟悉一下如何才能拥有比理性更伟大的思维方式呢？

日本人十分看重这种潜在意识下的直观，只要读一读克洛岱尔在讲演集中对日本人性格的极其丰富的记述，就可以明白了。

克洛岱尔对我小学时代的日本的状况观察得极为细致。那时，小学生若去远足，老师是一定会带他们去茫茫雾海里的山中神社和佛阁的。克洛岱尔目睹了这一切。他想，老师为什么要带孩子们去这些地方呢？后来他说，这是因为要让孩子们知道，那些地方是神、人、自然合为一体之处，即三位一体之处。

克洛岱尔是天主教徒，遵照基督教三位一体的教义，他习惯于进行这样的观察。但是，基督教的三位一体与日本人的天地神人一体是有天壤之别的。尽管如此，克洛岱尔的慧眼仍令人敬服。总而言之，西方人是用复杂的思维方式认识物之实在，而日本人则是用理性之前单纯的知情意浑一的潜在意识即直观认识求得物之实在。

艺术之国日本

如前所述，日本人是用理性之前的潜在意识即直观认识把握物之真实，而西方人则重理性，是运用所谓的科学分析方法认识事物。

比较而言，恐怕可以说，日本人重感性认知，而西方人则重理性认知。进而言之，日本人是艺术性的，而西方人则是科学性的。这些都明显地表现在两者的日常生活当中。

莫赖斯在《日本精神》中说过："日本的一切都是艺术。""日本的所有人都是艺术家。"最应当引起我们注意的是莫赖斯所说的，"日本艺术的长处在于使人产生深刻印象的单纯性"这句话。不过就单纯性而言，并不仅限于日本人的艺术，其他类型的文化思想也是如此。不管怎么说，莫赖斯所谓的"贯穿于日本艺术之中的是简素精神，在那里面有日本艺术的特色"，倒是至理名言。

莫赖斯认为，日本全土皆为艺术作品。所以他说：

日本的无数岛屿在云雾缭绕的轮廓之下，生长着茂盛而珍奇的松柏。突出的地平线的被遮盖处，飘浮着珍珠色和蔷薇色的云彩。穿透云彩的是那神圣的富士山顶。这些使人神魂颠倒的图景，全都融入远离鲜明人类艺术意图的某种自然姿态之中。

日本的风景与世界上其他地方所见到的风景极不相同，因其十分罕见，所以一般来说，不应将其归功于人的行为，而应归功于神的行为或艺术家的神圣行为。

无论是日本的城市还是乡村，莫赖斯都把它们看作艺术品。街头小店的工具，便宜又便利，这是艺术；用竹子做成把手的茶壶，模样纤细的小瓷酒杯，圆圆的火炉，树叶形状的盘子和茶托，以及并排放在店铺里的扫帚、簸箕、水桶、烟袋（尤其是女人用的烟袋）等，也是艺术品。

不仅如此，一离开城市到了乡下，那姿态幽雅的乡间小道，精巧有序的耕作灌溉，也具有艺术性。还有，到旅店住宿，在绵绵细语般的迎客声中穿过房间，见到的典雅的庭院和精美的料理，这些也都是艺术。可以说，是自然环境使日本人的艺术灵感到了如此旺盛的程度。所以莫赖斯下面的这段话非常引人注目：

日本人在快速汲取西方科学知识实现现代化的过程中，能够利用其本来就有的艺术性倾向，走了一条简单化的道路。

我个人认为，日本在走向近代化的过程早期，为寻求更好的生活氛围，常常汲取国外的好东西，并不断地进行自我创新，这些都是建立在神道精神之上的。一想到重视自然崇拜，推崇潜在意识的直观认识，并对物之生命持虔敬态度的神道，就会觉得莫赖斯所说的，日本人是艺术性的，他们在推进近代化的过程中艺术性地吸纳了西方科学，绝不是无的放矢。

我不赞成把物称为物质，而是希望在视物为生命的世界观的基础上推动科学发展。如果不是这样，我看科学说不定会变成恶魔。仅从这点来说，莫赖斯的观点也是值得倾听的。

至于西方人是科学性的、日本人是艺术性的这种观点，已故的长崎大学医学部教授渡边丰辅从自身经历出发，将这一点表述得更为清楚。渡边出身于旧制姬路高等学校，比我晚几届毕业。在我的好友竹下肥润

富士三十六景・甲斐御坂越　　歌川広重作

主持的东京讲演会上，渡边的同年级同学曾送过我一本渡边的讲演录《现代大学生应有的状态》，书中记载了著者如下的经验之谈：

> 我曾有过让德国青年寄宿我家半年的经历。有一次，在一个静悄悄的秋夜，我们一边听着唧唧虫叫声，一边喝着酒。这时我说："你听，多好听的虫叫声啊！"可他却漠然地答道："我只听见杂音。"可见，"秋色映入眼帘，地里风声啾啾"这样的感觉他是没有的。

> "我思故我在"，众所周知，这是笛卡尔的名言。但西方人的癖好是把"我"作为一个不动的固体看待。

> 实际上，"我"也是动的，是无常的，所以并没有那样的实感。提出了相对性原理的欧洲人，却不注重"我"的相对性。他们把自我固定为一个坐标去眺望自然，从而促进了科学的发展，但真正的人学却还在襁褓之中。

也许在西方人看来，月亮、小虫都是人类移情的对象，所以即使看到月亮、看到小虫，也不过是发出一声"啊呀"而已。

那么，西方人的认识方法与日本人的认识方法，哪一方是正确的呢？若考虑一下从混沌的宇宙中产生地球，从地球中产生物，从物中产生生物，再产生人类的过程，就不能不承认，人与生物，人与物，本来应是同一的，是从其中分化出来的生命。当然，这种生命是异质的，是生生不息的存在。

日本人觉得自然与人是同一的，这固然是自然环境造成的，但是否也有对浑一世界和全一世界不知不识的直观因素存在呢？又是否可从这一立场出发，再去重新面对西方人与日本人的认识方法和情感方式，并比较一下他们的自然观呢？

日本的神话与历史

日本人认为物是有生命的，正因为是生命，所以就不能将其视为实体对象而用科学的方法分析之。为什么这么说呢？因为用这种方法是难以真正理解生命的。不过，科学研究本身并不一定全错。比如通过对人全身的科学性分析，完成对生命实体的把握，就是完全正确的。因为不可否认这种研究的结果起到了保全生命的作用。

那么，这种科学精神是如何产生的呢？这个问题有深思的必要。难道它不是人之肉体所具有的生命力的搏动吗？这样一来，就会把注意力放在科学研究中的矛盾上了。因为肉体是以混沌形态出现的生命，若立足于所谓生命派生物的科学精神去分析生命，那反而会失去生命。不要忘记，这种生命是与宇宙万物之生命密不可分的。生命是混沌而尚未分化的存在。关于混沌，《庄子·应帝王》中有如下记载：

南海之帝为儵，北海之帝为忽，中央之帝为混沌。儵与忽时相与遇于混沌之地，混沌待之甚善。儵与忽谋报混沌之德，曰："人皆有七窍以视听食息。此独无有，尝试凿之。"日凿一窍，七日而混沌死。

此处所说的倏与忽，正如"倏忽"这个词一样，是指刹那间迅速敏捷的意思，象征着机敏的快人快语，而混沌则象征着实在的世界、真实的世界。

这个寓言告诉我们，混沌是不能作为人的认知对象而被分别认识的，如果人决意要去认识，混沌就会死掉。

本来，《庄子》所谓的混沌是超绝对的自然，与日本人思考的自然之理念不可同日而语。但此话的要害就在于，凭借人的知识、人的自作聪明、人的合理性思维及其科学的分析方法，是不可能把握住生命的。

这段有关混沌的寓言，给我们理解日本神话以重要的启示。

日本的神话，一般都认为形成于6世纪前后，而此前大陆文化已经传入。

神话属于口头传诵的文化。日本的神话则被记录在8世纪前期的著作《古事记》和《日本书纪》中。

日本神话形成的时候，正好是《论语》《易》及历法、医术等从百济传入之际。不久还传来了佛教，于是日本建立了法兴寺和四天王寺，接着又兴建了法隆寺。到圣德太子（574~622）时，佛教一度达到极盛。太子本人就是一名佛学大家，据说撰有著名的《三经义疏》。

当时写下《古事记》和《日本书纪》的日本知识阶层，对儒教特别是佛教应当说有着相当深刻的理解。佛教是具有深远思想的宗教，而日本的传统神话著作在此时出现，这点很值得注意。这两部书可以说是日本人的世界观和历史观之新自觉的开端。

简言之，这两部书是日本人在自觉的基础上对外来文化的回应。

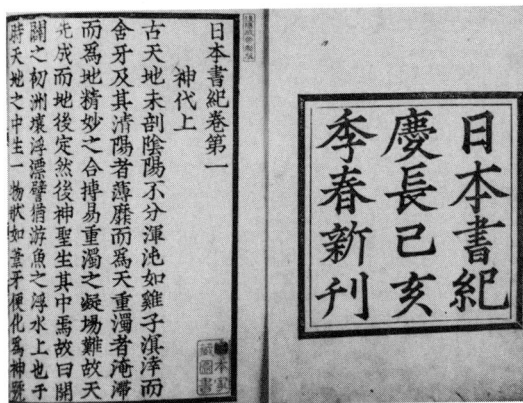

现藏于东洋文库的《日本书纪》的最早版本

而且正因为记录的是神话，所以不能不指出，这种做法虽使神话被严严实实地裹在了神秘的面纱之后，看上去显然是非科学的、不合理的，却是对日本人的自觉意识和日本本土文化的勇敢回归。

儒教与佛教，特别是佛教学说，都是以神秘的直观为根本的，但它们又都具备逻辑缜密、善于思辨的特点。然而，在《古事记》和《日本书纪》中却几乎看不到这些特点。在那里，缺乏的是像儒教、佛教那样的思辨，而仅仅以神话的形式表现之，故从头至尾充满了非逻辑性的记述。

神话的内核后来演变为神道。当佛教兴盛时，神道便借用佛学理论来布道，而当儒教兴盛时，神道又借用儒学理论来布道。因此有学者认为："神道隐含着儒教和佛教。"这不是没有道理的。

我想，《古事记》和《日本书纪》所要做的，不就是用神话的话语形式解构天地之创设、国土之形成以及日本之历史，从而使神、人、自然在直观而虔敬的心情下达到浑然一体吗？

如果能很好地了解这一点，也就能理解日本历史为何不同于其他国家的历史而与直接神话相连，以及日本被称为神国的原因。

所以我不仅不反对科学地研究神话，而且还认为十分必要。但我痛感，随着这种研究的进一步深入，在对神话实体的把握上，直观是必不可少的。

要理解物之真实，就需要使自己置身于物之中；要理解神话，也需要使自己置身于神话世界之中。从某种意义上说，这种方法并不简单，甚至可以说，科学研究反而成了认同其必要性的手段。虽然我本人并不是神道家，但一见到虔诚的神官及神道仪式，这种感觉也会油然而生。

我年轻的时候，曾有过把神话与历史事实分开来思考的经历，即一方面从考古学和民俗学的立场出发，严格追寻历史的真实；另一方面又在此背景下去考察民族精神，以期最后达到两者的综合。后来我才注意到这种研究方法的弊端，那就是神话与历史事实之间有着千丝万缕的联系，本应将两者作为统一体来把握。

神、人、自然是三位一体的，神话、历史是密不可分的，这就是日本人的世界观和历史观的特色。如果将其与把神、人、自然及神话、历史分开对待的西方人的世界观相对照，则可以说，日本人是立于简素的世界观之上的。何以见得？因为他们立足的根基是尚未分化的世界。

自他一体之心

日本人的自然崇拜如前所述。因为他们生活在相同的自然环境中，属单一民族，所以这不仅使人与自然结为一心，还使人与人也结为一心。故而日本人的思维构造极为单纯，和把人与人、人与自然、神与人、神与自然都对立起来的西方的复杂性构造形成了鲜明对比。

这使日本人对物和人都抱着感恩崇拜的心理。像日本人那样兼备温和与敬让之德的民族是不多的。举例说明如下：

日本一直以来就有在八幡宫举行放生会的传统，这是从佛教那里学来的。中国过去为了在寺庙积功德、戒杀生，而有在祭日或佛祖诞

石清水八幡宫

生日把鸟、鱼等生物放生的习惯，所以叫放生会。这个习惯也传到了日本，并作为佛教仪式一直延续到今天。在神佛混淆的情况下，如今的放生会常在京都的石清水八幡宫、大分的宇佐神宫[1]、镰仓的鹤冈八幡宫、福冈的箱崎八幡宫和宗像神社等八幡宫举行，这是因为放生会最早起源于作为八幡宫的宇佐神宫。

而且在日本，不仅有生命的东西，即使像缝纫用的针、写书法用的笔，也会被放在一起，立一块供养之碑。这似乎表达了日本人对物的感谢之念。

早在孩提时代，我们若对物品粗暴待之，就会遭到大人的训斥甚至处罚，这大概就是出于一种人与物的亲近之情吧！我们不应忘记物给予人的恩惠。正因为如此，日本人在传统上对物就有一种崇敬之心。日本人在物的名称前都要冠以"お""ご"这样的敬语前缀，以表示敬意，如お月さん（月亮）、お陽さん（太阳）、お湯（热水）、お砂糖（白糖）、お茶（茶叶）、おつけもの（酱菜）、おみおつけ（酱汤）、お料理（菜肴）、ご飯（米饭）等。

既然对物都是如此态度，那么对人使用敬语就更是理所应当的了。不过最近日本人有不用敬语的趋势，这大概也是因为在日本人中间出现了西方式的强调自我、主张个性的风潮吧！

日本人温文尔雅、待人谦逊，这已为欧美识者所认同并赞许。

1　所谓"八幡宫"，即泛称供奉八幡大菩萨的神社，所供奉的神，通常是以誉田别尊（应神天皇）为主神，左右两侧配祀比卖神和息长带姬命（神功皇后）。据称日本最早的神社是钦明天皇时建于今大分县宇佐市的宇佐八幡宫，亦称宇佐神宫。

大正时代来日的克洛岱尔，有一次在超越货车时，驾驶员不仅不生气，还露出会心的一笑。要在法国，若避开汽车的动作迟缓一点，驾驶员就会骂不绝口。在日本所看到的情景却正好相反，这使克洛岱尔感慨不已。

日本人的谦逊之德是与生俱来的，这从日本人有再三向对方说"非常对不起"的习惯中，就可见一斑。如今虽已有所改变，但在许多场合仍保留了这一习惯。如汽车发生冲撞事故时，即使是对方的责任，也会说"非常对不起"。在欧美则不可能有这种事，即使责任在自己一方，也不会向对方道歉，反而还要指责对方。在日本，即使自己完全没有责任，但若对方受伤住了院，也一定会去医院看望。这在欧美是不可想象的，因为若去医院看望，就会给人一种承认自己过错的感觉，从而不利于司法裁决。所以，除非有特殊情况，欧美人一般是不说"对不起"的。

渡边丰辅在《现代大学生应有的状态》中指出：

在欧洲，日本人与中国人的形象意味着缺乏道德。在我们看来，既然是人，就应当遵守固有的道德规范，人性天生就是善的。但在欧美人看来，人生来就只考虑个人和自我，社会只是个人的集合体，并且由于科学的分类，还使法律这门学科相当发达。欧洲人的这种思想方式也反映在他们突出自我的语言表达上。

不过，在我看来，中国人虽也有抑制自我、包容大度的一面，但同时也有突出自我、言辞激烈的一面。

当然，近年来日本人也开始推行个人主义，流行起欧美式的思维方式。但即使这样，传统的谦逊美德仍未丢失。比如，驾驶员之间相互让路；当步行者在狭窄道路上行走时，从后面上来的汽车先慢慢避让，向路人表示谢意后再通过，这类情景今天仍偶尔能见到一些。

至于日本妇女的谦逊美德，则更是受世界各国人民的称赞。在神岛二郎的《新版日本人的发想》中收有小说家黑井千次的《步行者》（1975）一文，文章记述了作者在会晤横滨海外移住中心的一对从南美移民来的年轻夫妇时的感受：

丈夫30岁，从乐器推销员做到营业所所长，据说出身于九州。妻子26岁，白白的皮肤，圆圆的眼睛，看上去比她的实际年龄要小好多，出生在秋田。丈夫想回巴西去干农活，妻子则极力反对。她低着头，嫣然一笑，不管丈夫怎么问，就是不回答。丈夫说："真没办法，因为是跟着我来的。"只好回去后再征求妻子的意见，赞成与否总要有个明确的答复。令人吃惊的是，直到现在她都没有表示赞同。

"那你还去巴西吗？"一听这个问题，她便一边笑，一边流露出注视远方的眼神，一个劲地点头。

在这种令人费解的姿势中，面对紧张的丈夫，妻子好像已舒适地享受着巴西的生活似的，温柔之情溢于言表。

神岛二郎对此有以下评论：

黑井千次说："那种姿势里包含着某种相反的意思，即讨厌的意思，所以她当时充满着无穷的魅力。"这点正是使我们深受感动的一点。如果是在战争中的日本，这点大概会被宣传为"夫唱妇随""妇女的牺牲精神"吧！但这种解释明显是错误的，错就错在它是极端权力主义的解释。这点我以为值得倾听一下黑井千次所发的"她当时充满着无穷的魅力"的感慨，因为那里面蕴涵着有关人之理想状态的传统思维模式。

若就西方传统而言，这位妻子的行为也许是没有个性、缺乏主体性的表现。但只要细想一下，就可以看出，这实际是比普通主体性层次更高的主体性。我觉得这种个性与殉于陆军大将乃木希典（1849~1912）的静子夫人（1859~1912）的立场有一脉相通之处。

对他人怀有深念之情或笃敬之心并以此为本的自他一体之境界，不仅是道德的最高境界，也是艺术的最高境界。从这种立场出发去思考那位妻子的所作所为，大概就不会再非难她在安逸中丧失主体性了吧！不仅如此，反而还会对她那超越了是非善恶之判断的纯粹之心产生深切的共鸣。

不善言举的日本人

《万叶集》[1]唱道:

> 敷岛[2]大和国,神佑皆无语,然我却有言,天地众神勘。

所谓"言举",即通过语言表达而成立。不善言举乃日本民族性的一大特色。

不善言举就是不爱好议论。因此,比之要通过言说才能表现自己的意向和思想的民族,日本人似乎更倾向于抑制表现,克制自我,忍耐自控,一言不发。就是说,日本人是把抑制、克己等作为美德的。我想,从日本人不善言举的特性中也能窥见其简素精神的一个侧面。

不善言举的日本人深知无言是如何发挥其伟大力量的。不过这种性格并不仅仅日本人才有,西方人也有,所以西方有所谓"沉默是金,雄辩是银"的格言。在中国,《老子》中就有所谓"知者不言,言者不知""知者不博,博者不知"的说法,但中国人又有擅长思辨和论道的

---

1 《万叶集》是日本最早的诗歌总集,收录了4世纪至8世纪中叶的长短和歌。成书年代和编者历来众说纷纭,但一般认为是奈良时代(710~784)的作品。其编次方法各卷不一,有的卷按年代编次,有的卷按内容分为杂歌、挽歌、相闻歌三大类,有的卷还设譬喻歌、防人歌等目。每首诗歌,有署名的,也有无名氏的。无名氏作品中有些属于民歌和民谣;署名作品中有许多由著名"歌人"创作。署名的作者约有450人。

2 敷岛(しきしま)是古代大和国的崇神天皇和钦明天皇的皇宫所在地,今奈良县樱井市。后又以其为日本之别称。日本的别称还有其他的日语称号,如大八洲(おおやしま)、八岛(やしま)、瑞穗(みずほ)、秋津岛(あきつしま)等。和歌中一般都特定在"大和国"前冠以"敷岛"一词。

传统。西方的逻辑学，中国人在古代就已完成了。不仅如此，与古希腊时代一样的诡辩学派在古代中国也曾兴起过。再来看看印度。印度语言的语法与希腊语非常相似，理论表现力极强。就思辨和论道而言，日本人是根本不及中、印两国人的。或许正因为不及，使日本人敏感地觉察到自己在其中的空虚性，所以才在这方面选择了回避。

简言之，日本人是实践的民族，所以不爱好言举。日本人不仅比中国人和印度人缺少自我表现，而且还抑制自我表现，并将此作为简素精神的重要体现。因而与炫耀思辨的训导相比，日本人更尊重无言的训导。兹举二三例以作说明。

中野孝次在《清贫的思想》一书中收录了吉野秀雄写的关于良宽[1]的一则逸事：

良宽家中的继承人泰树——即由之的长子、良宽的侄子，别名马之助——放荡不羁，其母安子无奈中求教于良宽。然良宽接连住了三个晚上，却一言不发。就这样，直到告辞的时候，良宽才叫过泰树来为自己系草鞋带。安子很想了解良宽此时有何训诫，于是便躲在屏风后窥视。泰树一直仰慕伯父的德才，就按伯父所说，系好了他的草鞋带。这时良宽把冰凉的手放在泰树的脖子旁。泰树吃惊地抬起头看，只见伯父眨着泪眼凝视着自己。泰树突然间受到了感动。良宽不慌不忙地站起身，仍旧一言不发地走了出去。这段故事后被传为佳话，我

1　良宽（1758~1831），日本曹洞宗僧侣。俗姓山本，字曲，号大愚，越后国（今新潟县）三岛郡出云崎人。

本人也很看重它。

读到这里，不用语言以身示教的良宽的形象仿佛浮现在眼前。

我年轻的时候曾在富山市神通中学工作过。当时我陷于自身的烦恼中，对朱子学和阳明学很是倾心。因考虑到要理解朱子和阳明的思想就必须学习禅宗，所以每月一次来富山，到提唱¹《碧岩录》的冰见临济宗本山的管长胜平老师父那里学习坐禅。一天在诵习经文时，老师父说了一段关于体验的话："我从孩提时代开始就每天晚上跟随和尚坐禅。为什么要坐禅呢？和尚对此三缄其口，一言不教。一直到 16 岁那年我才突然有了领悟。"

禅强调以心传心，以修行义理之奥秘为首要任务。随着修行的积累，对老师父之教便自然而然地明白了，这就叫以心传心。

胜平老师父的坐禅姿势，犹如磐石稳居大地，而其容貌则似童颜。每当回想起老师父，他那少年时积累起来的无言行为的样子就在我脑海中回荡。

众所周知，"二战"前商家们都有学徒制度。据说在学徒环境下，商业本事是不能通过言传获得的，而必须眼见为实、心领神会。

无论何事，事物之神髓在东方人看来都是必须自证自悟的，因而无言之训导也是自然而然产生的。特别是日本人，自古以来就具有不善言举的国民性，所以在传统上特别注重无言之训导。

1　说法。禅宗中指提示宗旨大纲后讲经。

清贫的生活

日本和中国自古以来就非常尊敬那些甘于清贫、坚守高洁精神的人。在日本有所谓"武士は食わねど高楊枝"的谚语，意思是武士追求的是高尚之气节，期盼的是人格之美誉，为此即使陷于贫穷而没有饭吃，也要像吃饱饭后那样悠然地使用牙签。

孔子（前 551~ 前 479）也说过："士志于道，而耻恶衣恶食者，未足与议也。"（《论语·里仁》）

又说："君子忧道不忧贫。"（《论语·卫灵公》）

这里所谓的道，自然是指儒者之道。孔子担忧的是在贫穷中丧失道，而他的伟大之处则恰恰在于贫穷中不失快乐，所以他说："饭疏食，饮水，曲肱而枕之，乐亦在其中矣。不义而富且贵，于我如浮云。"（《论语·述而》）

孔子的高足颜回也一样，虽然过着常人不堪忍受的贫穷生活，但仍不失快乐之情趣。孔子对此赞不绝口："贤哉，回也！一箪食，一瓢饮，在陋巷，人不堪其忧，回也不改其乐。贤哉，回也！"（《论语·雍也》）

何谓孔颜之"乐"？孔颜之乐不是乐于贫，而是安贫乐道。

求道而乐乎其中之境地，所要表达的并不仅仅是爱好道的程度，而是道与人达到一体时的最高境界。如果不知道孔颜之乐的真谛，那也就不会有好的学问了。因此，被誉为宋学之祖的周濂溪（周敦颐，1017~1073），要求程明道（程颢，1032~1085）、程伊川（程颐，

1033~1107）兄弟首先探寻孔颜之乐究竟为何物。

儒者本来是以"修己治人"为宗旨的，但有个原则，就是道行于世则进而入仕，道不行于世则退而护道，并甘于贫穷而乐道。

甘于清贫的也并非只有儒者。例如后汉有个叫黄子廉的人，他曾担任过州的辅佐官[1]。有一天，他辞官还乡，清贫度日，其生活贫困至极，一到饥馑之年，其妻便流泪诉苦。惠孙见此情景，即送物接济，然遭子廉婉言谢绝。

晋代著名的田园诗人陶渊明在《咏贫诗》中曾对子廉的"固穷之节"大加赞赏："谁说固穷难，邈矣此前修。"所谓"固穷之节"，原出于《论语·卫灵公》："君子固穷，小人穷此滥矣。"

当时，孔子被救世之志所驱使，带着弟子们周游列国。当来到陈国时，粮食断绝，跟随的人都饿病了，爬不起床来。这时子路很不高兴地来见孔子，问道："像君子这样了不起的人，也有穷得毫无办法的时候吗？"孔子道："君子虽然穷，但还是坚持着；小人一穷便无所不为了。"这就是儒家所谓的"固穷之节"。

陶渊明也抛弃官职，归耕田野，坚守清节于贫穷之中，故其仰慕子廉实属情理之中事。

渊明爱菊，而菊花的特征则很好地寓意了他是个隐逸思想家。

他在《饮酒》诗中这样描述自己所憧憬的境地：

---

[1] 此句应是对"昔在黄子廉，弹冠佐名州"一句的理解有偏差，黄子廉应为南阳太守。——编者注

结庐在人境，而无车马喧。问君何能尔？心远地自偏。

渊明的心境可概括为"心远"二字。关于"心远"有各种各样的解释，在此暂不述及。

贵清贫，除儒家之外，去人为而顺自然的道家者流，以世间为业之世界而主张出世的佛教徒等，自然概莫如此。就连善于风雅之道的文人墨客、梨园艺人，也有甘于贫穷、精益求精之人。在此简单介绍一下禅僧良宽和歌人橘曙览（1812~1868）的情况。

良宽是江户后期人，生于越后出云崎，曾周游诸国修行，晚年回归乡里，以空庵（没有人的庵）为栖身之地，最后才在国上山的五合庵定居下来，过起了极度贫寒的草庵生活。他的一生是在与农民交友、与孩子游戏的超世脱俗中度过的。他诗书俱佳，弟子贞心尼将他的诗歌汇编为《莲之露》，集中收有师徒二人关于爱的赠答歌数篇。因他在归乡前长年流浪各处，跟随名僧修行，故又被称为"乞食坊主"[1]。

橘昆仑曾在《北越奇谈》中讲述了良宽在乡里某处空庵里生活的情形，兹据藤井宗哲的《良宽——魂之美食家》一书摘录如下：

海滨一个叫乡本的地方，有一处空荡荡的草庵。一天夜里，有一名旅僧只身来到这里。他对邻家说，想在这处空庵里住些日子。翌日，他到附近村庄去化缘。每当他乞讨到够一天吃的食物后，便返回草庵。

---

1 "坊主"在日语里是光头、秃头的意思，代指和尚。

良宽托钵像

若食物有多的，他就会分给鸟兽吃一些。

就这样过了半年，人人都在议论他的奇德。为表示尊敬，还有人把自己的衣服送于他。他二话不说就接过，接受后若有多，就将衣服送给穷人。其实这处空庵距离他的老家出云崎仅三里路。

有时见到相识的人，他必谈及橘某，并聊些关于我兄长彦山的话题。后彦山一直在乡本的海滨寻找良宽。但除了那座空荡荡的草庵和柴房里堆放着的杂物之外，连良宽的影子也没见着。

彦山走进庵里，只见桌子上放着砚和笔，炉子上的土锅缺了个口，墙壁上写着首诗，读后就觉得宛如成了超凡脱俗的仙人，如清月般之心境油然而生。从笔迹上看，毫无疑问诗出于文孝（良宽）之手。不得已，彦山只好将事情的原委告知邻人，独自回了家。

于是，邻人马上把当地的情况通知了良宽的故乡出云崎。在出云崎的家人便派人来接良宽回家，但良宽不听劝说。家里人只好送来衣食，但被良宽谢绝，并退还了多余的部分。良宽后来的行踪也就不得而知了，好像若干年后又到了五合庵。

从以上记载中可以察知良宽的清贫生活和超然心境。

定居五合庵后，良宽照样日日化缘乞讨。晴朗之日，他便手拿托钵，脚穿草鞋，到附近村庄乞讨。良宽还把托钵作为"钵子"而关爱备至。有一天，他忘了带"钵子"，于是竟发生了下面的事：

钵子真可爱，长年带着他；今日置道端，何处不知晓。一路似丢魂，东找又西寻；夜里明星出，探寻仍不止。后才记上心，让人带钵来；哎呀真高兴，送来是钵子。

良宽之所以忘了"钵子"，是因为与孩子们玩过了头。这的确是很可笑的事情。可见良宽的童心未泯。

那么，良宽是如何度过五合庵这段日子的呢？有诗为证：

幽栖地从占，不知几冬春；菜只藜藿是，米自乞比邻；偏喜人事少，未厌林下贫。

橘曙览是私淑[1]本居宣长（1730~1801）的国文学者，还是优秀的

1　未能获其亲自授业但敬仰并传承其学术而尊之为师之意。

歌者，有《志浓夫迺舍歌集》等著作。他虽然一贫如洗，但性情淡泊，从不以此为苦，且每日乐而作歌。

橘曙览创作了许多和歌，最打动人心的便是题为《乐》的下面十句歌，无论吟诵其中的任何一句，都会使人产生快乐的心情：

乐悠悠，舒心的山水，静静地浮现在眼前。

乐悠悠，罕见的小鸟，远远地鸣啼于树梢。

乐悠悠，稀遇故乡人，抚今至往昔。

乐悠悠，漫读书中行，犹见四季人。

乐悠悠，家内聚五人，引得风来炉。

乐悠悠，小孩个头高，已显大人像。

乐悠悠，来访本无事，倾心欲知书。

乐悠悠，小豆米饭凉，清茶泡后食。

乐悠悠，既为神国民，神教当深思。

乐悠悠，生于大人[1]后，世代可受用。

洒落的境地

如果是日本人，不管谁到了晚年都会憧憬那洒落的境地吧！

---

1 原文为"铃屋大人"，即本居宣长。本居宣长号"铃屋"。

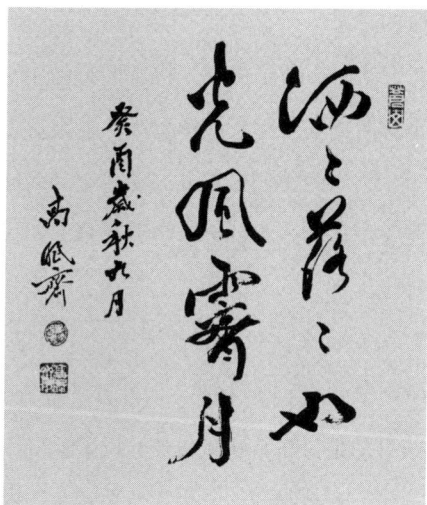

冈田先生手书"洒洒落落如光风霁月"

　　自古以来，洒落在东方都是作为高尚之心境而得到尊崇的，因而达到此境地的贤人传记也特别叫人爱不释手。

　　就我本人来说，字虽写得不怎么好，但也喜欢赠给别人像"洒落""洒洒落落如光风霁月""人生达命自洒落"等字幅。与其说这是由于别人希望达到这种心境而向我索取，还不如说是我自己想把心愿一吐为快。

　　那么，所谓洒落究竟是怎样的心境呢？要想确切地说明，并非易事。与其穷根究理式地说明，倒不如读一些体悟此心境的贤人传记来得易懂。此处赘言几句，以作说明。

　　《易传·系辞》里有所谓"乐天知命"说。"乐天"就是安乐于天命之境遇的意思，"知命"即是知天命、悟天运、自觉天所赋予之使命的意思。只有这样才能达到洒落的境地。

然而，基于道家、佛家的超越主义立场解释"乐天知命"，与基于儒家的理想主义立场解释"乐天知命"，其含义是大相径庭的。

明代的王阳明虽说"人生达命自洒落"，但仅仅这个"命"字，若仔细琢磨一下就会有各种解释。在儒家那里，它具有两层含义：一是指天理，即天赋予人的理法；二是指人力根本不可及的宿命。而且在儒家看来，只有服从天理，才会随任宿命而达到洒落之境地。道家、佛家则把人生的一切都置于宿命的束缚之下，祈求解放或解脱，结果却是一味地随顺自然，以求达到所谓的洒落之境地。

王阳明所谓"人生达命自洒落"的境地，是基于儒家立场的一种表述。这与孔子说"五十知天命"、吉田松阴[1]赴刑场前对门人说"不知命无以为君子也"时的境界，可以说是别无二致的了。

借此机会，我想就阳明的洒落之心境做点说明。其实阳明的这句话出自题为《啾啾吟》的诗，当时阳明被佞臣所迫，身陷困境。但该诗不仅是阳明那超脱苦境、达到洒落之心境的真实写照，也是他那耿耿忧国忧民之心的真切反映。

一讲到洒落，就会很自然地想到禅僧的所作所为，而洒落之心境则又可以说是顿悟方式的明证。因此，记述洒落之心境的禅僧传记亦可谓数不胜数。下面介绍一下我耳闻目睹的事情。

1　吉田松阴（1830~1859），日本幕末时期思想家、教育者。他开设的"松下村塾"培养了多位明治维新的骨干人物。

昭和 10 年（1935）前后，我在参禅时曾听老师父说过这样的故事：

古代有一位以学识而名扬天下的一代名僧，因病卧床，直至临终都没有说上一句话。在枕边一直守候到老师临终的弟子们，虽各有名声，此时却一个个正襟危坐。他们都认为，大彻大悟的老师，想必已到了极乐往生之境。然而出人意料的是，这时名僧嘴里突然吐出了"苦！苦……"几个字，而且还不止一两声。大家听后皆哑然了。有一位弟子看不下去，说道："老师作为天下名僧不是为人们所崇敬吗？瞧你那副丑态，不是太丢脸了吗？请多少忍耐一下，不要一个劲地喊苦、苦、苦的！"名僧却回答道："欸！怎么了？那可是鸟在鸣叫呀！"在这种出乎意料的场合，也许存有悟的真谛吧！

这位名僧的洒落显示了真正悟出道时的心境。多嘴多舌，以为是生死大事，就不能只超脱了之。若再超脱一次，也绝不可能达到这种境地。到此为止，超脱才算得上是绝对的。这种绝对境界，不能仅仅超克"有"，若再超克一回，就必须做到有即无，换句话说，就是无"无"。我把这种超越称为"绝对性的超越"。

佛教把生死称为一大事因缘，并用心于生死之解脱。禅宗通过专门的实践修行获得了解脱。禅宗最初也是重静虑的，后来才开始摆弄奇言，发喝捻棒，甚至捶胸拧鼻，立指拂尘，并用这种怪异行为教导弟子。所以儒者有所谓"无风起浪""惊天动地"之评语，并斥责禅是说大话，是违背自然。儒者的这些批评不无道理，因为在儒者看来，"有生就有死"，生死乃自然之理法，故应老老实实地遵从理法，而不应该夸夸其谈。

在日本受到推崇的禅宗的洒落之心境，与中国的风格不同。如上所述，禅宗在日本显示的是一种悟道之境地，在中国则多少有点夸大、貌似深刻、凸显苦诣之嫌，但这些在日本均显得十分轻妙。这只要看看常与孩子们玩捉迷藏游戏的良宽和以顿智令天下人震惊的一休[1]等人的事例，就可一清二楚了。博多的仙厓（1750~1837）等人创作了狂歌[2]，当唱到"我以屁为空白哟，故言佛字即成佛"的状态时，就不无堕入无聊之诙谐的倾向了。

即便是狂歌，也能唱出洒落的生死超然之心境。正因为是狂歌，自然会有滑稽、戏谑等要素，但恐怕不能将其一概贬斥为"文字之游戏"。不要忘记，这里面有日本人独特的生死观。下面摘录几首狂歌：

门松[3]是走向冥途的里程碑，既值得庆贺又不值得庆贺。（一休宗纯）
若问宗鉴去何处，随口吐出彼世来。（山崎宗鉴）
与尘世诀别，若与线香之烟共烬。（十返舍一九）

可见，日本人的洒落与中国人的洒落比较起来，显得更为简素。

---

1 一休宗纯（1394~1481），京都人，名千菊丸，自号狂云子、梦闺、瞎驴等。"一休"是他的号，"宗纯"是讳，通常被称作一休。日本室町时代禅宗临济宗的著名奇僧，也是著名的诗人、书法家和画家。

2 一种鄙俗的滑稽戏。古时候在对连歌的同时，总要随兴念一些即兴的滑稽趣味的歌，原本多为歌人、僧侣、武士等上流社会人士所作。到了江户时代，狂歌鼎盛，遍及町民，其内容多反映当时社会情态，稍带辛讽成分。

3 日本民俗中正月竖在门口的装饰性松树。

日本语的特质

一般来说，一个民族所传承的固有文化是与该民族所使用的语言密切相连的。或者确切地说，民族的固有文化产生与之相适应的民族语言，而民族语言又使民族文化的固有特征更为凸显。无论如何，要说某一国家的民族语言是该国家民族文化的象征，是毫不过分的。之所以这么说，是由于语言是民族感情、思维习惯及行为方式的完整表现。因此，通过考察日本人所使用的语言，就能把握日本文化的特色。

首先让我们考察一下"簡素の精神"中的助词"の"（的）。这个"の"的意思很暧昧。因为所谓"簡素の精神"，既意味着精神是简素的和单纯的，又意味着在简素中包含着精神性和单纯性，含义极不明确。

关于"の"的暧昧性，中岛文雄在《日本语的构造》一书中，以"父の絵"的表现形式为例，进行了如下说明：

该句可有三种解释。若把"绘"想象成物，则可解释为"画是父亲的"，"の"表示所有；若认为有绘画之行为的含义，则"父の絵"就意味着"父画的画"或是"画父的画"两种意思。

"簡素の精神"中的"の"，若按上面的解释，则并不符合第二、第三种意思，而应属第一种，即简素、单纯所拥有的精神。

总之，由"の"所构成的并列结构的名词，无论属于何种类型，其含义都有明确或不明确的时候。比如说"りんごの絵"，就可明确其含义是"画苹果的画"，而不考虑其他意思。但若像上边所举的"父の絵"那样的例子，则中岛所说的三种解释都能成立。当我们说"簡素の精神"的时候，其含义就像我刚才所说的，可有两种解释。

不过，虽然"简素"可用"单纯"一词来描述，但却不能把"单纯的精神"说成是"简素的精神"。所谓"簡素の精神"，应解释为被包含在单纯性中的精神。即使如此，此时的"の"仍不能断言已无暧昧性的含义。

关于连体词"の"的含义，主要还是应当根据其所处的状况而定。说到"父の絵"，虽可作三种解释，但若了解了当时的语言背景，做出正确解释并不难。日本语的特色就在于，不会明示是哪些东西要由状况而定。这恰恰是它拥有暧昧性、简洁性之表现的原因。

如前所述，日本人与西方人的不同之处在于，日本由于风土和历史环境的缘故，培养了人与自然、人与人的融和关系，毫无必要向其他事物表现自己。正因为只需最小限度的表现就足够了，才使日本人的表现方式简略化。若就人与人的关系而言，日本人在用语言传达自己意志的时候，比自作主张显得更为重要的是人与人的和合，因而多用谦让语，并着意于表现的简略化。

而且在日本人看来，越是敢于表现自己，恐怕就越难以传达自己的真意。因为他们非常清楚，想要传达自身真意，从根本上说，除了依赖对象的感知之外，别无他途。这点与彻底表现自我的西方人大相径庭。因此，即使在文章里，日本人也会致力于使用最能诱发读者感知的表现形式，这大概又可算作日本文学的一大特色吧！

如果以清少纳言[1]的《枕草子》为例，其开头篇《春はあけぼの（春，曙为最）》中的假名"は"，是系助词而非格助词，因而所谓"春は"意指"春においては"（春天里）。"春においては"经简略后就成了"春は"。

所谓"あけぼの"（曙光），表述的是"あけぼのがもっとも美しい"（曙光最美）的意思，经简略后就成了"あけぼの"。用当时的话说，又可被简略为"いとをかし"（最有雅趣）。就是说，"あけぼの"中还包含着"いとをかし"的意思。所以，"春はあけぼの"句虽是省略句，但为此则有了含蓄的成分。"梅は紅梅"（梅是红梅）一句亦如出一辙。谚语中这样的省略句也有不少。

至于和歌[2]、俳句[3]就更善于使用这种手法了，其中尤以俳句为突出。下面就让我们分析一下芭蕉的《古池や蛙とびこむ水の音（古池塘，青蛙跳入水音响）》中的第一句：

1　清少纳言（965~1025），平安时代著名的歌人、作家。被后世誉为"日本散文鼻祖"的《枕草子》是清少纳言一生除和歌以外传世的唯一作品。

2　日本诗歌体裁之一。原有长歌和短歌等，后短歌单独发展，并取代长歌。长歌句数不限，五音句和七音句交替使用，再以七音句结尾。短歌每首五句，共三十一音，依"五七五七七"之序。现代日本诗人所写的和歌多为短歌。

3　又名"发句"，日本诗歌体裁之一。一般以三句十七音（五、七、五）组成一首短诗，又称十七音诗。俳句原为俳谐连歌的第一句，后经芭蕉提倡才成为独立的诗体。

"古池や"的"や"是切字，即连接段落时用的助词，在该句里则是暗示性的表现。在它后面隐含着季节、场所、风景等背景，它所暗示的世界是广大而深远的，而想要详细表现的话，也许需要数千字以上。该句的特色就在于拥有"唤起人深刻印象的单纯性"。在这种单纯性中有着不可估量的深邃精神。

当然，此类性质的诗词在汉诗中也有。但汉诗与俳句相比，表现内在精神的倾向更为强烈，故给人一种缺乏含蓄的感觉。若要举出与芭蕉此句一样的描述静寂的汉诗，那就是唐代诗人杜甫（712~770）《题张氏隐居》诗中的"伐木丁丁山更幽"这样的语句了。不过，即使这样的诗句，也不及芭蕉的"古池や"来得含蓄。

关于芭蕉的这句诗，江户时代博多的禅僧仙厓认为，"水の音"（水的声音）这五个字[1]是多余的。仔细读来也的确如此。有了这五个字，就有了余韵受损之嫌。

这种特色在和歌里也能见到。日本人不爱好长歌，最后只好定型于三十一字的短歌，其中又因十七字的俳句较为流行而渐成模式。和歌与俳句是日本最为流行的诗型。西方人则恰好与之相反，他们爱好的是要用长长的页码来表现无数自我感情的诗型。诗歌中的简素精神在俳句里可谓到达了登峰造极的地步。

西方人认为，自然是人利用的对象。即使对于人，西方人也抱有强烈的自主倾向，并且对理性怀有绝对的信念。因而在语言上，他们

1　日语发音为"みずのおと"5个音节。

也习惯以主语为中心的构造，强调主语的存在功能，并将其置于句首。日语则与之相左，它习惯述语（谓语）中心的构造，并将其置于句尾。

在表现意志方面，西方人也强调自我的存在作用，喜欢把自我放在语句的最前面。日本人则常从谈话对象的观点中寻找自我的存在作用，因此既无必要弄清楚自他之区别，也无必要强调自我。所以，日语里即使有使用主语的地方，也大多只用述语来完整表述之。

欧洲语言明确显示主客关系，并且从各个方面详细规定了主客的存在作用，而日语则没有这个必要。例如，关于"行く"（去）这个动词，欧洲语言是根据人称来变化的，而日语则不存在这种变化。下面只举一下德语的例子：

Ich gehe（我去）Du gehst（你去）Er geht（他去）Wir gehen（我们去）Ihr geht（你们走）Sie gehen（你走）

至于希腊语、拉丁语就更复杂了，仅仅"行く"的动词变化问题，要说清楚，恐怕也需一两张纸。

另外，日语里也没有像欧洲语言那样的单数复数之区别，没有冠词，性的概念也不明确，更没有动词、名词、形容词的变化，人称代词也不如欧洲语言那么发达。所以，欧洲语在科学思辨上的作用较大，而日语则不具备这一点。

日语只有动词的活用，后来高度发达的还有助词，而这些最适合表现细腻的感情。日本被称为艺术性民族的理由也正在于此。据渡

边丰辅的《现代大学生应有的状态》一书记载，英语"This is a dog"（这是一只狗），译成日语可以有"これは犬です""これは犬だ"等130种左右的译法。

于是，我们可以不怎么困难地得出以下结论：从欧洲的主语主导型语言中产生的文化是个性文化，从日本的述语主导型语言中产生的文化则是无个性文化。莫赖斯曾在《日本精神》里讨论过建立在日语语法基础之上的日本文化的无个性问题，大致意思如下。

在日语的语法里没有冠词。无论名词还是形容词都没有变化，与人称无关。在叙述方面也没有语法上的主客关系。因此，每个人都故意不从自己的立场出发参与活动，于是便出现了宁当事件的旁观者也不当事件的目击者的社会现象。这实在不可思议。由此才能理解日本人的无个性问题。

所谓个性就是自我显示，所谓无个性就是自我抑制。若借用莫赖斯的话说就是：若是自我显示型的，那就会对人之个性采取肯定态度，从而带来明确利己的个人式的自我彰显；若是自我抑制型的，那就会使精神达到几乎无我的境界，进入针对所有逆境的宗教式谛观，从而导致一种对自我的尽可能放弃。

下面再比较一下日语与汉语的区别。日本很早就从中国引入了汉字，直到平安时代发明假名后，才流行起用假名写文章。所以一般来说，汉字假名的交叉运用是日文的习惯表述方式。但这时使用的汉字有音读和训读两种念法，而且充满情感性的假名还被前后配置在这些汉字当中，从而使日语具有了超越汉语的情绪性。

汉字本来是象形文字，此外还有指事、会意、形声、转注、假借字，而汉字就是用这六种方法构成的，但用得最多的还是形声字。可见，汉字表现的是意和音，从某种意义上说是一种绘画文字。因此，当汉字的音读和训读在日本流行开来后，其表象的直接性和印象的强烈性便显得更为突出了。

日本人把汉字与假名混合使用，把汉文改写为夹杂着假名的日文。如此一来，印象也就变得明晰了。比如"鳥鳴"这个词，若用日本流行的训读来念，就是"鳥鳴く"，但训读的方式却并不仅限于此，还有"鳥は鳴く""鳥は鳴いた""鳥が鳴く""鳥鳴けり""鳥ぞ鳴くなり"（以上皆为"鸟鸣"之意）等，倒是读音差不多是通用的，只是要选择与文理相适应的读法。

一看到这些情况，就可以知道日本人是很重视对物的印象的，进而产生重视直观的强烈倾向。这与西方人的思辨型、思考型模式形成了鲜明对比。

此外，在比较汉语与日语的时候，虽然两者都较多地使用省略形，但若从语法方面考虑，汉语则与西方语言一样属于主语主导型，而明显地与日语的述语主导型相对立。因此，相对于情绪型、实践型以及自我抑制型的日本人，中国人似乎更强调自己的主张，善于思辨，是属于理论型的民族，而其原因显然就在于汉语的自身特点吧！比较而言，中国人与西方人一样，在分析性的思维方面优于日本人，而日本人则可以说是在全一性的直观和灵性的直观方面更优秀。这种日本型的思维方式与日语有着密不可分的关系。这是因为，日语把主语作为目的语，目的语作为主语，或者既无目的语又无主语而只有动词，并且不具备明确的科学性用语，故日语应属于非常暧昧、漠然的一种语言，所以不得不诉诸无知无识中的灵性之直观。

最后，我想就日语之美谈点个人看法。

记得昭和10年（1935），当我在富山市的一所中学工作时，恰好碰上从法国回来的京都大学国文学者泽泻久孝教授来学校视察。在他向我们发表的讲话里，就谈到了"日语比法语美"的观点。

我在学生时代喜欢看法国电影，这也许是影片里法国人的对话悦耳动听的缘故。法国人对本国语言推崇备至，而不太愿意说外国语，所以到法国观光，即使英语也不太通用。法国人对本国语言是非常看重的。有一则小故事，说的是某个父亲在嫁女儿时说："什么都不让你带，只让你带优美的法语去。"

法国人推崇本国语言而不说他国语言，这在国际交流日益频繁的现代社会也许有点行不通。但日本人则正好相反，随随便便地使用英语，忘记了对本国语言的尊敬，这大概也是行不通的吧！

由于日语的子音必须与母音一起使用，所以若与子音独立的外国语比较，就会显得悦耳柔软。不仅如此，因日语不太有抑扬顿挫，所以听起来感觉也较为温静。外国人也对日语的优美和柔和颇有好感。今天我们应该重新思考这个问题。

二 简素的
形态及其
精神

表现与内容

所谓简素，就是简单素朴，也就是单纯。的确，一说到单纯，就容易被误解为精神幼稚和原始，是毫无价值的低层次的东西。但这里所说的简素即单纯，是指表现形式和表现技术，而并非指精神内容。

即使把表现的单纯性称为简素，其形态也是多种多样的。比如就绘画来说，如果素材不一样，其表现形式和表现技巧就不一样，仅水墨画就有写实派与写意派之分，进而产生各种不同的表现形式和表现技巧。

如此看来，即使"简素"这两个字，其内容也是复杂的。就连"简"与"素"两字的含义，若查一下《汉和词典》，居然也有以下这么多解释，可想象其复杂之程度。

简的意思：はぶく（精简）、つましい（节省）、つつましやか（恭谨）、すくない（少的）、欠ける（欠）、かくす（隐瞒）、おろそか（草率）、おおまか（笼统）、たやすい（容易）、手がる（简便）、無造作（不做作）、飾らない（不雕琢）、わずらわしくない（不繁杂）。

素的意思：もと（本来）、はじめ（原始）、いやしい（卑贱）、まこと（实在）、したじ（素质）、無色、空、白、率直、つね（普通）、飾らない（不雕琢）、じみ（质朴）、あっさりしている（淡漠）、ありのまま（真实）、まじりけがない（不掺杂）。

由此可见，从字义上说，简与素既有相通之处，又有不同之处。另外，讲到简素，有时是指简与素的意思相同之处，有时则又把重点放在简与素的某一方。

简素的精神，在于通过表现形式和表现技巧的单纯化，使精神内容得到深化、提高而具有张力。精神内容并不易进行形而上的表现，一般来说越深入越困难。而且若把精神内容当作形而上来详细表现，反而更使人担心会远离精神内容的实质。

其实古人已经意识到，越是要表现深刻的精神，就越是要极力抑制表现并使之简素化，而且越是抑制表现而简素，其内在精神也就越是深化、高扬和有张力。这就是所谓的简素精神。

以上概略叙述了简素精神的意义，但我觉得，仅靠如此抽象的说明还是难以理解。下面我想从各个文化分野举例加以说明。

这些示例主要还是从中国文献中引用过来的。这是因为，其一，中国宋明时代的文化是以简素精神为基调的，而且当时的文人画家和思想家也对简素精神进行过详尽、确切的阐述；其二，中国文化虽大都在被日本接纳的过程中简素化了，但日本文化的简素却有中国文化的背景，这点必须明了，不这样的话，恐怕对日本文化之简素的理解也会变得浅薄起来。

毕加索与克利的绘画

平成五年（1993）五月五日的《西日本新闻》专栏，登载了以下一则令我心动的新闻：

九州大谷短期大学助理教授内山秀树，介绍了幼儿园儿童的绘画。如此轻松愉快的色调和运笔法，为什么中学生却用不出来呢？

"这是怪兽的尾巴！这是怪兽的西服！""第一次画麒麟，大了吧！像个怪兽！""啊！忘了画上房子了。""补上吧！"孩子们七嘴八舌地自言自语着。

注视着牛棚的孩子，一口气描了六点。在开始画横之前，看到了牛的整体，接着变成了牛脸等的特写，最后则成了毕加索素描那样的如同人一般的牛。这大概是打算让自己变成牛吧！

内山先生说："孩子们传递着发现的喜悦，确认着激动的体验，从紧张中解放了自己，而且谈论着各自的美梦。"此外，不能清楚地用形体和语言表达的幼童的想法，不也被大人们拒之门外了吗？

看一下幼童的绘画，我想孩子们没有一个不是天生的艺术家。而这些美好的可能性萌芽，在中学生时代就枯萎了。但愿孩子们的才能能像5月蓝天中舞动的鲤鱼旗那样舒展和飞扬。

毕加索（Pablo Picasso，1881~1973）是日本家喻户晓的世界级的西班牙大画家。毕加索也是到晚年才画出了有独到见解的看起来很稚拙的作品。不过这种稚拙，虽然在表现技巧上与孩子们的画十分相似，但在精神意象上却与孩子们的画极为不同。

孩子们的画很多都是直率表现平时印象的，比如画母亲的肖像，一般都画得很大，通常一张脸就可占据整个画面，而身体手脚却画得极小，这是直率表达印象的结果。

画苹果也一样，大得好像要从画面中溢出来似的。孩子是纯真的，

毕加索晚年作品《德旺海蓝女人之谜》（1956）

所以就跟着感觉画，这是写实还是不写实呢？孩子心里一点儿都没在意。

然而，当他们渐渐成长起来后，却以为绘画必须是写实的。在此基础上，他们还接受了各种绘画的知识，于是越来越摆弄技巧，结果忘记了绘画的重要原则，放弃了描绘对物的深刻印象。

毕加索在画画时，都直接表达自己的强烈印象，而要将此表现为简素，那是需要长时间修炼的。所以，其表现虽然简素，但其精神内容却是深远而丰富的。其实这就是所谓的简素精神。因此，切不可把简素的精神误解为单纯幼稚抑或浅薄表面的精神。

充满幻想和童趣的瑞士画家保罗·克利（Paul Klee，1879~1940）的绘画作品，与东洋的简素精神有相通之处。克利被誉为 20 世纪具

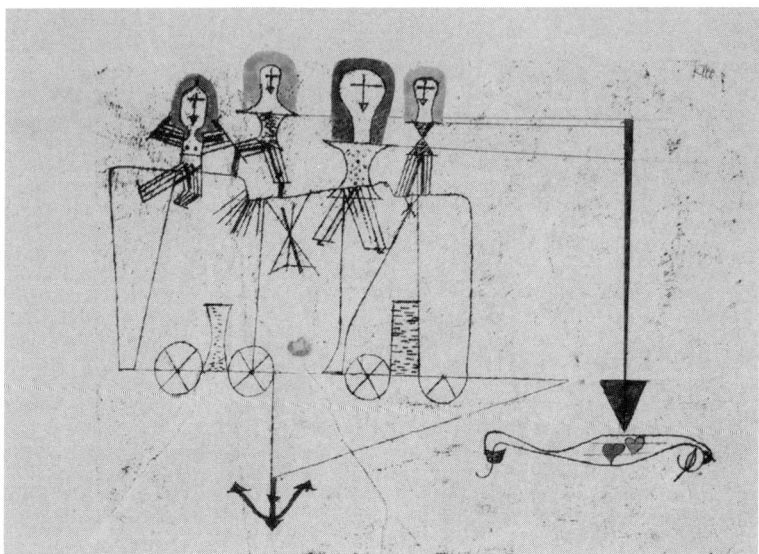

保罗·克利作品《美德的旅行车》（1922）

有独创性的画家之一。他喜欢画素朴的东方式的肖像作品，在像孩子般纯洁的想象力的驱使下，他把我们见惯了的世界描绘成了音乐和诗的世界。

克利的画色彩柔和，充满了从自然界采集单纯形态，发挥了素朴性和像孩子般幻想的个性。似乎可以说，克利的画也是以简素为宗旨的。

水墨画之心

相传唐代王维（701~761）著有《山水诀》一书。王维被誉为南

北宋文同《墨竹图》
台北故宫博物院藏

桥本关雪水墨作品《秋江晚霁》

桥本关雪水墨作品《蓝关诗意》

画之祖、水墨画之祖。从内容来看，此书似乎并非出于王维之手，而是后世之作。著者在书中说道："画道之中，水墨为最上。肇自然之性，成造化之功也。"把水墨画当作最上乘之画。

所谓水墨，即"水晕墨章"，在绘画中把色彩世界表现为明暗、浓淡，从而使色彩所具有的内面性更加深化。较之物象，水墨画更致力于描绘精神意象，故可以称水墨画为精神的绘画。

水墨画何以能适于描绘物象的内面精神呢？桥本关雪（1883~1945）在《走向南画之路》一书中揭示了这个问题：

墨具有西方画所不具有的复杂色调。

用墨一种色调描绘竹的颜色，无论是晴朗之色还是雨淋湿润之色，皆可表现。不仅外在，连竹子所具有的谦虚、贞烈等内在品格，通过画家的心，也能表现出来。

水仙花这种植物，若用白描画法，其内部所具有的复杂之心也能被表现出来。这是西方画无论怎样用写实法都无法呈现的意境。

很早就认识到水墨之美的吾等先祖，谁能说对色彩不敏感？墨所具有的复杂性是色彩的极致，是单纯化，是敏感者所能达到的极境。

由此可见，用墨的结果是色彩更趋单纯化且达到了极致。

水墨画兴起于唐代中叶，五代后梁画家荆浩（约850~?）对其发展有过重要影响。据唐人张彦远（815~907）的《历代名画记》记载，7世纪末，则天武后时代，有一位叫殷仲容（633~703）的肖像画家，用墨绘画时，兼备五彩。我想从那时开始，是否已有了墨兼备五彩的自觉？

到了8世纪后半叶至9世纪初，出现了像张璪（约活跃于8世纪后期）、张志和（732~774）、王洽（784?~805，又称王墨）以及李成（919~967）[1]那样的所谓狂躁画家（前卫画家），他们善画泼墨山水，对六朝时被称作画坛第一义的气韵生动，不从自然对象物中求，而专从我心中求得，排斥形似而作狂躁画。这揭示了水墨画是精神主义的绘画，用水墨表现实在和精神是最适合不过的。

因此可以说，水墨画是去外华而宗内实、去繁缛而宗简素的，狂躁画家的画很清楚地说明了这一点。不过，他们之所以被称为狂躁画家，是因为他们极度看中写意而排斥传统的形似主义并直抒胸臆。

水墨画贵简素。简素就是使对象集约化和单纯化。墨是色彩集约化和单纯化的产物，而线则是对象集约化和单纯化的产物。如果说，表现内观世界比表现外观世界更近于艺术的极致，那么表现形式走向集约化、纯一化进而简素化，乃势所必然。因此，重视内观世界的画家，较之色彩画更推崇被视为色彩之极致的水墨画，也是理所当然的。

色彩画以外观的感觉印象为本，而水墨画则以内观的认识体验为本。这不是看重物象之姿态和形式的态度，而是看重使物象存在的精神和生命的态度。

1　原书作"李省"，当为李成之误。

不过，若以为肯定水墨画就是否定色彩，那就错了。不要忘记，墨被看作色彩之极，墨色使色彩简素化，表示的是某种精神意象。

如果水墨是将色彩简素化，那么越简素也就越能强力表现色彩里面的精神意象。水墨画被称为心画即精神绘画的理由也正在于此。

水墨在中国的兴起，已如前述，是在唐代，但成熟于宋代以后。水墨画会诞生在中国，大概与中国的书法，以及被称为宋元画发祥地

南唐董源《龙宿郊民图》

的中国南方那带有灵气的潮湿的自然环境有密切关系。

　　书法也是以精神表现为宗旨的艺术，这与水墨画有异曲同工之处，所以有人说书画不分家。只不过书法是抽象的艺术，而水墨画是具象的艺术，所以书法若与水墨画比较，所表现的精神内容是极为狭窄的。此外，宋代水墨画里的简素精神，不仅在色彩方面，在用笔、墨调、构图等方面也有不俗表现。

　　当然，强调水墨画以简素为宗，切不可忘了它不同于原始素描之处。两者即使外形类似，其质和力也是不同的。金原省吾将水墨画与原始素描比较后揭示了其简素精神的特色，他说：

　　如果把宋代墨画与原始素描相比较，便不难看出，其打动人心之力和支持力是一致的，但精神内容却存有显著差异。也就是说，在内质的打动人心之力和支持力，以及打动人心之力的丰富性方面，两者的差异是显而易见的。

　　若要重视画的内在意味的丰富性，就有必要与诗接近。始于六朝的使内容丰熟化的形似及其手法，到了宋代，虽仍要求做到，但实质上却已被抛弃。也就是说，已从画面上消失，仅作为意象保留着。这种重视神似的倾向，在当时的时代特质即内省特质的推动下，也被深化和提高了。但在画面显著简素化的同时，与此意见相左的要求也变得颇为复杂起来。

　　宋代在文化上的批判方法，表现在绘画上，就是判断事物之纯驳，剔除杂质即附加物，达到去华求实的目的。这是由于放弃了形似而仍要坚持绘画的形象，使得伴随着去除全部色彩后产生的缺陷开始蔓延，因此要用内在的打动人心之力和支持力去置换外在的打动人心之力和支持力。（《东洋画概论》）

比较中日两国的水墨画，中国的水墨画是知性的、硬朗的，而日本的水墨画则是情绪的、柔软的。日本画里有一种叫"溜进"的技法，是中国画所没有的。该技法是指涂颜色时，不等颜色干，就溜上其他颜色，经过这样的渗透，会产生独特的色彩效果。这种技法并不限于色彩画，水墨画也一样采用。这是一种追求渗透之美的画法，从中也可看出日本人的情绪性。

水墨画虽由色彩的简素化而产生，然而不仅是色彩，水墨画还以画法的简素化为宗，以减笔为贵。这也许就是所谓的"迹简意澹""笔少意长"吧！

五代画家李成有"惜墨如金"之称。要深刻理解简素之精神，即使在水墨画中恐怕也要做到彻底的省笔减笔之要求。只有这样，才能在墨的有无之中产生朦胧的画风，也才能使笔线字体如同禅机画一般凸显其精神性，使画接近于书，最终达成一般所倡导的书画一致。可以说，诗画一致论与书画一致论，实质上都是画之简素化的产物。

如上所述，水墨画不是物象的形似，由于它重视物象的内在精神，故而产生了接近于诗的要求。水墨画里常有题诗而作画的原因就在于此。

这样一来，造型美术便与文学趋于一致，并由此出现了叫作"诗画轴"的艺术品，而这是建立在画中题诗的所谓诗画一致论的基础之上的。结果在文学中也兴起了题画文学。北宋画家郭熙（1023~1085）以古人所谓"诗是无形画，画是有形诗"（《林泉高致》）为座右铭，一边玩味古人之诗，一边致力于题画之修养。宋徽宗（1082~1135）则喜欢以古诗之意为题而作画（《画继》）。以直率表现自我情意和理趣为己任的文人画家提倡诗画一致论，应是顺理成章的事。

日本"画圣"雪舟等杨山水画作品

绘画与留白

宋代为什么会盛行像水墨画那样的精神绘画亦即心画呢？简素的精神不仅是水墨画，也是整个宋代文化的根本理念，这是对唐代精神批判和反省的结果。

唐成为国际性的富庶大国后，其文化虽有绚烂华丽的外观，但内质却并不向上。

自唐中叶开始，这种弊害逐渐明朗化。于是，到了宋朝便开始对此进行批判和反省，结果产生了致思和内观的文化。

在唐代，物只要存在就有价值，而到宋代，则提出了使存在而存在的根本问题，即所谓有"理"才有价值。

于是，绘画不是为了描绘物之形象，而是为了穷物之理、尽物之性，并认为应借用物之形象来描绘自得造化之理和天地之心。因此，即使是以画风缜密为宗的写实派的山水画，也在穷尽山水之理和山水之性的过程中突出了画家的主体作用，也就是描绘所谓的"胸中之丘壑"。

较之物的形态和姿态，宋代画家更注重体认自得内在的根本之理，亦即精神内质并描绘之。于是宋代的绘画便成了精神主义的绘画，也就是说，画成了心画，从而迎来了水墨画的兴盛。

同样都是描绘物的精神，宋朝兴起了描绘和表现缜密形象的写实派（院体画），及不重视物之形象而只直写其精神的写意派（文人画）。宋代基本上以写实派为主流，而元明则以写意派为主流。需要指出的是，写意派比写实派更具有以简素为宗的倾向。

比较中国与日本的绘画，似乎可以说，

宋徽宗作品《秋景山水图》

中国绘画的写实倾向较为浓烈，而日本绘画的写意倾向显得强烈。这与中国人为理知的民族而日本人为情绪的民族是相对应的。

写实派也罢，写意派也罢，都是以描绘物之精神为目的，都必须考虑表现技巧的问题。一句话，两者都只能采取暗示或者暗喻的方法。所以说简素化是必要的。

比如要把形象描绘省略简素化的话，就至少可以考虑以下几种方法：作为未完成的东西而暗示内藏之精神；只描绘部分而使知晓之人想起全体、理解精神；放弃华美的表现而求实质；采用象征的表现手法等。

北宋徽宗皇帝的"折枝"，南宋马远（生卒年不详）、夏珪（生卒年不详）的"边角""一角""残山""剩水"等技法，就是如此。徽宗的《水仙鹌鹑图》和《桃鸠图》，传说为马远所画的《风雨山水图》和《寒江独钓图》，以及据传夏珪所画的《潇湘八景图》等，采用的都是这种技法。由此出现了东方画作所独有的故意留下的余白空间。

直到唐代，绘画中的余白空间还只限于在构图上表现物象之背景，只具有消极的意义。到了宋代，余白空间受到了重视，并在构筑画的气韵方面起到了重要作用，产生了积极意义。这也可以说是"无中生有"吧！

假如把简素分成"简"和"素"来考虑，那么可以说，宋代的绘画在形象描绘上是"简"，在余白空间上是"素"，把两者合为一体，就会产生精神之艺术和象征之艺术。

但余白空间的精神和意思绝非一致，必须根据一幅幅画的具体内

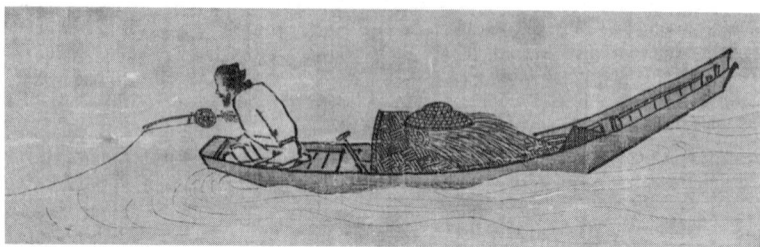

《寒江独钓图》

《潇湘八景图》（局部）

容区别对待。下面就以徽宗的《水仙鹌鹑图》和《桃鸠图》为例加以说明。

《水仙鹌鹑图》用画面的对角线区分开了余白部分和描出部分，鹌鹑画在画面的右下方，背后画着盛开的水仙花。鹌鹑的羽毛和双脚画得特别鲜明精密。沐浴着冬天的阳光，鹌鹑静静地站立，眼睛睁得大大地注视着前方，中间躯体的鼓起处被嘴尾两边夹挤在一起，显示了鹌鹑的某种意志力。鹌鹑的眼睛、嘴巴与水仙花一起朝向广阔的空间。为描绘这一情景，余白空间遮蔽着鹌鹑与水仙花，仿佛有了悠远之心。

《桃鸠图》也把鸠与桃画在对角线的左方，其他皆为大片的余白空间。鸠停在桃的枝杈上，下端枝杈稍稍有点弯曲。鸠背的上方则画着一根弧形的桃枝，桃花怒放，花蕾温情脉脉。余白空间充满着熙熙春风。

有没有余白空间，是关系到绘画之生命的重要因素。所以池大雅说："画纸上的空白部分是最难画的。"（参见金原省吾的《东洋美术论》)

数年前，我在大分县汤布院的小小画廊里见过描绘土笔[1]的日本画。记得画上的土笔是三支，而且画得稍稍有些斜。土笔只在画面下方占四分之一的小小部分，其余皆为余白空间。

我对这幅画余白空间的开阔程度感到十分惊讶。一般来说，日本画比中国画在余白空间上有更为开阔的取向。由此可见，日本文化比中国文化更注重简素精神。

宋徽宗作品《水仙鹌鹑图》
日本浅野长勋 藏

宋徽宗作品《桃鸠图》
东京国立博物馆 藏

---

1 古代绘画起稿用的笔，因以淘澄的白色土裹作笔头，故称。

白瓷与简素精神

宋代生产了居世界之冠的白瓷、青瓷、青白瓷以及漆黑瓷，其中又以白瓷为最多。这是由于宋人重视清新、清冽的简素精神的缘故。

不可思议的是，唐代生产的像唐三彩那样豪华绚丽、色彩斑斓的陶瓷作品，到了宋代却全没了踪影。这不能不说是宋代对唐代华丽的外观文化进行批判和反省以寻求内观文化的结果。

宋代制作的白瓷很多都没有花纹。白瓷大多产在河北定窑，不过江西景德镇所产的青白瓷也有这种情况。白瓷即使有花纹，也与色彩浓重、华丽的唐三彩不可同日而语。两者相比，此类白瓷甚至无花纹可言。

一般来说，宋代较为流行的是无纹的陶瓷器。不仅陶瓷器，当时的漆器、银器等无花纹的也较多。正如冈田让治所指出的那样，这显示了工艺审美由唐代的多彩装饰之美向宋代的清新简洁之美的转变。

于是，白色在宋代瓷器中受到了推崇。因为白被认为是色彩的极致、装饰的极致，被认为是蕴藏了五彩的颜色。

自古以来，中国就有以白色为修饰（文）之极致，以没有修饰为极致的观念，这只要看一下《周易》贲卦上九中的"白贲"便一目了然了。此外，《周礼·考工记》中也有在绘画上色时使用白色画具之记载，因而同样揭示了以白色为色之极的观念。但在此前，一般不太有以简素精神为艺术之极的意识，这种清晰的意识是到了宋代才出现的。

宋定窑白瓷莲花腹碗¹　　台北故宫博物院　藏

定窑椭圆形碟²　　台北故宫博物院　藏

1　图片来源：雅昌艺术网 www.artron.net。

2　图片来源：同上。

宋代的简素精神不仅表现在陶瓷器的色彩纹路上，还表现在陶瓷器的器形及制作过程中。这只要看一下宋瓷那端正严肃的形态及锐利遒劲的线条就能一目了然。

以简素精神为宗的宋代瓷器，若与日本陶瓷比较一下的话就能看出，中国人重知性，故而造型属理知冷峻型和人工雕琢型；而像日本人在茶道中使用的陶瓷器，则是突破了知性均齐的情绪化之杰作，即造型上因厌倦了人工雕琢转而崇尚自然，情感上变得更为温馨，色调上则趋于素朴，通过日本人的独特技法将内藏的色彩表现呈现出来。从这里我们能够看到某种高层次的自然之心，而这大概意味着日本的陶瓷器比中国的陶瓷器更为简素吧！

简素与平淡

表现主义被放弃而精神主义被强调的过程，也就是表现受到限制和抑制而简素得到肯定并强化的过程，其结果不能不导致平淡化。

唐代文学看重的是四六骈俪体的文章，所以不能不倾向于华丽的装饰。但到了宋代，由于强调精神主义，骈俪文因缺乏余情风韵而遭淘汰，简洁的古文受到推崇。古文复兴运动由此开始兴盛。

古文复兴是由唐中叶的韩愈（768~824）、柳宗元（773~819）首先提出来的，至宋代趋于繁盛，古文学家辈出。

韩愈说："非三代西汉之书不敢观。"柳宗元说："殷周以前文简而野也，魏晋以后荡而靡也。"都强调复兴古文的必要性。

北宋的欧阳修（1007~1072）承其后，其文字以简约质实为宗。据《朱子语类》（卷一三九）记载，欧阳修在写《醉翁亭记》时，最初为描述滁州四面群山之景色，费了数十字，但不久便简而约之，只用了"环滁皆山也"五个字。

苏轼（1037~1101）也因《论语》《礼记》等文字简澹而深爱不已。南宋朱子则看到了当时学者在解释经典时肆意推测、随意议论的弊端，以为这并不能求得古人之意，所以他著的《周易本义》《诗集传》等书，言辞都极为简要（参见罗大经《鹤林玉露》）。

谈到诗，到了宋代，有所谓"渊明之文名，至宋而极"的评价，对晋代陶渊明的诗推崇备至。因为渊明的诗"外枯中膏，体癯实腴"（近藤元粹《萤雪轩丛书》之《东坡诗话》），"词简质而意有余"。

黄彻（1093~1168）曾针对渊明"衰荣无定在"的诗句说："诗人以来无此句，词简而意足。"（《萤雪轩丛书》之《碧溪诗话》）严羽（约1192~约1241）则把谢灵运（385~433）的"池塘春草生"之诗句与渊明的"采菊东篱下，悠然见南山"之诗句均视作佳句，并认为："谢所以不及陶者，康乐之诗精工，渊明之诗质而自然耳。"（《沧浪诗话》）盛赞渊明之诗有天成之质。

不过不要忘记，渊明之诗还"质而藏华"。比如说，秋实冬藏中就内藏着春生夏茂之意。

在文艺上追求简素，那么在表现上也就必然变得平淡枯澹。清

初画家恽寿平（1633～1690）说过："妙在平淡中，奇亦不能过。"（《瓯香馆画跋》）

平淡也受到了文人的宠爱，若追求新奇、危险之语而发挥创意的话，那就反而会留下斧凿之痕迹，破坏天成之含蓄。对此东坡有所谓"好新规，诗之病也"之说（《东坡诗话》）。不过，他们所说的平淡枯澹中是藏有无限之深意和自然之命意的。所以东坡说："发纤秾于简古，寄至味于澹泊。"（《东坡后集》卷九《书〈黄子思诗集〉后》）他在给外孙的信中也说：

大凡为文，当使气象峥嵘，五色绚烂。渐老渐熟，乃造平淡。余以谓不但为文，作诗者，尤当取法于此。（陈秀明《东坡诗话录》）

贵枯淡者，外枯而中膏，似淡而实美，渊明、子厚之流也。若中边皆枯淡，则何足道哉？（同上）

当时的士大夫有好用"平淡"二字的风气，但若没有深邃内在的话，就会失去诗意。对此识者是有过感叹的。（周少隐《竹坡老人诗话》）

朱子作诗也主张平淡之要，并对所谓"平淡二字误尽天下诗人"的论调进行了反驳（《朱子文集》卷六十四《答巩仲至》）。朱子不仅在写诗时，而且在解释经书时也主张体认圣人之平淡。他说：

圣贤语平明，中有无限味。若从容玩味，默识心通，则可立学问之根本，发挥大动矣。故立说贵新规，类推欲广博，则必失圣人语平淡之真味，徒劳口耳之末习耳。(《朱子文集》卷三十五《答张敬夫书》)

拙与巧

到了宋代，文艺界和思想界还提出了"拙"。拙是巧的反义词。我们既可从古雅概念中引申出"古拙""拙古"，也可从雅拙概念里引申出"生拙"，又可以质朴为宗而强调"朴拙"。

所谓"拙"是指与技巧主义相对的精神主义的形态，亦即因精神紧张而被表现为超越技巧时的形态。拙之形态，与其说是拒绝技巧，不如说是超克扬弃技巧。从这个意义上说，拙应是统合巧拙的高层次概念。换言之，拙所表现的是巧的极致。所以宋人罗大经（1196～约1252）指出：

作诗必以巧进、以拙成。故作字惟拙笔最难，作诗惟拙句最难。至拙则浑然天成，而不足言工巧矣。(《鹤林玉露》卷十五)

罗还以杜甫的"拙以存吾道"为例，说明拙的难度。

宋代诗人苏轼、黄庭坚（1045～1105）等人意识到王安石（1021～1086）等人以修辞婉妍为宗而陷于技巧主义的弊端，故主张以气恪造意为宗，转习古人之拙。东坡诗曰"聊以拙自修"（《鹤林玉露》卷二）是也。

黄庭坚则宁贵拙速而不贵巧迟（《冷斋夜话》卷三），受其诗风影响的陈师道（1053~1101）谓：

> 宁拙勿巧，宁朴勿华，宁粗勿弱，宁僻勿俗，诗文皆然也。（《后山诗话》）

东坡不仅在诗文上，而且在绘画上也嘲笑那些只会摆弄技巧、拘泥于格式的人。

明人顾凝远在《画巧》中论述过"生巧"这一概念，明确指出"生"是熟之极致，"拙"是巧之极致。他说：

> 生则无莽气而文，拙则无作气而雅。盖雅人之深致也。

文艺上重视拙的风气，始于反对六朝以来技巧主义风潮的宋代。而且宋人以为，古人之道在于拙，故而提倡复古主义。

在中国就连思想家也贵拙。《老子》里有所谓"大巧若拙"说；《庄子·胠箧》对该命题有详细说明；《列子·说符》亦谓："圣人恃道化而不恃智巧。""大道多岐而亡羊，学之多方而丧生。"

像老、庄、列这些道家思想家认为，人为的都是相对的，无不充满矛盾，只有顺从超越人为的自然之无为，才能保全人的初始生命，也才能获得人的真正自由，所以当然要否定巧智，就连儒者所说的道德也要否定。很显然，这种处世之道也必然要强调拙。不过这种拙并不是消极的，若从另一角度看，还应当指出，由于它追求精神的绝对自由，因而具有积极的意义，其消极性只是较以道义律己且以经世为宗的儒者之积极性而言的。

应该承认，隐者的处世之道在于拙。但晋代的陶渊明则是一方面坚守儒教道义，另一方面又追求道家的隐逸性而坚持拙之道的典型。

那么，陶渊明所谓的拙究竟指什么呢？渊明于义熙二年（406）42岁时出任彭泽县令，翌年回到家乡的田园居所，写了《归园田居》。至此，渊明在官场上虽几上几下，但因自知不能适应，故辞官而去。正如渊明在《归园田居》里写的那样：

桥本关雪作品《陶渊明》

　　少无适俗韵，性本爱丘山。误落尘

网中，一去三十年。羁鸟恋旧林，池鱼思故渊。开荒南野际，守拙归园田。

他强调的是"守拙归园田"。

在渊明的诗里，还有所谓"人事固以拙"（《癸卯岁十二月中作与从弟敬远》），"叩门言辞拙"（《乞食》）等说明吾道之拙的诗句。

渊明生活在一个道义遭破坏的时代，不堪玩弄巧智之风而脱离仕途是当时知识分子的一种选择，而对生来隐逸的渊明来说，这种倾向就更加强烈了，所以他以隐居守拙为宗是顺理成章的事。

但是，在陶渊明的身上仍存有祖先传下来的儒教精神。渊明的长子出生时，他以《命子》为题写了一首诗，诗中向儿子称赞祖先的赫赫功勋，希望儿子养成温恭之德，成为像《中庸》作者孔子之孙子思（前492~前431）那样的人物。所以，处于隐逸中的渊明，仍从《论语》中举出"固穷"二字，作为自己的真正志向。

宋代文人画家就像前面所说的主张"拙"，而宋代儒者也同样主张"拙"。周濂溪的《拙赋》一文，指出了"拙"是伟大劳作的原因。说到"濂溪"之号，一般都会想起他的《爱莲说》，文中濂溪叙述了自己爱莲的理由：

水陆草木之花，可爱者甚蕃。晋陶渊明独爱菊。自李唐来，世人盛爱牡丹。予独爱莲之出淤泥而不染，濯清涟而不妖，中通外直，不蔓不枝，香远益清，亭亭净植，可远观而不可亵玩焉。

予谓菊，花之隐逸者也；牡丹，花之富贵者也；莲，花之君子者也。噫！菊之爱，陶后鲜有闻；莲之爱，同予者何人？牡丹之爱，宜乎众矣！(《周子全书》卷五)

由此可以想见濂溪的人品。

与濂溪同时代的诗人黄庭坚评价濂溪的人品是"洒洒落落，如光风霁月"，意指濂溪品格极佳，心中潇洒，宛如雨后之明月。

濂溪的《拙赋》则有以下论述：

或谓予曰："人谓子拙？"予曰："巧，窃所耻也，且患世多巧也。"喜而赋之。

巧者言，拙者默；巧者劳，拙者逸；巧者贼，拙者吉。呜呼！天下拙，刑政彻。上安下顺，风清弊绝。

濂溪既阐述了拙这种处世之道的伟大效用，又驳斥了那些用渺小巧智玩弄术策并巧于处世的态度。

濂溪性格刚直，内心清爽、诚实而洒脱，气象高洁幽远，具有与那些阿谀奉承、玩弄术智、巧于处世之流完全不同的人品。濂溪对自己的以拙处世在经世方面发挥的伟大作用坚信不疑。

南宋的张栻（1133~1180）也著有《拙斋记》(《南轩文集》卷十二)。文中对当时士人炫文采、博名声、养智术、竞机巧，导致风气日薄的现象感叹不已，并严厉批评了性格鲁莽然而有德行、又传其师孔子之道的曾子所言的"反省"说。

朱子也举了汉董仲舒（前 179~前 104）所谓的"正其谊不谋其私，明其道不计其功"之说，强调这便是拙（《朱子文集》卷七十八）。

儒者关于拙的思想，排斥的是以功利为主的现实主义智巧，遵守的是一心捍卫道德的精神主义原则。这种思想在理想主义的经世教化方面是有大功的。他们所说的"拙"，毫无疑问也是以简素精神为宗旨的。

内藏与呈露

宋人吴可（生卒年不详）说过：

凡文章，先华丽而后平淡。如四时之序，方春则华丽，夏则茂实，秋冬则收敛，若外枯而中膏是也。盖华丽茂实，已在其中矣。（《藏海诗话》）

指出了文章中的平淡之要。

那么，何以要强调平淡呢？这是由于考虑到有藏意于内而不呈露于外这样的真切追求。因为宋代诗人是忌讳并厌恶呈露的。清人沈德潜（1673~1769）曾说过这样的话："露则暗昧而失滋味，藏则意尽而无余情。"（《说诗晬语》卷下）其要旨大概还在于以文字之呈露为非。文字之呈露，不外乎字意之胜出。宋人释惠洪（1071~1128）曾以"一千里色中秋月，十万军声夜半潮"之诗句为例，言道："此句一览之则秀整尽收眼底，但若熟视之则神气全无踪影，乃字露之故也。"（《冷斋夜话》卷一）

风骨亦然，若呈露于外则滋味失。例如《白石道人诗话》所引述的诗句"白发逢人只自悲"，可谓恰如是也。

前面已讲过，宋代画家的技法是折技、一角、边角、残山和剩水。这类手法的实质就是画部分而回避其他，甚至隐匿整体，从而让人把想象的空间扩展到画外。这也无疑是以藏之精神为宗旨的！

据说北宋画家好画寒林，这是因为枯木中蕴藏着深刻的命意。若使这种命意呈露的话，那就会使神气变得索然无味了。

李成作品《寒林平野图》

"凡书画当观韵"（《豫章黄先生文集》卷二十七《题摹燕郭尚父图》），这是北宋诗人黄庭坚的名言。黄庭坚看了李伯时为他绘的以李广夺胡儿故事为题材的画后，便说自己对"画格"有了深刻的领悟。据黄庭坚说，该画描绘了这样的情节：李广一边怀抱胡儿向南疾驰，一边拿着胡儿的弓，引满弓阻击追骑。一般来说，凭李广的射术，只要弦一松，后面的人马便会应声倒下。对这一情节，李伯时若是个世俗画家，就会直接绘上骑者中矢的画面。但若画的是骑者中矢的画面，那就会使神气毫无韵味可言。这幅画可谓是忌呈露而宗藏意的杰作。

　　宋代的徽宗皇帝对这种画格心领神会。有时在画院，他常以古人之诗句为画题而作画。如他曾以"野水无人渡，孤舟尽日横"为题作画，并自认为，舟人站在船尾，横握孤笛，虽有舟人，但无客人的闲散画面，当为上乘之作；而像空舟靠在岸边，或鹭停在船舷上，或鸦停在篷背上的画面，则要次一等了。

　　此外，在"深山藏古寺"画题下，徽宗以为画上荒山，再画幡竿，以暗示深山中有古寺，是上乘之作；次一等则是画上塔尖或大殿（《画继》）。这就是宋代画家把"藏"作为画格而珍视的结果。

　　就宋代儒学而言，藏的精神也同样受到重视，宋代儒者好静坐便是其表现形态之一。

　　北宋程颢、程颐兄弟的门人当中有个叫吕与叔（1046~1092）的儒者，他用心于心性之存养，认为在喜怒哀乐之情未产生前，即所谓未发之时，心是至虚至极、纯一静一、不偏不倚的，具有应万变的

"中"道，而正因是虚之至极，才得以发挥成义理。这正好符合孟子所谓的"赤子之心"说。不过心是不能以出入言之的，所以喜怒哀乐未发之际要求"中"，而未发之前则要说"存养"（参见《宋元学案》卷三十一《吕范诸儒学案·未发问答》）。

程门的杨时（1053~1135）也一样重视静中之体认。"喜怒哀乐未发之气象如何看"，这是杨时的门人罗从彦（1072~1135）传给李侗（1093~1163）的口诀。

表述藏之思想最为清楚的大概要算朱子的智藏说了。据朱子说，作为道德大纲的仁义礼智四德当中，仁义礼三德分别表现为恻隐、羞恶和恭敬之情，因而其动作能明显看见，而智只表现为是非之别，即使有知觉也不能看见其动作。也就是说，智是深藏于内的。

此外，仁义礼智四德都不外乎宇宙之理，但就理来说，则有生成万物之意，亦即生意。若再从生意看，则可谓仁为生之生，礼为生之长，义为生之收，智为生之藏。因此，智乃元气之源，若将其比喻为四季，便又可谓之冬之象，亦即阴阳动静中的阴静之极，一日中的夜半时分。故收藏万物、潜影万象、不露痕迹，谓之智藏也。所以说，"智乃伏藏渊源之道理"。

智的收藏越大，智也就越深刻。朱子以静坐为事，此乃重智藏之故也。

藏的精神，早已被中国古代的道家（老庄）所看重。道家极力排斥关于实在的知性式抑或分析式究明。因为在道家看来，分析并呈露实在，就会使生命断绝。

于是，老子提出了"无为""愚""玄""不知""复归婴儿"等思想，而庄子则在彻底排除认识论上的牵强附会的基础上，提出了"无无""齐物""两行""天倪""天钧""物化""坐忘""心齐""不知"等思想。

佛教一传到中国就被中国化了，进而产生了禅宗。禅宗始祖达摩（？~536）主张"不识"，后来禅宗又提出了"不立文字""直指人心""以心传心""见性成佛"等说法，这些都是出于对实在被呈露后成为死物的恐惧。

到了宋代，儒者就对道家和禅宗的思想作了否定之否定，从而扬弃且提升了古代儒学。获得的结果，就是所谓"未发之存养""智藏之存养"的提出。

自然性情

如上所述，元明时代是写意派文人画的盛行时期，该派传到日本后也大行其道。因为较之中国人，文人画更符合日本人的趣旨。

所谓文人画，就是文人喜欢画的画。文人画家并非专门的画家，而是自心受感动后率直作画的文人。他们蔑视专业画家那种悉心钻研技巧，费尽心思写实，专心致力形似，从而导致俗气蔓延的做法。文人画家摆脱了技巧的束缚，追求心之自由，轻视形似和技术，主张直写诗文之心境，即所谓"胸中之云烟"。

文人画兴起于宋代，盛极于元明。北宋的苏轼苏东坡是与文同（1018~1079）齐名的墨竹画家，但东坡说：

> 余尝论画，以为人禽宫室器用皆有常形。至于山石竹木，水波烟云，虽无常形，而有常理。常形之失，人皆知之。常理之不当，虽晓画者有不知。……虽然，常形之失，止于所失，而不能病其全，若常理之不当，则举废之矣。（《东坡全集》卷三十一《净因院画记》）

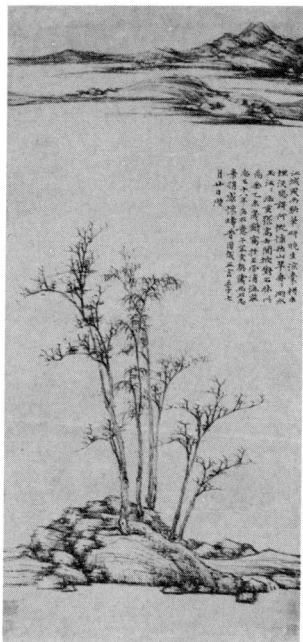

倪瓒作品《渔庄秋霁图》

又曰："善画者，画意不画形也；善诗者，言意不言名也。"（《诗人玉屑》）可见东坡是轻写实而重写意的。

东坡友人黄庭坚评论东坡之画曰："东坡老人翰林公，胸中之墨醉时出。"如东坡画竹时就是先在胸中想象竹之理，并将此作为作画的第一要义。他主张以率直表现为宗，而不主张细密描绘竹的枝枝叶叶。对此，元代的汤垕指出："画梅谓之写梅，画竹谓之写竹，画兰谓之写兰，何以故？盖花卉之情，画之当写之以意，非形似也。"（汤垕《画鉴》）主张贵写意而轻写形，并称形似主义为"俗子之见"。

元代四大家之一的倪瓒（1301~1374）也说过：

余之竹聊以写胸中逸气耳，岂复较其似与非，叶之繁与疏，枝之斜与直哉？或涂抹久之，他人视以为麻为芦，仆亦不能强辩为竹真。（《清閟阁集》卷九《跋画竹》）

这里所谓的"逸气"，指的是超脱世俗的洒落之气象。至于倪瓒的画，笔法构图皆可谓淡简，具有脱却写实的倾向。

倪瓒的淡逸格调后由明初的沈周（1427~1509）继承并发展。沈的画堪称明代文人画之范例。他爱好薄墨之绘。

沈周擅长山水画，对画竹不太内行，曾自嘲道："老父画竹丑，小儿旁观之，谓之杨柳耶！"所以他的画并不把形似放在眼里，笔法比元四家更为省略，形象之描绘看上去似乎很稚拙，实际则有无限情趣蕴藏其中。

作画必乘于兴，兴不起则腕不能运，这是沈周的主张。这与明初大画家林良（约1428~1494）所谓的"写意而不事巧"如出一辙。

明末的董其昌（1555~1636）曾以倪瓒、沈周等文人画为范本，把唐以后的画系像禅宗一样区分为南北两宗，即被称为北宗派的写实派和被称为南宗派的写意派。董其昌还把南宗派誉为正统，而极力贬斥北宗派，从而确立了南画的权威。他虽被誉为艺林百世之师，但他认为只有追求并率直表现人之自然性情的才是艺术。因而他把东坡所谓的"诗不求工字不奇，天真烂漫是吾师"（《画禅室随笔》卷四），当作艺术之神髓。

于是乎，表现性情之自然，在董其昌的画里，要比表现技巧重要得多。这也是明末文艺界的一个特色。

明末文人王世贞（1526~1590）在《艺苑卮言》中说过：今人看重的是写真意、宗气韵的倪瓒、高彦敬（1248~1310）等的画风，故而使宋代的院体画（写实派）为之一变矣。

被称为性灵派（写意派）诗人的袁宏道（1568~1610）亦曰："夫趣得之自然者，深得之；学问者，浅当其为童子也。"（《袁中郎全集》卷十《叙陈正甫会心集》）比起技巧和知识，袁宏道更看重有率直、素直之心的自然发露之诗。其弟中道（1570~1627）的诗文，亦因之而日进。中道主张独抒性灵，不拘格套，非从自己胸臆中出则不肯下笔。（同上，卷六《叙小修诗》）

袁宏道论文，特看重新奇，要求不能有特定的格式，要发挥人所不能发挥的东西，一切句法、字法、调法等都须从自己胸中流出才是，并认为这才叫"真新奇"。（同上，卷二十三《答李元善》）

明末有名的诗人都善作画。擅长花卉画的徐渭徐文长（1521~1593）曰："自执笔至书功，手也；自书致至书丹法，心也。书原目也，书

性定自然烦恼少

读破数书心自明

读书难字过万海

满壁图书彩

评口也；心为上，手次之，目口末矣。"(《徐渭集》卷二十一《玄抄类摘序》)认为笔和手都是死物，运笔全凭气，气之精熟即为神。所以气不精则杂，杂则弛。不杂不驰谓之精，常精常熟谓之神。精神运则死物活。(参见杉村勇造《徐文长·石涛·赵之谦》)

竟陵派诗人钟惺（1574~1624）也认为：诗法应从笔中自然产生；诗趣并非被强迫营造；诗词产生于感情之迫，而诗才则产生于念虑（《谭元春诗评》）。他说："不泥古学，不踏前良，往性一而奔诣。"（《钟伯敬小品》卷一《先师雷何思太史集序》）

曾对日本产生过影响的明末书画家张瑞图（1570~1644），在作诗时也喜欢"情动而造，情达而止"的风格。至于明末书法家王铎（1592~1652）、倪元璐（1594~1644）、傅山（1607~1684）等人的书法，则无不奔放自然，随心运笔，好用连草，重视率直之表现。

到了明末，连儒学中也流行起阳明学派中的良知现成说，思想更趋简素。不过，一到其末流，便干脆认定人的现在良知就是绝对之存在，从而使自然性情与自我绝对化，听之任之，随顺直情。

即使禅宗，主张扫除烦恼后进入悟境的如来禅也趋于衰微，而主张人心当下现成，应机而入悟境的祖师禅则开始流行。就连佛教经典，亦特别重视采取尊重人之立场的《楞严经》。

明末文化，犹如上述，是以简素为宗的，但因其过于直情怪行，而导致堕于呈露，使内藏浅薄，从而出现了失去简素精神的弊害。不过，明末文化传到日本后，在日本文化的特殊背景下，倒并没有陷入此类弊害。

以心传心

东洋教学的特色之一，就在于以使门第自证自悟为第一义，而以恳切叮咛的解说和指导为第二义、第三义，甚至拒绝进行后二者。在这方面，禅宗所谓的"以心传心"虽可视为通例，但此类说法在中国古代就已有之。

《庄子·天道》记载了下面一则造车名人的话：

桓公读书于堂上，轮扁斫轮于堂下，释椎凿而上，问桓公曰："敢问：公之所读者，何言邪？"公曰："圣人之言也。"曰："圣人在乎？"公曰："已死矣。"曰："然则君之所读者，古人之糟粕已夫！"桓公曰："寡人读书，轮人安得议乎！有说则可，无说则死。"轮扁曰："臣也以臣之事观之。斫轮，徐则甘而不固，疾则苦而不入，不徐不疾，得之于手而应于心，口不能言，有数存焉于其间。臣不能以喻臣之子，臣之子亦不能受之于臣，是以行年七十而老斫轮。古之人与其不可传也死矣，然则君之所读者，古人之糟粕已夫！"

就是说，无论何事，若不能说明其奥义，便不能传于人，结果学习只得依靠自证自悟来完成。可以说，学习观察师匠之技术的最好办法，不外乎吾心之证悟。但若不能积修业而近师匠，证悟也就不可能办到。只有那样才能做到所谓"以心传心"。

禅宗有所谓"啐啄同时"说，指的是雏鸡刚被孵化出来时，雏鸡从蛋内啐壳与母鸡从蛋外啄壳是同时进行的。

据《禅林宝训音义》记载：

如鸡抱卵。小鸡欲出以嘴吮声曰啐，母鸡忆出以嘴啮之曰啄。作家机缘，相投而解，亦犹是矣。

这就是说，当弟子积修业之功而近于悟境时，师匠须用禅机使之悟，这就叫"以心传心"。

这种禅机是极其象征性的，具体事例可谓不胜枚举。下面就以二三例说明之：

某日，释尊在善男信女前，为举例说法而登坐坛上。可这天释尊与平日不同。平日他总是立于坛上像狮子一样吼叫，唯独这天却默然而立，一言不发。突然，他用手作美丽的莲花状伸到前面。此为何意，谁也不知。大家无不流露出惊讶的神色，只有迦叶尊者会心地一笑。释尊见状，遂以迦叶尊者为得吾意者，宣布："正法眼藏传于迦叶。"

药山惟岩禅师也擅长无说法之说法。某日，相当于寺庙总务的监院希望他一定要为大众说法。因很快得到了药山的应承，所以大家都准备就绪，静静等候着。

不一会儿药山来到法堂，装模作样地走上讲演坛，目光锐利地瞧了眼大家后，一言不发地走下讲坛，并迅即返回了自己的房间。监院吃了一惊，紧追其后，跟进房来，问其理由。药山答道："说法不是完了嘛！老僧从方丈出来登上法座，然后又从法座回到方丈，难道这还不够吗？在法座上，有什么法好说的？如果想听经论，则有正规的经师。老僧非经师也，不说经论，又有何不可思议的呢？"

明代的王阳明虽是个儒者，但他有时也用禅机教化门人：

一友问功夫不切。先生曰："学问功夫，我已曾一句道尽，如何今日越说越远，都不著根？"对曰："致良知盖闻教矣，然亦须讲明。"先生曰："既知致良知，又何可讲明？良知本是明白，实落用功便是。不肯用功，只在语言上越说越糊涂。"曰："正求讲明致之之功。"先生曰："此亦须你自家求，我亦无别法可道。昔有禅师，人来问法，只把尘尾提起。一日，其徒将尘尾藏过，试他如何设法。禅师寻尘尾不见，又只空手提起。我这个良知就是设法的尘尾。舍了这个，有何可提得？"少间，又一友请问功夫切要。先生旁顾曰："我尘尾安在？"一时在座者皆跃然。

如果说思想之神髓最终都应依靠体认自得，那就很难想象可凭借言论、语言来加以说明。因此，如何表明思想神髓就成了自古以来令人煞费苦心的事。若用话语系统作书面说明的话，无论怎样，解读之后都极易陷入知解之弊。于是，有人因痛感此弊而焚毁书籍，并烧掉了苦心写的手稿。

宋代临济宗的杰出僧侣大慧宗杲（1088~1163），就把临济宗视为金科玉律的《碧岩录》的木版烧掉了。该书所辑录的百则公案，是为修行者从古人言行中选出来的。这原本也是为舍弃妄想知见以达悟入而采用的办法。尽管如此，还是出现了一些不解真意、玩弄公案而堕入相对之论的人，所以大慧才有了为除去这些弊害而烧掉木版的行动。

阿波研造

从大正13年（1924）到昭和4年（1929），德国年轻哲学家奥根·赫立格尔（Eugen Herrigel，1884~1955）大约在日本住了5年，其间曾师事阿波师范[1]，又对弓道做过不少研究，认定弓道之根本并不在于技术之

1　阿波研造（1880~1939），日本弓道大师，有"弓圣"之称。"师范"即传道授业者之意。

至极，而在于无心之心、无我之心。赫立格尔回国后用禅宗及奥古斯丁、托马斯·阿奎那等基督教神秘主义的言论，对上述思想进行了解说，并出版了专著。

赫立格尔的这部解说著作后被翻译成多国语言，为世界读者所熟知。但到了晚年，他意识到出版这样的解说著作是一个错误，于是便烧掉了自己的原稿。

因为赫立格尔原来研究的是欧洲的合理主义哲学，所以起初他以为，只有磨炼技术才能掌握弓道之神髓，故一心一意地磨炼技巧。后来由于阿波师范的教诲，他才觉察到自己的失误，也才领悟到弓道的根本在于其神秘主义。

不仅是弓道，日本的其他技艺也是以神秘主义为根本的。但所谓神秘主义，也并不是完全一样的。我把武道等神秘主义称为技艺的神秘主义。

以上所说的一切，可以说无不是以简素的精神为基调的。

易简之学

在王阳明的门人里有个叫陆澄的人。此人年轻时致力于五经之解说，志亦好博。然阳明告之曰：

但圣人教人，只怕人不简易，他说的皆是简易之规。以今人好博

之心观之，却似圣人教人差了。(《传习录》卷三）

在阳明看来，圣人之道诚为知易行易的简易之学。若从儒者立场来看，道家、佛教之道广大深远，非常人所能解。与之相比，圣人说道则日用平常，虽愚夫愚妇亦能知之行之。所以儒教说道，可谓易简矣。不过应当看到，易简之道中也蕴藏着广大和精深，正如《中庸》中谓："天下国家可均也，爵禄可辞也，白刃可蹈也，中庸不可能也。"

王阳明是儒者中切论易简之学的少数人之一。他晚年在寄给安福诸同志的信中说：

凡功夫只是要简易真切。愈真切，愈简易；愈简易，愈真切。(《王文成公全书》卷六）

这里道出了易简之学的切要。

那么，阳明所说的易简之学又是什么呢？就是"致良知"。"致良知"之学为何易简？下面就根据善恶是非之分别及其实践要求来分析。

朱子认为，必须先依据事物，对善恶是非逐个做出明确判断，然后才能付诸实践。但对事物做出明确判断果真容易吗？在阳明看来，即使一生一世也不可能做到。

不过，若遵从吾性先天具备的良知，便可一蹴而就。而且良知还具有化恶为善、化非为是的灵力。所以说良知致则万事运昌。

所谓"致良知"，亦即发挥良知。致之努力，据阳明说，是从良知自身产生的。良知只有基于致之努力，才做到了自主向上。阳明的这一立场，又被称为功夫即本体、本体即功夫论。这与朱子所谓的只有基于功夫的积累，才能达到本体之极致的立场是相异的。

至于知行论，朱子持的是"先知后行"的立场，而阳明则主张"知行合一"，视知行为一体。阳明之学的确易简矣！可以毫不夸张地说，儒学的易简之学到了阳明那里，已达到极致。

从思想史的角度说，要了解中国古代，莫若读读六经。出现于春秋时代的孔子，作为此前时代思想的集大成者，将日常的人伦与行为规范集约化。到了战国时代，出现了孟子，他把孔子所说的诸多人伦道德归结为良心。至此，儒学的简易化可谓初见端倪了。

战国末至秦汉之际，儒学由于与道教接触，也开始强调形而上之道，无论修行还是实践，都主张用心法，并提出了学问知识与实践修行并用的必要性。此即《大学》《中庸》之立场也。

汉唐时代的儒学，成了所谓训诂注疏之学和词诵之学，因而几乎看不到思想的发展。

魏晋南北朝时期，道家较为繁荣，从印度传来的佛教也开始兴盛起来。到了唐初，由于大量佛典译为汉语，构筑了佛教的黄金时代。与此同时，佛教也出现了中国化的倾向，产生了博大精深的佛教哲学。所谓天台宗和华严宗就是这样的佛教哲学。这种哲学在建构基于深邃思想的博大的哲学体系的同时，还强调像坐禅那样切实的实践修行。也就是说，这种哲学是以教学与修行或简称知与行的并用为根本的。

继其后而兴盛的，并不是使其教学面得以发展的佛教义理，而是把天台、华严二门集约于修道的禅宗。禅宗自唐中叶开始繁荣，至宋代大为流行。这样的佛教也是被简易化了的。

儒学也是在宋代才有了一个大发展。这是因为，宋代儒学不仅超越了道教和禅宗，而且超越了古来的现实主义和功利主义，并扬弃了古代儒学，把博大精深的哲学体系与切切实实的实践修行结合在了一起。代表宋学的朱子学便具有这样的特性。朱子学的形态与天台、华严哲学相似，也就是说，采取的是知行并用的立场。

明代中叶，王阳明提倡"知行合一"说和"致良知"说，这其实是把朱子学的知行并用之学集约于行。至此，儒学也被简易化了。

到了明末，阳明学在流行的同时，也产生了种种弊害。当时既有吸收了朱子学的新阳明学的兴起，也有吸收了阳明学的新朱子学的兴起，还出现了折中朱王或坚持朱子学的清初儒家。但从全局来看，明代儒学思想的发展，在阳明那里可谓到达了顶点。

以上叙述的思想史上的简易化现象，无疑都是与西方思想比较而言的。不过在中国，不要忘记还有一股与之相反的思潮。

回归简素

《周易》里有讲述文饰的贲卦（离下艮上）。该卦是刚之阳爻与柔

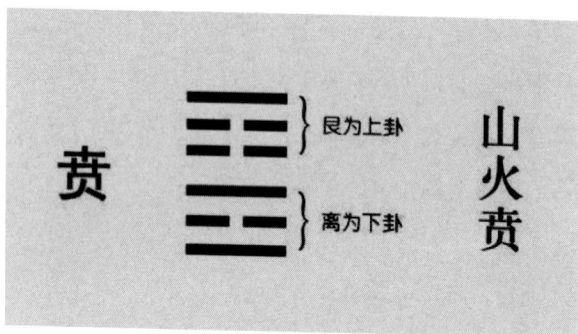

贲卦

之阴爻相互交叉且无文饰之卦。再看看它下面的小卦离卦，阴爻在两个阳爻之间而美饰阳爻；上面的小卦艮卦，则是两个阴爻之上有一阳爻，从而完成了阴爻的装饰。

此外，下面的离卦表示火，上面的艮卦表示山，所以该卦象征着火在山下。而且还可看到，山下的火正在熊熊燃烧，照得山上的草木竞放异彩，这就是贲卦。若把离视为太阳，那么该卦便象征着夕阳映山，美不胜收。总之可以说，贲是表示文饰的卦。

如果把离与艮相比较，那么可以说，离是在素朴质实的基础上增添文饰，而艮则是在文饰的基础上增添素朴质实。若再观察一下这两个卦象，就能知道，离卦是质胜于文，而艮卦是文胜于质。

文饰若缺少内实，也会堕入虚饰，所以有必要调和文饰与内实。贲卦上半的艮卦具有"止"的含义。九三的第三爻是文饰之极端，艮要制止这种过分的行为，所以一开始就要调和文饰与内实。不过贲卦对过分文饰是严加劝诫的，而且其下半的离，预示着文明之德上面的艮是止之德。所以《彖传》曰："文明而止。"文明中可以有美饰，但不能过分。这就要求在适度的时候便应当停止。《论语·雍也》亦谓：

质胜文则野，文胜质则史。文质彬彬，然后君子。

认为文饰与内实是可以调和的。但当这种调和做不到时，质胜文则要比文胜质来得稳妥。

就饰而言，若拿贲卦中的上卦艮和下卦离相比较，可以认为，二阳之中有一阴的离卦之饰，要比二阴之上有一阳的艮卦之饰为重。也就是说，宁愿质胜于文，也不要文胜于质。

以上对贲卦的详细说明，实质是要好好理解最后的上九之爻。贲卦的上九曰"白贲"。所谓"白贲"，意指文饰皆无，去文饰而返质实。

上九是饰之极，白是素。白贲即指饰极而素。《论语·八佾》曰："素以为绚。"《周礼·考工记》曰："凡画缋之事，后素功。"说的都是绘画时要先在画布上涂胡粉，然后施以色彩，最后再用胡粉润色一下。这样的话，白才能既成为色之始，又成为色之极。对白是色之极这一点，我们必须予以关注。所谓白贲即白之饰。白之饰来源于无饰的素，这便是饰之极。

关于白贲的解释，王弼（226~249）的《易注》曰："处饰之终，饰终反素，故任其质素，不劳文饰。"伊藤东涯（1670~1736）的《周易通解》曰："贲极反本，以素为饰。"朱子则在《周易本义》里说：

"贲极而反本，复无色。"

从本质上说，饰之极即本来的无色，也就是对简素的回归。在这里，简素可以是回归的无色，也可以是原初的无色，两者只是在简素的外形上相似，而在内在精神意象上则相距甚远。为区别于原初的简素，我把前者称为回归的简素。两者的差异，就如同原始人的素描与名家的素描在内实上迥然不同、一目了然一样。这种回归的简素精神，自古以来就是日本文化的基本精神。

以上虽概略说明了简素的形态及其内在精神，但若说简素的形态是一种新的文化，那它就会产生一些与之相适应的文化性格，而且这种性格还不是固定的。下面我们就总结性地列举几类，每组中的前者即表示简素的形态：

单纯 — 复杂；贫素 — 豪华；朴素 — 装饰；潇洒 — 浓密；

洒脱 — 拘谨；明洁 — 难涩；平淡 — 浓艳；轻妙 — 重厚；

瘦枯 — 丰满；欠缺 — 盈满；寡少 — 过剩；抑制 — 显扬；

隐遁 — 进出；内藏 — 呈露；稚拙 — 知巧；写意 — 写实；

印象 — 观察；暗示 — 露出；象征 — 直写；未完成 — 完成；

自然 — 人工；残缺 — 完备；综合 — 分析；主观 — 客观；

直观 — 思辨；情绪 — 理知；实践 — 理论；回归 — 进展；

不整合 — 整合；反比例 — 比例；素朴 — 繁缛；相称 — 非相称。

东京的日本皇宫　　孙元明　摄

二条城的将军府　　孙元明　摄

日本文化的特质

以上较多地论述了中国的简素精神，因为我认为这对理解简素精神的真义是十分必要的。

如上所述，中国的简素文化在宋明时代达到了顶峰。但是，当概观中国文化时，与其说是简素的，倒不如说是华丽的更为恰当。日本文化虽一直受到这种华丽的中国文化的影响，但很快就简素化了。通观日本文化之整体，说日本文化始终贯穿着简素之精神，恐怕并不为过。这里面蕴含着日本文化的特色。若比较一下日中文化在日常生活态度上的表现，就不能不承认两者的差异明显。下面就以卑近为例说明之。

中国的建筑物一般在色彩上是豪华绚丽的，中国的烹饪具有浓厚的人工味，中国人多辩，常发表理知性、逻辑性的议论；与此相反，日本的建筑物是清纯而质素的，日本料理是品味鲜活而淡白的，日本人常考虑对方而控遏言语，不太喜欢发表与对手相反的议论。

中国人擅长理知性的论辩，这已在其古代思想里表露无遗。比如古代中国人就写出了《周易》那样的不朽著作，用消极和积极的阴阳二极，根据交错、往来、循环、相生相克、调和等对立因素，诠释了世界的全部现象，而且在古代就已提出了类似西方形式逻辑学的学说，产生了与古希腊时代同样的诡辩派，出现了记述秘密克敌制胜之法的权谋术策著作。

即使是立足于超神秘主义的道家思想，例如《庄子》的《齐物论》，我们读后也会对其缜密的思辨性和超克的逻辑性惊叹不已。这些在日本人的思想中几乎看不见。

中国人喜欢议论，这点比西方人都激烈。这正好表明了在中国文化中，不仅有以简素精神为宗的一面，也有与西方文化相通的一面。一想到这里，就会明白只有日本文化才是纯粹贯彻简素精神的文化形态。

外国文化的日本化受容

概而言之，日本文化可区分为模仿文化和独创文化。日本人就其民族性来说，是经常积极地受容外国优秀文化的。

读读日本的历史就能知道，日本自古就长期受容朝鲜半岛、中国大陆发达而优秀的文化，从而构筑起本国的文化，近世后期又把注意力移至欧美文化，吸取受容，直至今日。

日本的模仿文化，指的是积极汲取了唐朝文化的天平文化，与积极汲取了南蛮[1]文化的桃山及江户初期的文化，以及积极汲取了欧美文化的明治时代以后的文化。

但在模仿的同时，日本文化中又有坚守和发扬本国传统的运作机制，这就是独创文化。这些独创运动主要是在与外国交流被断绝或减少的时候发生的，例如藤原文化、中世的室町文化以及执行了锁国政

1　16 世纪至 17 世纪的葡萄牙与西班牙殖民者。

策的江户时代的近世文化。

一般来说，外国文化都是华美绚烂的文化，这不仅表现在文学艺术上，在哲学思想方面也有表现。比如西方的哲学思想就是基于逻辑构造而建立起来的伟岸殿堂。理解了这一点，也就能很好地理解外来文化的特性。

中国虽与此不同，也有重视体认的一面，但与日本比较，则可以说具有更多的西方要素。日本的民族精神一般是简素的，但是，即使已自觉到日本文化是与外国文化异质的文化形态，那也不应该只宣扬本国文化而排斥外国文化，而是要牢记，经过比较后所自觉到的本民族的文化特性。这只要看看日本国学的勃兴就能一清二楚了。另外，无论怎样模仿外国文化，都应不拘泥于模仿，而应时刻不忘使外来文化日本化的努力。

不仅如此，还应牢记在今天日本人的生活当中，仍暗中存在着生生不息的传统文化的根基，并且应看到这种潜在的力量还十分强大。这点常常被日本的文化人所忽视，倒是常被西方的有识之士指出，这只要读一下他们的日本论就能一目了然。

现代日本人似乎完全在欧化风潮的影响下生活，但经常参拜神社的习惯依然未变，和歌、俳句也照样在民众中流行，自我抑制的日本妇女之美德至今保存……

在日本文化中，虽有像上面所说的外国文化与日本文化、现代文化与传统文化对立的表象，但仔细分析却并非如此，两者其实是并行不悖的，只不过其间有着主客之别罢了。这也是日本文化的特色之一。

如果说外国文化、现代文化是华美文化的话，那么日本文化、传统文化则可以说是简素文化，两者在日本文化中几乎不存在什么对立与抗争。

日本人在积极受容外来文化的同时，还努力使之日本化，而且即使强调日本文化，也保持着日本文化系外来文化发展之极致的自觉。我想，只要了解了日本人是如何探究简素之精神的，就会自然明白这个道理。

三 日本文化
　　与
　　简素精神

随　笔

1. 清少纳言与《枕草子》[1]

　　日本文学开始显露其鲜明特色的时代，是目前所知最早的和歌集《万叶集》诞生的奈良时代，以及女性作家辈出并用纯日语撰写具有敏锐知性和感觉的日记、随笔、物语的平安时代。

　　平安时代之前，日本人虽已编纂了《风土记》[2]《古事记》《日本书纪》等作品，但这些都是用和化汉文写的，所以还不能称为纯日

1　"草子"即"册子""本子"的意思。

2　《风土记》既是一部记录日本古代地理、农业、神话和民俗的地方志，也是对《古事记》的必要补充，还是一部文学巨著。

本语的作品。然而,《万叶集》的创作用的虽是汉字,但却是借汉字的音训来表达日语的意义,所以已非真正的汉文。

如果要问平安时代日本文学的代表作,谁都会举出紫式部(978?~1014?)的《源氏物语》和清少纳言的《枕草子》。这两部作品被誉为"王朝女性文学双璧"。《源氏物语》共54卷,在小说结构、心理描写、自然情趣等方面都很优美,堪称物语文学的最高峰。《枕草子》的作者曾在一条天皇(980~1011)的皇后定子(976~1000)门下供职。作者以随笔的形式写下了对宫廷生活的回忆和见闻,以及对自然、人生等问题的随想。全书约300章段。

《枕草子》的作者清少纳言生于康保三年(996),卒年不详,大概死于治安、万寿年间(1021~1028)。她与曾祖父清原深养父都是中古三十六歌仙之一。父亲叫清原元辅

清少纳言像　菊池容斋作

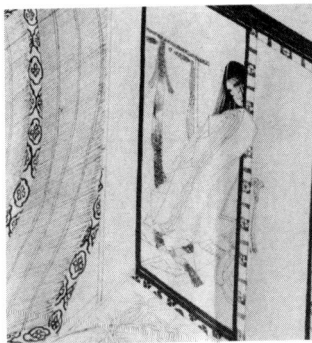

《枕草子》绘卷

（908~990）。清少纳言与橘则光结婚后生有一子，不久便离了婚，侍奉皇后定子。在后宫她把机敏的才智发挥得淋漓尽致，与公卿和殿上人[1]的交际也游刃有余。

皇后的辅佐人中关白[2]死后，她稍遇不幸。长保二年（1000）定子殁后，她又侍奉皇后遗下的内亲王，后与摄津守藤原栋世结婚，传说生有一女，晚年则孤苦伶仃。歌集有《清少纳言集》。一般认为，她的歌继承了家风，以古今调和即兴咏歌为主，其中对后世影响最大的就是《枕草子》。

《枕草子》及清少纳言的其他和歌及汉诗、汉文等，都反映了作者在和汉古典方面的丰富知识和素养。该书留给人们的鲜明印象，就是作者机智、敏锐。因而可以说，《枕草子》是发挥日本散文之特色最出色的一部书。

如果用绘画来表现《源氏物语》和《枕草子》的话，那么可以说，前者是刻意描绘具象的院画体的长长画卷，而后者则是简洁直写印象的文人画，因而两者的笔法迥异。但若就简素的精神而言，则《枕草子》当排在首位。

那么，《枕草子》究竟是什么样的作品呢？在被后人认作该书跋文的章段（第319段）里，清少纳言这么说过：

---

1 官职在五位上，被允许进入天皇所在的清凉殿的官员，也包括部分六位的藏人。身份高贵的象征。
2 指藤原道隆，皇后定子之父。

这本随笔本来只是在家里闲住着，很是无聊的时候把自己眼里看到、心里想到的事情记录下来的东西，也没有打算给什么人去看。

接着又说：

我这只是凭着自己的趣味，将自然想到的感兴，随意记录下来……

据此能较容易地推察出作者的创作动机。

《枕草子》由长短300余段文字组成。就内容和形式两方面来说，一般可分为日记章段、类聚章段和随想章段三部分。

日记章段是在宫中工作的作者把所见所闻以日记的形式记述的章段，举个例子：

雪在落下，积得很高。这时与平常不同，仍旧将格子放下，火炉里生了火，女官们都说着闲话，在中宫的御前侍候着。中宫说道："少纳言呀，香炉峰的雪怎么样啊？"我就叫人把格子架上，站了起来将御帘高高卷起。中宫见状笑了。旁人都说："这事谁都知道，也都记得歌里曾吟咏过，但是一时总想不起来。充当这中宫的女官，也要算你最适宜了。"

中宫定子的"少纳言呀，香炉峰的雪怎么样啊"的问话，其

卷帘子的清少纳言
土佐光起作

实是根据白居易（772~846）的"香炉峰雪拨帘看"之诗句，暗示"扬帘观赏外景雪"。清少纳言对此的回答便是将御帘高高卷起。

该段文字仅仅记录了事情的经过，与此事无关的则一点都不记载。而且虽说引起了中宫的笑，但笑的理由却未作说明。中宫与清少纳言之间仿佛暗藏着什么特殊关系。但本书的特色就是，只记录事情的要点，其他什么说明和解释都不附加。从中似乎也能窥见简素精神之一斑吧！

所谓类聚章段，记录的是像"山は"（山）、"川は"（河）、"市は"（市）、"峰は"（峰）等"……は"型的名词章段，以及像"すまじきもの"（不应该的东西）、"うつくしきもの"（漂亮的东西）、"にくきもの"（憎恶的东西）等"……もの"型的形容词章段，其形式则是以举例说明为主。该章段多为短文，表现简洁，但隐喻着对旧事、古歌等的回想。下面举例说明：

春はあけぼの。やうやう白くなり行く、山ぎは少しあかりて、紫だち
たる雲の細くたなびきたる。

（春，曙为最。逐渐转白的山顶，开始稍露光明，泛紫的细云轻
飘其上。）

夏は夜。月のころはさらなり。やみもなほ、ほたるの多く飛びちが
ひたる。雨など降るも、をかし。

（夏则夜为最。有月的时候自不待言，无月的暗夜，也有群萤交
飞。若是下场雨什么的，那就更有情味了。）

秋は夕暮。夕日のさして山の端（は）いと近うなりたるに、烏（から
す）の寝どころへ行くとて、三つ四つ、二つなど飛びいそぐさへあはれ
なり。まいて雁などのつらねたるが、いと小さく見ゆる、いとをかし。日
入りはてて、風の音、虫の音など、いとあはれなり。

（秋则黄昏为最。夕阳照耀，近映山际，乌鸦返巢，三只、四只、
两只地飞过，平添感伤。又有时见雁影小小，列队飞过远空，尤饶风
情。而况，日入以后，尚有风声虫鸣。）

冬はつとめて。雪の降りたるは、いふべきにもあらず。霜のいと白
きも、またさらでも、いと寒きに、火などいそぎおこして、炭もてわたる

も、いとつきづきし。昼になりて、ぬるくゆるびもて行けば、火桶の火も白き灰がちになりて、わろし。

（冬则晨朝为最。降雪时不消说，有时霜色皑皑，即使无雪亦无霜，寒气凛冽，连忙生一盆火，搬运炭火跑过走廊，也挺合时宜；只可惜晌午时分，火盆里头炭木渐蒙白灰，便无甚可赏了。）

峰は ゆずるはの峰。阿弥陀の峰。弥高の峰。

（岭以鹤羽岭、阿弥陀岭、弥高岭为佳。）

原は たか原。甕の原。朝の原。その原。萩原。粟津原。奈志原。うなゐごが原。あべの原。篠原。

（原以高原、瓶原、朝原、园原、萩原、粟津原、奈志原、髻儿原、阿倍原、篠原为佳。）

さわがしきもの はしり火。板屋のうへにて、烏の齋の産飯くふ。十八日清水に籠りあひたる。

（吵闹的东西是，爆的炭火。板屋上面乌鸦争吃斋饭。每月十八日观音的缘日，到清水去宿庙的时候。）

ないがしろなるもの 女官どもの髪上姿。唐絵の革の帯のうしろ。聖のふるまひ。

（潦草的东西是，低级女官梳上头发的姿态。中国画风的革带的里面。高僧的起居动作。）[1]

后两段虽属于随想章段，但却是有关自然和人事的感想和评论。引述这些文字，主要是想说明《枕草子》基于简素之精神的理由。

春，曙为最。逐渐转白的山顶，开始稍露光明，泛紫的细云轻飘其上。

这段文字是用极为简洁的手法描写了时刻变化着的黎明前天空的色彩及其模样，表现出具有敏锐感受力的作者对此的鲜明印象，从而显示了作者的特殊才能。

若讨论文体的话，开头的"春は曙"是属于类聚章段的文型，后面才是对自然景色的描写。《枕草子》的随想章段与这样的类聚章段有着千丝万缕的联系。

"春は曙"是以体言结尾的句子，省略了述语"いとをかし"[2]；最后用的"たる"，是以连体形结尾，仍旧省略了"さらなり"（更加）、"いとをかし"等叙述语。因而一读这类文字，就会印象强烈。由于有这种省略的表现形式，余韵余情变得更为丰富，此乃日本韵文以及散文

---

1 此处译文参考了周作人译本（中国对外翻译出版社，2001）和林文月译本（译林出版社，2011）。

2 "いと"有"很"的意思，"をかし"有"有趣"的意思。

歌川广重笔下的永代桥夜色

的一大特色。

春天最美的是黎明。东方一点儿一点儿泛着鱼肚色的天空，染上微微的红晕，飘着红紫红紫的彩云。

中岛文雄在《日本语的构造》中曾以这段文字为例，比较了英国诗人威廉·莫里斯（William Morris, 1834~1896）的英语作品[1]与日语直译文的差异，认为日本语的特色就在于，即使经省略化的表现后，其散文仍有余韵；虽有逻辑性不明晰的缺点，但在情绪性的表现方面则相当丰富。

莫赖斯在《日本精神》中把《枕草子》誉为日本语中最杰出的作品之一。他写道：

1000年左右出现的由女官清少纳言创作的《枕草子》，给人的印象是在平安时代所有文学作品中，或者说是在全部日本文学中，即使不能说是最杰出的作品，也可以说是最杰出的作品之一。进而言之，在我的印象里，即使在西方文学当中，也一次都未读到过像《枕草子》那样使我赏心悦目的作品。

为何要把莫赖斯对《枕草子》的这些赞美之词呈现给读者呢？不

---

1 原书载有威廉·莫里斯的英文原文，兹不赘录。

是为了别的，就是想借此说明日本散文洋溢着余韵余情之鲜明印象的独特的简素表现方式。

读了《枕草子》后所能感受到的，大概就是男性未有、唯女性所特有的敏锐细腻的感受力和机智笔锋对季节、岁事、人事和风俗等的精雕细刻。在此不可能逐个罗列，只举一例，以作说明：

蓑衣虫是很可怜的。因为是鬼所生的[1]，怕他和父亲相像，也会有那样可怕的念头，所以生下后母亲便给他穿上粗恶的衣服，说："等到秋风吹起来的时候，我就回来的，你且等着吧。"说完就逃走了。儿子也不知道，等到八月里，听到秋风的声音，这才无依无靠地哭了起来："给奶吃吧，给奶吃吧！"实在是很可怜的。（第43段）

苍蝇应该算是可憎的异类东西了。那样没有一点可爱而极为可憎的东西，似乎不值得像别的东西一样来提及。它在什么东西上面都爬，并且又用湿脚在人的脸上爬，那真是可恶极了。有人竟拿它取名字，实在讨厌。（同上）

---

1 日本古时曾有这种民间传说。所谓鬼盖系鬼怪，与中国的鬼不同，这位母亲则系人类，故弃置鬼子而逃走。译文参见周作人、王以铸的《日本古代随笔选》（人民文学出版社，1998）。

2. 鸭长明与《方丈记》

　　《枕草子》是平安时代随笔的代表作，而代表中世[1]随笔的则是鸭长明（1155~1216）的《方丈记》和吉田兼好（约1283~1352后）的《徒然草》。因两者皆吸取了《枕草子》的随笔风格，故也以简素为宗旨。《方丈记》和《徒然草》被誉为中世随笔的双璧。

　　鸭长明生于久寿二年（1155），卒于建保四年（1216），是镰仓时代（1185~1333）的歌人，其名字的正确读法应是"ながあきら"（长明），法名连胤，是下鸭社正祢宜惣官[2]长继的儿子。7岁时以排行老五的身份，继承了祖父即长继的父亲秀继的旧业。19岁那年，作为

鸭长明像　菊池容斋作

1　日本史时代分期之一，起于镰仓幕府建立，止于战国时代结束，约为12世纪末至17世纪初。

2　"祢宜""惣官"及下文的"寄人""少辅"等，皆为日本古代职务名称。"祢宜"为神官的一种，"惣官"为总领者之意。

其有力保护人的父亲去世后，他想到贺茂神社当神官，以成就事业，未遂，便与妻子离别，后又离开祖父家，只身度过了失意的岁月。在这期间，他精研了和歌与琵琶之道。琵琶他是向乐所预和中原有安学的，和歌则是先师承胜命（藤原亲重），后又师承俊惠法师。养和元年（1181），27岁的他撰写了《鸭长明集》。文治二年（1186）或者三年，他去伊势（三重县）旅行，写下了和歌日记《伊势记》，但此书今已失传。后来人们逐渐承认了他所撰写的和歌的魅力。建仁元年（1201），鸭长明47岁，后鸟羽院（后鸟羽上皇）再兴和歌所，任命他为寄人，后又要补任他为河合社的祢宜，但因遭到惣官的反对而未实现，致其夙愿未成。元久元年（1204），鸭长明50岁那年的春天，他到洛北（京都鸭川以北）的大原出世隐居。54岁时，他又从大原迁至日野（滋贺县东南部）的外山，以方丈之草庵为家。建历元年（1211）57岁时，他作为《新古今和歌集》的著者之一，经藤原雅经推荐，赴镰仓与源实朝（1192~1219）会面，但最终未能以和歌师范的身份受到欢迎。

建历二年（1212），他创作了《方丈记》。此外，他还创作了歌论《无名抄》和佛教故事集《发心集》等。这些作品无不是在日野草庵时汇集整理而成的。《无名抄》作为当时和歌的最新形式，其幽玄飘逸之内容，仅凭知识是难以理解的，只能依靠直观去领悟。

一般认为，《方丈记》的创作模仿了庆滋保胤（约933~1002）的《池亭记》，不过《池亭记》是用汉文创作的，而《方丈记》用的则是汉字与假名混合的文字，是隐士文学的最高峰之一。

《方丈记》一开头，就用简洁优美的对句表现形式和格调高雅的文笔，描写了人（人生）与栖（住处）的无常，这也是《方丈记》贯穿全书的主题；紧接着，作者对五大天灾的见闻体验进行了回溯，并用充满真切印象的话语对其进行了描述；然后，作者又讲述了自己抛弃世俗而隐遁闲居的快乐；最后是对这段生活的反省，但最终却是在尚未见到答案之曙光的情况下搁笔的。全书上下用的都是简洁流畅的和汉混合文。下面就引用序文中开头的话：

川流不息的江河，流淌的水却非源头之水。水的淤塞处，泡沫浮现，瞬间消逝，又即刻再来。世上尚未有处于同样状态的事物，唯世上之人及其居住环境与此相同。

用江河中流淌着的水所产生的泡沫来比喻人世之无常，而且使用的又是格调高雅的对句，这确实会给读者以无穷的感染力，可谓千古名篇。只要朗诵一下这段文字，心里就会对人世的无常产生强烈的印象，因而用不着解读，朗诵就足够了。通过这段文字便可体味到全书的特色，而且其特色与《枕草子》一脉相通。

用江河中流淌着的水所产生的泡沫来说明人世之无常，这种手法并非起始于鸭长明，中国诗人和日本歌人都曾采用过，佛典中也不乏例证，但就简洁的表现手法而言，该文可谓凤毛麟角了。

鸭长明属于中世初期的人，被称为日本隐士的始祖。在这之前日本就已传入了中国的隐逸思想，并出现过向往隐逸的风潮，但直到鸭长明为止，除了遁入佛门者，文人中还未出现遁世的人。

中国与日本不同，因时世变革剧烈，故自古即有隐逸思想，而且还特别崇尚这种风气。比如《易》之蛊卦上九，有所谓"不事王侯，高尚其事"之说，指的就是不仕于王侯，方可使自己的志行高洁。

此外还有强调隐遁的遁卦，提出所谓"嘉遁"（九五）说，认为要想走正确的路，就必须遁世。

再还有个明夷卦。该卦说的是，当光明受创时，贤者下野，暗愚者上台；在这种光明遭损害的世上，就要劝人隐去明德，隐逸出世。

以上所言，皆谓儒家式的隐逸之道，亦即世行道则出仕，世不行道则遁世而独行其道。伯夷、叔齐等人的所作所为，大概就显示了这种精神吧！而且如前述，孔子、颜回等也对此种隐遁表示过好感。

但是，到了乱世之际，往往会产生尖锐的批判思想，像老庄那样的超越性世界观的实质，就是把隐遁绝对化，甚至排斥所有的人为作用，以达到自然无为之道的真隐。而且这种真隐还与风流之道、风雅之道相结合，形成了像晋代竹林七贤和陶渊明那样的隐逸之道。他们或者投身于风流之雅事，或者陶醉于饮酒之嗜好，或者游戏于自然无为之大道。

到了唐代，由于受佛教的影响，李白、杜甫、白居易、孟浩然、王维等人，虽入仕途，仍有隐逸情怀。在中国的正史里都设有"隐逸传"一项，以记录隐逸者的言行。可见隐士在中国是颇受尊敬的。

这种隐逸思想，在奈良、平安时代（710~1192）就已传到了日本。

因此，当时的知识分子都或多或少地对隐逸怀有好感。这只要读读山上忆良（660~733）、大伴旅人（665~731）的和歌，或者翻翻当时编纂的汉诗集就一目了然了。

到了平安时代至镰仓时代的变革期，由于知识分子的价值观发生了很大变化，又由于佛教末法[1]思想的流行，除了皈依佛法或出家进佛寺外，在知识分子中也流行起隐逸思想。结果在隐遁出世而退居山林的同时，不少人都成了追求风流雅事的寻趣之辈。尽管如此，隐逸之道仍不失为一条厌离尘世而往生净土世界的希望之路。鸭长明就是其中的一位。

此前稍早一些，还有位叫西行（1118~1190）的歌人。他同样出家隐遁，在东山和嵯峨结草庵，并在鞍马、吉野大峰、熊野等地以真言僧侣的名义修行。但隐居草庵并非他人生的终结，西行往来于京都与草庵之间，还从陆奥旅行到四国、九州，并以自己的生活经验为根基，创作出优美的抒情歌，成了《新古今和歌集》（下文简称《新古今集》）的代表性歌人。大概可视西行为专心致志于风流雅事的隐士。

鸭长明也是歌人，而且他还喜欢琴和琵琶，是个追求自我喜好的人；但另一方面，他又致力于佛教修行，结果因意识到两者的矛盾，最终在饱尝烦恼中结束了人生。所以长明的隐逸思想恐怕可以说比西行更为深刻。这只要仔细研究讨论一下《方丈记》的内容，就会对这

---

1 佛教认为，释迦去世后佛法日趋衰微，分为正、像、末三法时期。正法谓正确无误的佛法，包括教（教说）、行（修行）、证（证悟）三个方面；像法谓相似正法的佛法，只有教、行两方面；末法谓佛法将灭，只有教，而无行和证。并且认为，正法五百年，像法一千年，末法一万年。

些情况有个初步了解。

《方丈记》的第一段应视为序段，说的是人与栖的无常，这在前面已有叙述。第二段是对五大灾难即火灾、飓风、迁都、饥荒疫病和地震的回溯性描述。第三段是对在城市里生活的我身和我栖之无常的描述。他说：

> 按照以上所述，尘世间是难以居住的，我身和我栖是脆弱的，一切都靠不住。更何况较之住的地方，还有相应的身份、境遇等烦恼的事情，会一件件地生将出来，多得数都数不清。

西行像　菊池容斋作

第四段描述了作者意识到自己的无常命运后，于50岁时在大原建了个小小的草庵，过起了遁世生活的情况。第五段叙述了他的晚年，即60岁生命将要结束的时候，在日野的深山里搭了个"一丈四方"的小屋，并在那里隐居的情况。他把自己住所的

西行的草庵

模样描述得详详细细，并列举了最后时日闲居生活中的几件趣事：

毕竟人世间除了人的品行都是变幻莫测的。如果人心不是无苦无忧的话，那么即使有大象、马匹以及其他的珍奇宝物，也是毫无用处的；果真如此，那恐怕连宫殿、楼阁等也不会想要了。

现如今我一个人隐居在这间草庵里，自得其乐。到了城里，虽会为自己是乞丐而羞愧不已，但一回到这间草庵，就会对他人被尘世所累的情形感到悲哀。如果有人对我所说的话还抱有疑问，那就好好瞧瞧鱼和鸟的英姿吧！鱼喜欢在水里畅游，但不是鱼的话，怎会知道鱼的心思；鸟想栖息在林子里，但不是鸟的话，怎会知道鸟的心思。隐居的滋味就如同鱼和鸟，不去住的话，谁会知道其中的乐趣？

这段话的实质是：凭着风流和雅趣，只管出离与解脱。

但是，到了最后一段，作者还是对自己进行了严厉的反省，认为无论是趣味者之乐，还是隐居者之乐，其结果都仍未摆脱佛教所说的"妄执"：

若仔细想一想，我的人生，就如同月影挂在云雾里，缓慢靠近山峦，余命所剩无几。尽管很快就要渡过川流不息的江河而到达冥界，但我却无任何怨言。佛教趣旨就在于对任何事都不能有执着心。无论今日是喜爱这间草庵，还是执着于闲静，或许都只不过是瞬间即逝罢了。

在静静的夜幕里，我反复思索着这个道理，并扪心自问："逃避尘世而隐居山林的目的，是为了心之修行并修佛道。虽然我是个在佛祖前请求清净的僧侣，但内心却仍受着邪念的煎熬。我的居室虽模仿了净名居士维摩的方丈庵室，但一涉及修行，甚至还不如愚钝的释迦弟子周梨槃特。果真如此，那也是前世的报应。那么是在佛祖面前自寻烦恼呢？还是由于执迷不悟而狂妄至极呢？"回答时，心却一言不发，唯有一旁的舌头无精打采地动了动，念了二三遍南无阿弥陀佛便完事了。

时值建历二年三月末，僧侣连胤记于日野外山庵内。

鸭长明的隐居生活的确贫素至极。源信（942~1017）在《往生要集》中说过："知足者，虽贫而名富；贪财者，虽富而名贫。"长明之贫，正可谓之富矣。但这种富，不过是心之富裕罢了。具体地说，就是长明基于佛道修行的内心之安逸，以及所谓风雅之乐和趣味之心罢了。但在长明那里所能看到的，并非趣味道即佛道、佛道即趣味道的定论，而是他在两者间摇摆不定的心态。

3. 吉田兼好与《徒然草》

吉田兼好生于弘安六年（1283），是镰仓、南北朝时代（1185~1392）的歌人和随笔家，俗名卜部兼好，兼好乃其法名。因他出生在吉田神社的神主之家，故取名吉田兼好。又因兼好系其法名，故正确的称呼应是兼好法师。

他是治部少辅兼显的儿子，慈遍的弟弟（一说是兄长）。作为崛川家的家司，后二条天皇（1285~1308）即位后，他以六位藏人的身份仕于宫中。天皇驾崩后，他因迷恋无常观而过了一段出家遁世的生活。但他并非遁入佛门专修佛道，而是隐居于修学院和比叡山的横川（京都附近），在修行佛道的同时，纵情于自由闲居的生活。这期间，他两度下关东，当过足利尊氏（1305~1358）的执事，出入高师直（? ~1351）的门庭。

出家后过了数十年，他才返回城里，并以歌人的身份活跃于歌坛。他做官时，曾向二条为世（1250~1338）学过和歌，因而被称为该派的四天王之一。当时他所创作的和歌，被收在了《敕撰集》里，此外他还有自撰的家集。到了南北朝时代（1333~1392）的内乱期，

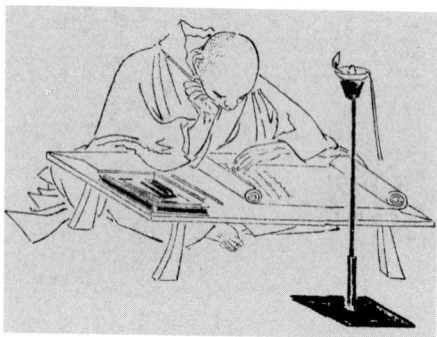

吉田兼好像
菊池容斋作

他因归属北朝而留居京都，并依然是当时歌坛上十分活跃的歌人。

一般认为，随笔《徒然草》成书于元弘之乱[1]刚发生时，即元德二年（1330）十一月至元弘元年（1331）十月这段时间。兼好可能是在观应三年（1352）70岁时，逝世于京都之外的某个地方。

《徒然草》的序段是这样开头的：

竟日无聊，对砚枯坐，心境之中，琐事纷现，漫然书之，有不甚可理喻者，亦可怪也。

由这处序段到第243段，全书是由244个章段组成的随笔。该书与《枕草子》并称两大随笔，并被作为江户时代文人必读的随笔著作。上面所引的序段，是一篇极其简洁明快的文字，与《方丈记》的

1　1331年，后醍醐天皇聚集武装力量，试图推翻北条氏控制下的镰仓幕府，计划败露后，被幕府流放到隐岐岛。北条高时立持明院统的量仁亲王为天皇，史称"元弘之乱"。

序段颇为相似。

随笔名称《徒然草》并非兼好本人所题，而是由后人取自该书序段的开头之语。[1]差不多百年后抄写该书的歌人正彻（1381~1459）说《徒然草》是"兼好法师御作也"，并在《正彻物语》里指出："《徒然草》成了《枕草子》的延续。"正如正彻所言，《徒然草》的确可以说继承了《枕草子》的传统。比如《徒然草》的第72段文字与《枕草子》的类聚章段十分相似。

下品诸事：坐处四周多常用工具；砚旁多笔；持佛堂[2]多佛；庭前多石子、草木；家中多子孙；逢人多语；愿文[3]中多记本人善行。

多而观之不厌之物：文车之书、尘冢之尘[4]。

心里不忘来世，平居不远佛道，此实深获我心也。（第4段）

一灯之下独坐翻书，如与古人为友，乐何如之！书籍云云，《文选》诸卷皆富于情趣之作，此外如《白氏文集》、老子之言、南华诸篇并皆佳妙。我国上世博士等之著述亦多妙者。（第13段）

神乐者，高雅而又富于情趣之物也。概言之，器乐以笛与筚篥为佳，而常欲欣赏者，则琵琶与和琴是也。（第16段）

书法拙劣者，无所顾虑而放笔作书，可嘉也。自称书法不佳而请

---

1 原书序段以"つれづれ"开头，汉字为"徒然"二字，意为"无聊"，编订者取以为全书之名，并无特别之意。

2 家中朝夕供奉以求佛护持称"持佛"，过去佛教徒家中都有供佛之室，叫"持佛堂"。

3 向神佛发愿祈求来世之安乐或死者之冥福的文字。

4 文车是一种带轮子的书架，可供搬运书籍之用；尘冢即垃圾堆。

人代笔，则造作可厌矣。（第 35 段）

参拜神佛，以于众人不参拜之日，夜间行之为佳。（第 192 段）

以上这些段落与《枕草子》若节符合。

不过，因《徒然草》所涉及的内容较为驳杂，所以文章的体裁也相对较多，差别亦较显著。但它简洁的表现手法下洋溢着的余情余韵，却使读过它的人在教养和知识方面都相应地留下了深刻印象。因此，该书被作为文人怡情养性的必读书是理所当然的。

《徒然草》以随笔的形式，把所见景致所闻雅趣原封不动地记录了下来，表现出作者基于无常观念的人生观、社会观和自然观，以及比鸭长明更透彻的思想和更冷峻的批判眼光。佐竹昭广曾就《徒然草》的文体问题，作过以下概括性解说：

作为中世隐者的兼好，一方面是真挚的求道者，另一方面又是具有清醒眼光的探索者。对照鸭长明的激越，他不仅拒绝偏执的"爱好"，而且还把"过多""过差"之类视为肮脏和卑贱。

其文章也反映了他的意识：保持一定的自然节度，文中插入否定形，并用直叙法来达到难以表述的柔软效果。

必要时，他又能缓急自在地驾驭和文脉络与汉文脉络，并以有利于抑制的文体、独立的思想以及审美意识为基础，去触及花鸟风月、春夏秋冬、人事、释教、恋爱等无常的"情趣"，抑或冲击其核心。（《日本古典文学大辞典》）

实质上，长明虽然对出家遁世的闲居之境有所了悟，但并未达到彻底的身心闲静。兼好则与之不同，他能基于佛教和道家的悟道体验，而使自己的身心彻底闲静。

比如下面的这段随笔，就说明了这个问题：兼好讴歌隐士，抱有对清贫思想的透彻把握，而长明则因抱有净土信仰，故其悟道是他力性的，这与兼好所表现出来的极强烈的禅的自力性要素，形成了鲜明对照，而且在兼好那里还有老庄的思想因子。

人苟能持身简素，去骄奢，拒财货，不贪浮生利欲，是诚大佳事。自古以来，贤人而富有者盖鲜。

唐土有许由[1]者，一无身外之物，人见彼以手捧水而饮，乃遗以一瓢。时或系之树上，则风吹之作声，尚以为烦，遂弃而不用，仍以手捧水饮之。其心中何清也！

又有孙晨[2]者，冬月无被，唯藁一束，暮卧朝收。唐土之人以为高士，载之书传以传世。然此等人若生于我国，必湮灭无闻乃已。（第18段）

以上叙述的是对中国隐士的尊敬情怀。

---

1 许由为上古中国传说中的高士，尧让之以天下，不受。参见晋代皇甫谧《高士传》。
2 唐李瀚《蒙求》中《孙晨藁席》条注："孙晨字元公，家贫织席为业，明诗书，为京兆功曹，冬月无被，有藁一束，暮卧朝收。"

然虽不识真道，苟能断离诸缘，而使此身趋静；不参与世事，而令此心趋安；则亦可得暂时之乐。生活、人事、技能、学问等诸缘皆应弃去，此《摩诃止观》[1]所云也。（第75段）

生而为人，无如以遁世为大佳事。若一味贪墨是务，而不日进于菩提之境，则与畜类复何异耶？（第58段）

上文无疑说的是以佛道为根本的隐遁之道。

身陷名利之羁绊，终生劳人草草，何等不智也！

夫人之财货丰盈则疏于持身，是则财货实为害招烦之媒介。纵身后堆金拄北斗，亦徒使后人烦恼耳！可见怡悦愚人之目之乐事，甚无聊也。高车肥马，金玉之饰，有心人视之可厌且至愚也。诚宜捐金于山，沉珠于渊，若惑于利欲，愚之甚者也！

以不朽之盛名永垂后世，人之所愿也。然位高身贵之人，未必皆忠贞正直之士，亦有愚劣之人生于名门，又逢时会而跻高位，甚乃穷奢极欲者；反之，杰出之圣贤居卑位而终生不遇者亦多矣。一味羡慕高官高位者，其愚亦仅次于求利者而已。

复有望以出众之智慧与人品扬名于后世者。然试一熟思之，爱名誉者喜闻世人之颂扬。唯誉者毁者均不得常住此世，甚乃传闻者终亦逝去，则愧对者何人，愿为何人所知耶？夫誉者毁之本，身后之名固

---

1 《摩诃止观》为天台宗三大部之一，隋初高僧智𫖮口述法华观心行法，由章安尊者笔录。

无益，欲之实亦为愚蠢之举也。

　　唯就力求智慧与欲为贤者之人言之，智慧出则有虚伪，才能徒增烦恼而已。传闻而知者与夫学而知者非真智也。何谓智？可与不可一也。何谓善，至人无智、无德、无功、无名。何人知此，何人传此于后世？此非隐德而守愚，盖已并贤愚得失之境而超越之矣。以愚迷之心求浮世之名利，率皆类此也。万事皆非，既不足道亦不足愿也。（第38段）

　　以上引文，可以说都是以老子和庄子的思想为根基来论说遁世之道的。兼好的求道过程，至此可谓反映得相当彻底了。这也是因为他生活在镰仓时代的缘故。

　　可见，兼好是从佛老的悟道出发去寻求身心之闲静的。

　　兼好的审美观，虽具有其自然观的某些特征，比如继承了感知季节转移变化之情趣的平安时代以来的传统审美观，但与之不同的是，他似乎有着喜欢描写未开之花、残花、落花和西斜之月、胧月、亏月或者冬枯等的审美特色。从一定意义上说，他所关注的是比已发、盈满、露出、繁华等更为真切的未发、欠虚、隐蔽、枯淡的美。

　　不过，这种倾向也并非始于兼好，其实在平安时代就已萌芽了。比如在《枕草子》里就有所谓：

　　阳光以夕阳最佳。当太阳已落在山后之时，还看得见红红的阳光，有淡黄色的云弥漫着，实在太有趣了。

　　月亮以蛾眉月最佳。在东山的山峰上，细缓地升起，真是有趣极了。

说明清少纳言并不以取得均齐为美，相反是以欠缺和不完全为美。另外，这从千利休[1]所爱唱的古歌《待花》里也能窥见一斑。

不过这些美在兼好那里，大概可以说带有了使拥有变化之相的哲学审美观蕴含其中的特色。

下面就从《徒然草》中试举一二例，以说明兼好的审美观。

冬枯之景色绝不逊色于秋季。朝来红叶散落于水边草上，霜色甚白，此时园中流水之上，寒烟荡漾，殊多意趣。年终将临，人皆忙于备置，令人深有所感。二十日既过，月不当令，故无可观赏者，然寒空澄净，使人有寂寞之感。（第19段）

花盛开而月朗照，人之所能观赏者仅限于此乎？对雨恋月，垂帘闭居而不悉春归何处，亦殊富于情趣也。含苞待放之树梢，落花满地之庭院，可观赏之处正多。歌之小序中有云："欲往观花而花已散落。"又云："因故未能前往赏花。"如此等语，何遂不若"观花"之语耶？花散月倾而人惋惜之，固人之常情，然"此枝彼枝之花均已散落，今已无可观赏者"等语，唯俗物始有之。（第137段）

满月皎皎遍照，一眺而至千里之外，未若近晓时于待望中姗姗来迟之月，以其更富于情趣也。此时之月略带青色，或隐现于深山杉树之树梢间，或遮没于带雨乌云之后，均极有味。丛生之椎树[2]与白桦

1　千利休（1522~1591），本名田中与四郎。安土桃山时代著名的茶道宗师，人称茶圣，时人把他与今井宗久、津田宗及合称为"天下三宗匠"。他"和、敬、清、寂"的茶道思想对日本茶道发展的影响极其深远。

2　米槠。

木等，其叶若为水所濡，月光辉映其上，望之沁人心脾。安得有会心之友共赏此景，而思念都城之情油然而生矣。（同上）

第二段中的"花盛开而月朗照，人之所能观赏者仅限于此乎"这句话，后经过歌人清岩正彻的赞美，更加闻名遐迩了。正彻曰：

"花盛开而月朗照，人之所能观赏者仅限于此乎"，此乃兼好倾注全部心声的描写，而如此描写者，世间唯一人而已。这种心声是与生俱来的吧！（《正彻物语》上）

这只不过是兼好审美意识的特色之一，亦即用简洁的语言表述欠虚之美。

和　歌

1. 和歌、俳句第二艺术论

若要举出日本自古以来流行的诗歌形式，就不能不说是和歌了。近世以后虽也流行过其他类型的俳句，但和歌与俳句作为诗歌之形式，其简约性是毋庸置疑的，俳句可谓世界诗歌形式中最短的诗型。仅此而言，也可认为俳句是最富简素精神的诗型。

第二次世界大战后，虽曾出现过将和歌、俳句视为第二艺术而轻视的倾向，但二者依然受到日本各阶层人士的喜爱。如果明白了正因为和歌、俳句其实是以简素精神为根本，故而才会有日本代表性诗歌形式的褒奖，那么也就能意识到将其轻视为第二艺术是多么糊涂啊！

2. 日本的三大歌集

在日本，将和歌确立为固定的诗歌形式，是由于汉诗传入并被吸收以后刺激了传统歌谣。

日本在古代就有《万叶集》《古今和歌集》（下文简称《古今集》）《新古今集》三大歌集。虽然《万叶集》是日本最古老的歌集，但与后出的《古今集》和《新古今集》用平假名书写不同，它所用的文字，是借汉字音训来记录日语发音的文字。

古代的歌风，是沿着从《万叶集》到《古今集》，再从《古今集》到《新古今集》这一方向发展的。但由于时代思潮和歌人阶层的不同，以及创作者社会地位、选择兴趣方向等方面的差异，出现了各式各样的独特风格。这三部歌集的风格，对后来和歌的影响持续不断，直至今日。之所以这么说，是因为它们以后的和歌虽经各种变迁而产生了各种流派，但若究其源头，则还得回到《万叶集》《古今集》《新古今集》这三大歌集的歌风中来。

就三大歌集的风格而言，各歌集的内容绝没有表现出单一。从

《万叶集》到《古今集》，再从《古今集》到《新古今集》，若追寻其展开的轨迹，内在虽有连续性，但比较一下三者，就会对其各自的特色一目了然。在此无暇对其内容作详细叙述，只能留给专家们去深入研究了。

《万叶集》的歌可以说是个人的抒情诗，其音调明快强烈，表现得极为现实而率直素朴。不过，虽说是素朴，却并非原始性的素朴，而是高出原始性一个层面的素朴。若从表现上展开论述的话，则可谓《古今集》的歌具有丰富的艺术性。较之直接表现个人私生活之实感的其他古歌，《古今集》的歌所直接表现的是一般人都有的共同情怀，而且音调优美流畅，表现理知精巧。《新古今集》的歌看重的是余情余韵之美即幽远之美，而且在表现时采用象征性的手法。不过在思考三大歌集的和歌特色时，有必要对其用语和韵律等作详细的讨论。在此就不触及这个问题了。

从所谓简素之精神的立场出发观察这些歌集的歌风，如上所述，《万叶集》的歌表现为率直素朴，《新古今集》的歌轻呈露之表现而贵象征之表现，所以两者在简素精神上可以说是一以贯之的。反之，《古今集》的歌则是流丽而精巧理知的。若仅就此而言，《古今集》的歌反倒可以说是与简素精神背道而驰的。然而《古今集》的歌却拥有歌人的素养，并且由于为汉诗所刺激而善于运用比喻之表现抑或暗喻之技法。所以从这点来看，又可以说《古今集》的歌同样具有基于简素之精神的特征。对此我将在下文详述。

3.《万叶集》

《万叶集》是日本现存最古老的和歌集，全书共20卷，从雄略天皇[1]御制的长歌开始，到大伴家持（？~785）作于天平宝字三年（759）正月的贺歌结束。编者不详，收录的作品亦非同时产生，一般认为产生于奈良时代末期至平安时代初期。书中收有和歌约4000首。作者上至天皇下至庶民，几乎囊括了所有阶层创作的和歌，然而其中心却是皇族、贵族和官人。

《万叶集》的歌之所以单纯素朴，是因为它把来源于生活的实感、心动以及印象通过率直和直接的诗的表现形式唱了出来，并完全消除了自然与人、环境与心情、思想与感情间的对立、葛藤和龃龉，使对立双方达到了浑然一体的境界。因此，如果要率直地表述这种意境，那就得拥有相似的心境。在这点上，像《古今集》和《新古今集》那样的和歌，虽有依托意境而表现己心的意图，但却没有把意境当作心之象征的意图。在那里有的只是纯而又纯的自然。

因此，《万叶集》的和歌没有阴郁和苦闷，读后给人以格调明快、强劲的感觉。后人称它为"ますらをぶり"[2]。这大概可以说是古代日本民族性的一种表现吧！

孔子说过："诗三百，一言以蔽之，曰：'思无邪。'"（《论语·为政》）《诗经》的三百余篇诗虽有形形色色的内容，但若用一句话来表

---

1 据《古事记》记载，系传说中的日本第21代天皇，约在300年前后。

2 汉字作"丈夫振"，意指男性化的开阔的歌风，为贺茂真渊等歌人们的和歌中的理想歌风。

柿本人麻吕像
狩野探幽作

达，则可以说就是率直地表达心情。所以，《诗经》与《万叶集》其实有一脉相通之处。当然，是《万叶集》模仿了《诗经》。

虽然《万叶集》是一部收集了450年间诗歌的歌集，但由于时代的变迁，其歌风也多少有所变化。在学术界，既有把它分为四个时期而加以解说的，也有把它分为三个时期而对各个时期的特色加以诠释的。若按照三期分类法，则中期便是以藤原京为都城的时代。在该时代，产生了作为当时艺术最高峰的和歌。这一时代的代表性歌人是柿本人麻吕（约660～约720）和山部赤人（生卒年无考）。这两人的歌风可视为"万叶"调的代表。下面就以二三首这一时期的歌为例，简要论述一下"万叶"调的特色。

かればかり恋ひつつあらずは高山の盤根し枕きて死なましものを

（热恋如斯苦，何如不恋时，高山山顶上，卧死更为宜。[1]）

这首歌是《盘姬皇后思仁德天皇御作歌四首》中的一首。歌中把皇后热恋天皇的炽热情感用强烈的语调率直地表现了出来，所谓"盤根し枕きて"（卧死山顶[2]）或"ものを"[3]的表现形式，与此情感正相呼应。

下面介绍两首人麻吕的歌：

足曳きの山川の端の瀬るなへに弓月が嶽に雲立ちわたる

（山河湍急处，流水响声高，弓月山头上，云兴似海涛。）

"足曳"（湍急）是山川的铺垫语。此处所唱出的景况确实宏大。山川的湍急流水声与山峦云尖的景致，正好用"なへに"这个词连接了起来。一面是听觉的世界，另一面则是视觉的世界，两者被作者巧妙地衔接在了一起。这种境地是宏大的，而境地之宏大又说明了作者心胸的宏大。而且后句还用庄重稳妥之力把前句接住，从而再一次酝酿了某种雄浑之气象。第五句由二音和五音组成，形成了力量很强的

1　译文参考了杨烈译《万叶集》，湖南人民出版社，1984。以下同。

2　括号中单词词组的翻译，主要根据原歌里前后文的意思而译，以与原歌一致，以下同。

3　表示对对方不满和责难的感情。

韵律，使之与景观的宏大相呼应。

　　東の野に陽炎の立つ見えてかへりみすれば月傾きぬ

　　（东野曙光现，东方露彩霞，回头西向望，月已向西斜。）

　　这首歌据说是人麻吕 30 岁前后所作。后来成为文武天皇的轻皇子（683~707），11 岁时曾游猎安骑野，当时人麻吕作为舍人相伴而行，并与群臣一起创作了这首歌。不过这只是当时所作歌中的一首。

　　这首歌的意境也很宏大，前句叙述了东边的游丝（云雾），后句叙述的是西边的斜月，作者用"見えて"（眺望）和"かへりみすれば"（回头望）把两者连接在一起，第五句由二音、五音句构成。这种手法与前一首歌极为相似。不过，根据"かへりみすれば"这种略微显示作者意图的句子，便不能不产生境意浑一的世界有被短暂维持的感觉。因此我以为，从雄浑的境意一体观来说，该歌与前歌相比略显不足。

　　以上所引的人麻吕的歌，其宏大的自然之境，其实就是他本人的心。这首歌的视野与陶渊明的《饮酒》诗"采菊东篱下，悠然见南山"在意境上是相通的。

　　从陶渊明这首诗的字句搭配中可以看出："采"与"见"是相呼应的，"东"与"南"也是相呼应的。

　　这首诗确实出于天然，可以说是不留斧凿痕迹，只显造化之工。夏目漱石在《草枕》中曾这样评价陶渊明的这首诗："无丝毫人间之俗气，唯有纯而又纯的大自然。"用这段话来评价人麻吕上面的那首歌亦可谓恰如其分。可以说，像这样的自然性也是简素精神的特质之一。

据《东坡志林》记载，苏东坡曾评论陶渊明的"见南山"句曰：

> 近岁俗本，皆作"望南山"。即此一篇，神气索然。采菊过后，偶然见山。初之用意，颇合景意。故喜之。识者以"见"为"望"。

文选本以"望"为"见"，东坡的这一评语极为恰当。再看人麻吕的歌，"かへりみすれば"这样的句子，不能不略带一些境意调和的伤感。若拿陶渊明的诗作比较，则相当于"望南山"的诗句。"望南山"在渊明那里是见南山的意思，其中也有境意一体的伤感。不过"见南山"在渊明看来，并非真正见到南山，而是南山即渊明、渊明即南山这样的境意一体之境界。因此东坡评论以"望"为"见"是"神气索然"，实属至论。

山部赤人的歌中有以下几首是脍炙人口的：

> 田児の浦ゆうち出でみればま白にぞ不尽の高嶺に雪はふりける
> （出得田儿浦，遥看富士山，雪飘高岭上，一片白银般。）

这首歌是不尽山（即富士山）长歌的反歌，读后就像见到了一首平凡的叙景之歌。然而该诗并不陷于平凡，从中仍可感受到既宁静朴实又充满生命力的独白。歌中"ま白にぞ"（雪白）之用词与"ふりける"（飘落）相搭配的调子，在语法上充分凸显出"ぞ……ける"（感叹语气）那样的咏叹。

み吉野の象山のまの木末には幾許さ
わぐ鳥の声かも

（三吉野中望，象山树木高，树梢
群鸟集，几许鸟声骚。）

山部赤人像
狩野探幽作

这首歌读后，在景致的描写上，我
觉得赤人并不像人麻吕的"足曳"歌那
样把山川放在一起相对而述。在叙述
上，赤人也是直线性和印象性的。不
过，读了这首歌后仍能感受到寂静的生
命力。与人麻吕歌的豪放相比，这首歌
是沉静的。这又与人麻吕的歌最后句由
二音、五音构成，赤人的歌最后句由三
音、四音构成相对应。

在唐代诗人杜甫的诗篇中有"伐木
丁丁山更幽"这样的名句。山里虽有铿
锵有力的伐木声，但就人的感觉来说，
反而更加感到山的寂静。赤人的歌也
把鸟的喧闹声与寂静联系在一起，因
而与杜甫的诗意相吻合。

无论是人麻吕还是赤人，都把自然视为全身心歌唱的对象，属于心寓境、境托心那样类型的歌人。赤人的歌虽没有人麻吕的歌那样豪放，但却有对对象的深情嵌入，因而赤人似乎可以说是叙景歌的开创者。

对《万叶集》的歌来说，叙景也就是叙情，这与《古今集》的歌形成了鲜明对照。因为在《古今集》那里，表现意比表现境更加受到关注。因此，就简素的精神这点而言，"古今"调显然不及"万叶"调。

4.《古今集》

《古今集》是日本最早的敕撰和歌集，共20卷。905年，奉醍醐天皇（885~930）之命，由纪友则（约845~907）、纪贯之（约872~945）等四人编纂。所收和歌约1100首。集中分别载有假名序和真名序（汉文序），和歌的风格属理知型和技巧型，其中很多是以"もののあはれ"[1]为基调。创作这些和歌的时代，大致是在京城从奈良迁到京都后的平安时代，即新文化的形成时期，历经平城天皇（774~824）到醍醐天皇的十代天皇、百年岁月。这一时期一般分为三期：第一期是天皇亲政时代，第二期是藤原氏摄政关白[2]时代，第三期又是天皇亲政时代。

《古今集》是具备日本化文化素养的平安贵族的和歌集。当时已

---

[1] 是平安时代文学及产生这种文学的当时贵族生活的中心理念。"もの"即客观对象，"あはれ"即产生于主观感情的调和性的情趣世界，指优美、纤细、沉静、观照的理念。

[2] "关白"一词出自《汉书》，系"禀报"之意，后在日本成为官职之名。"摄关政治"，即以外戚身份在天皇年幼时任"摄政"、天皇成年后任"关白"的政体。

渐渐形成了审美意识和文艺自觉得到提高而和歌的理想体裁受到关注和讨论的氛围。

关于《古今集》的特色，只要读一下编者之一纪贯之的假名序就可一目了然了。纪贯之在序中说：

> 和歌有六义，一曰风，二曰赋，三曰比，四曰兴，五曰雅，六曰颂。若夫春莺之啭花中，秋蝉之吟树上，虽无曲折，各发歌谣，物皆有之，自然之理也。然而神世七代，时质人淳，情欲之分，和歌未作。逮于素盏鸣尊到出云国，始有三十一字之咏，今反歌之作也。其后虽天神之孙，海童之女，莫不以和歌通情者。爰及人代，此风大兴，长歌、短歌、旋头、混本之类，杂体非一，源流渐繁，譬犹拂云树生自寸苗之烟，浮天浪起于一滴之露。至如难波津之升献天皇，富绪川之篇报太子；或事关神异，或兴入幽玄；但见上古之歌，多存古质之语，未为耳目之玩，徒为教诫之端。[1]

由此可见，《万叶集》的歌是素朴的，而《古今集》则是日本式优雅歌心的典型代表。因此，《万叶集》的歌直接表现生活中的单纯实感，而《古今集》的歌则追求用优雅上品的情调表现纤细的感情；《万叶集》的歌直写诚之心，《古今集》的歌则倾诉哀之情。这是因为，《万叶集》时代的人，是把对物的瞬间感动，原封不动地直录下来，而

1　译文参考杨烈译《古今和歌集》，复旦大学出版社，1983。以下同。

《古今集》时代的人，则是在移情过程中，敏锐地感受到哀愁和忧伤。《万叶集》和歌的风骨是男性的，故被世人称为"ますらをぶり"，而《古今集》和歌的风骨则是女性的，故被称作"たをやめぶり"[1]。

《古今集》歌的用语和调子十分突出优美二字，而对鄙俗之语和调子则嗤之以鼻。这是因为，在《古今集》作者看来，纤细优雅之情必须有适合的用语和调子才能与之相配。结果，用语和调子不得不变为理知的和技巧的，从而使得悬词[2]、缘语[3]和枕词[4]被大量采用，导致出现了以用语和调子左右歌之价值的倾向，而歌的心境却被置于次要地位。这样做的后果便是，歌从生活的直接感受中被剥离了出来，成了文人墨客展示教养的道具，而作歌则成了社交的手段和游戏的方式。为举办歌会而创作题咏歌和屏风歌等就是最有力的证据。

《万叶集》的歌所唱出的"境"直接就是歌人的"心"，而在《古今集》的歌那里，比如像纪贯之的假名序，则一个个都被托付于外在的言辞上：

夫和歌者，托其根于心也，发其花于词林者也。……感生于志，咏形于言。

若要说《古今集》的代表性歌人，则不得不举出纪贯之。他不仅

---

1 汉字作"手弱女振"，指女性所具有的温厚优和的歌风，与《万叶集》的"丈夫振"歌风正好相对。

2 利用词的同音异义和一词多义，来表达多种意思，是和歌中的修辞法之一。

3 和歌中为增添某一词的表现效果，使用与该词意义有缘的词语，谓之"缘语"。

4 和歌中冠在某词上，用以修饰或调整语调而无多少实际意义的词。

撰写了假名序，而且论述了歌的本质变迁过程，从而启迪了后世的歌论。贯之被当时的人视为与《万叶集》歌人人麻吕并驾齐驱的歌仙。贯之的歌，自古以来一直受到赞赏的有（以《古今集》为例）：

（越志贺山时，路人围石井饮水交谈，须臾即别）掬水浊涓滴，山泉饮路人，井边难尽意，正是别离辰。

不过最能充分显示"古今"调特征之一的优雅趣旨的还是下面这首歌：

采芹春日野，艳丽百花开，舞袖迎风展，相招仕女来。

这首歌与前面那首歌一样，巧妙地使用了悬词、缘语和序词，从而显出盎然之风情。

由此可见，如果说《万叶集》的歌是采用素朴的手段使心之表现超过了词之表现，那么《古今集》的歌则是采用优雅的手段使词之表现超过了心之表现。因此，后者为突出能带来风情的语言修辞，而不得不注重词的技巧性。该书之所以频繁使用悬词和缘语的理由大概就在于此。由此我们可以说，《古今集》的歌是属于装饰性的歌，是与简素精神背道而驰的歌。

《古今集》的歌人之所以如此倾心于优雅的表现形式，是因为忌讳像《万叶集》歌人那样率直地表现激情的缘故。故而，他们在控制自己心情时显得彬彬有礼且非常娴熟。有诗为证：

终成哭泣声，湿泪盈双袖，若问湿因缘，答云春雨透。（大江千里）

这首歌说的是强忍着把自己的泪水隐咽下去。

如火相思意，经年熄未曾，夜来衣袖湿，何以总如冰。（纪友则）

这首歌在表现上不说袖子被泪水浸湿，而说衣袖被夜露浸透。

读了这两首和歌就可以明白，其表现是极为技巧性的，所以对事物也并不采取照实直录的写实态度，而是按照《古今集》歌人的叙情手法，表现为抑制式的。因此，在那里面充满着脉脉余情。同时这也是由于《古今集》歌人采取了不直写自我心情，甚至抑制心情，并寄予外物表现的象征主义表现手法的缘故。如果从这个角度来想，就能感受到，《古今集》的歌也照样有根植于简素精神的地方。

不过，《古今集》与《万叶集》比较，在技巧性与理知性方面则是较为突出的。《古今集》开头所载的在原元方的歌，便是其中的代表性作品之一：

立春来岁暮，春至在花前，谁谓一年里，今年又去年。

这首歌虽原本不是为了讲道理而讲道理，而是为了描绘期盼春天来临的真切愿望和年内迎来立春的喜悦心情，但仍流露出强烈的理知性，因而似乎能在从未有过的悦耳动听的歌中感受到当时人的情趣。因此，理知性与技巧性的歌风堪称《古今集》的一大特色。对此，十分推崇《万叶集》情调的明治歌人正冈子规（1867~1902）曾作过深刻阐述。

5.《新古今集》

《新古今集》共20卷，是继《古今集》后，经《后撰集》《拾遗集》《后拾遗集》《金叶集》《词花集》《千载集》，第8部被选定的敕撰和歌集。从建仁元年（1201）始，经过约四年光阴才被选定，其间还经历过数次删改修订，直到嘉祯元年至二年（1235~1236）才最后完成。

该歌集是奉后鸟羽上皇（1180~1239）之命，由源通具（1171~1227）、藤原有家（1155~1216）、藤原定家（1162~1241）、藤原家隆（1158~1237）、藤原雅经（1170~1221）及寂莲法师（藤原定长，1139? ~1202）选定的。其中主要采用的都是这些编纂者及当时歌人的作品。共约1980首，其歌风即"新古今"调对后世的影响极大。

《新古今集》亦效仿《古今集》，作有假名序和真名序（汉文序）。

《新古今集》收集了从贵族社会到武家社会的大转换时期，生活在不安和窘迫中的贵族们所创作的和歌。既然它与《古今集》一样是以宫廷贵族为中心的和歌集，其歌风亦无疑是继承《古今集》的。但是它与《古今集》又有不同，因它是以生活的匮乏不安为背景的，所以较之外在的华贵，它更注重内在的朴实；较之枝叶的艳丽，它更注重本根的质美；具有追求歌的本质和美的本质的强烈愿望。结果，它在承继《古今集》之复古调的过程中，还展现出新的歌风，歌集被冠以"新古今"之名的用意就在于此。

关于《新古今集》的歌风，藤原俊成（1114~1204）和藤原定家父子的歌论表述得很清楚，就是"幽玄"[1]。这种幽玄的歌风在中世和歌中被视为不可动摇的准则。

比如俊成就运用幽玄的美学理论创作了许多脍炙人口的名句，现摘录于下：

> 草庵也雨，思旧心碎，杜鹃啼，催人泪。
>
> 傍晚原野的秋风，阵阵袭身，深草里没了鹌鹑。
>
> 想去郊野重赏花，樱花如雪飞，早春时节已尽吹。

就是说，《新古今集》在讴歌《古今集》之传统美的同时，还进行了批判性的继承，并开始进入幽玄余情等中世文学的理念当中。所以定家在《近代秀歌》中是这样评价纪贯之的："在其和歌的心之技巧里，不仅呼唤崇高壮丽之美，而且用语浓烈，仅选择姿态上的盎然趣味。"从而对纪贯之淡化"余情清艳之体"的做法予以了批评。

可见，《新古今集》不满足于《古今集》所追求的"あはれ""をか

---

1 "幽玄"在日本古代文学中表现为甚深微妙之情和优雅典致之美，中世以后被广泛运用。

し"[1]之美，而是深入幽玄余情，期盼超脱现世。到了中世以后，这种倾向便拓展为幽玄、寂静的美学理念。所谓"ふるきうたをこひねがふ"（愿古歌永不磨灭），乃复古的情调，且流露出贵族文化的优越感，以及向以内面之心为歌之本源复归的倾向。最终，从《古今集》到《新古今集》，不仅有了强烈内面性的美意识，而且有了超脱现实的原动力。

从《古今集》到《新古今集》经历了 300 年的岁月，所以《古今集》的优雅风格与理知性技巧，在经过了长时间的歌人之熏陶、技巧之磨炼、情绪之纤细深化，以及思想之精致化后，内容也变得更加复杂深邃，表现手法则更趋高妙极致，进而使表现形式更具有了象征意义，并更加重视幽玄余情。这其中最具代表性的作品就是下面的《三夕之歌》：

孤寂催，景色皆不感；林木生，山中秋夕暮。（寂莲法师）

心身哀，无知又无识；鹬鸟飞，湖泽秋夕暮。（西行法师）

远眺望，春花红叶空；浦茅屋，幽玄秋夕暮。（藤原定家）

这三首歌读起来就会想到晋代陶渊明那首千古传诵的诗篇：

采菊东篱下，悠然见南山。山气日夕佳，飞鸟相与还。此中有真意，欲辨已忘言。

---

1 即"おかし"，意指可笑、滑稽、有意思等。

晴空万里、晚霞映照、鸟儿回巢的眼前景色，使陶渊明对人生的真谛有了感悟。同样，藤原定家也是在望见只有茅屋的寂静的海边景色后，才感悟到人生真谛的。

其实最后那首藤原定家的歌，乃茶人在欣喜时所口诵的，歌词表现了与华丽的花和红叶相对应的寂静之美。

一般认为，这首歌吟咏的是《源氏物语·明石》一章中的故事，说的是被只身流放到须磨浦（今兵库县）的源氏，回想起昔日城中那花红柳绿、华丽风雅的生活，与明石海边的情景形成了鲜明的对照，于是思绪纷纷、感慨万千。由此可见，在《新古今集》的歌里也暗藏着作者的素养之广博。

只要读一下这些歌就能明白，《新古今集》时代的人们所追求的是寂静之美，这是反复穷究《古今集》时代的人们所追求的华丽之美的结果，因而这种美仍能回归于本根之美。

寂莲法师的歌，吟咏的是漫山遍野常青绿树中深秋晚霞的寂静，但它也与另两首歌一样，给人一种以体言结尾后的余韵未尽之感。第一句"孤寂催，景色皆不感"表达了作者自己的心情，而下一句则与寂静的情景相对应。

至于西行法师的歌，"鹬鸟飞，湖泽秋夕暮"这一句特别令人感动。作者在秋天寂静的水域，深深感受到鹬鸟展翅飞翔后的静寂，所以在第一句吟诵道："心身哀，无知又无识。"或许因为作者是一名僧侣，所以才抱有这样的静寂感。总之，"鹬鸟飞，湖泽秋夕暮"这句歌是幽玄之心的有力象征。

江户名所百景・秋叶神社
歌川广重　作

与《新古今集》赞美孤寂的秋之夕暮一样，当时如宫内卿的歌也有这种风格：

空色暗，犹如古里雪；迹难寻，春天已来临。

再比如能因法师（988？~1050？）的歌，对夕暮中的落花寄托了无限感慨：

山里春色夕暮来，遍地花散寺钟声。

连　歌

1. 连歌的确立

连歌是在几个人之间连续交互吟咏上句（长句）和下句（付句、短句）的诗歌形式，大致上以百句（百韵）为标准。[1]

连歌的母体，虽然可以在《古事记》和《日本书纪》中找到，但若把连歌视为上下句短歌的唱和问答体，那么其起源则可追溯到《万叶集》里的短歌合作。到了平安时代，使用悬词、缘语等以创作机智、洒脱、机敏、诙谐、滑稽的诗歌语言游戏为主的娱乐性短连歌开始流行起来。进入院政期[2]后，长连歌开始兴起，百韵连歌亦趋于定型。

1　连歌由五、七、五、七、七的五句三十一音构成。在平安中期，唱前半五、七、五的叫长句，接唱后半七、七的叫短句。后来长短句交替反复、接连唱和，就创造了长连歌。镰仓初期，连上百句的叫百韵，连上五十句的叫五十韵。

2　白河天皇（1073~1086）为了摆脱摄政关白势力的控制，扶植新兴的武士集团，于永保三年（1086）让位给堀河天皇，自己以上皇资格在院中听政，史称白河院。鸟羽上皇和后白河上皇随后效仿。在此期间摄政关白虽继续存在，但已有名无实，因此这百余年间被称为"院政期"。

连歌也像和歌一样，可区分为追求风雅的"有心"[1]连歌与喜好卑俗又滑稽洒落的"无心"连歌。前者为宫廷贵族和武家阶级的专业歌人所喜闻乐唱，后者则流行于庶民当中。

和歌里所谓的"有心体"，乃藤原定家吟诵的和歌十体之一，是优雅的感情与明睿的志趣完全一致的和歌形式，是把艳丽融合进其父俊成所吟唱的幽玄之中的美的世界。《新古今集》以后，"有心体"作为中世歌论的最高理念而受到推崇。这种形式同样被用于连歌中，故有所谓"有心连歌"之称。

进入 14 世纪后，产生了"有心派"的二条良基（1320~1388）和"无心派"的救济（1284~1376）两位巨匠。他们彼此协力，推动了两派的统一，从而使连歌的发展出现了飞跃。在准敕撰集被选定的同时，连歌的创作规则也被制定了出来。结果便是庶民派的卑俗连歌在艺术性上攀升到与和歌比肩的高度，成了与和歌差不多的幽玄风雅之歌体。到了室町时代（1336~1573），连歌又凌驾于和歌之上，成了文艺界的主流，并扩展到社会的各个阶层。没多久，连歌也失去了歌词搭配上的紧凑感，玩弄技巧、修饰辞藻，直到高山宗砌（？~1455）和心敬（1406~1475）出来后才重提复古，并使之再度兴旺。只是宗砌的连歌所追求的是修辞与搭配形式的调和，即所谓《古今集》式的优美，而心敬的连歌所追求的则是心情之深藏，即所谓《新古今集》式的幽玄。

将此二者综合而集文艺性连歌之大成的是宗祇。宗祇综合了宗砌

1　"有心"是在"幽玄"的基础上发展起来的思维形式，它注重语言的余情效果和构思，比起寂静美，它更看重余情美。"无心"则与此相反。室町末期以前，有心连歌占主导地位。

的华丽技巧与心敬的幽玄象征，在优美而平淡率直的表现形式中吟诵出了具有深邃精神的连歌。心敬与宗祇可视为连歌的两大家，他们的歌风主要表现为对简素之美的追求。

宗祇的门人后来使连歌的搭配形式更为纤细精巧。再后来，连歌风体虽日渐固定化、类型化和低俗化，但同时以诙谐、滑稽和洒落为本的、在连歌中本来就有的俳谐连歌则开始走向复兴，并与近世的俳谐衔接在了一起。

2. 心敬的连歌

心敬生于应永十三年（1406），卒于文明七年（1475），是室町时代的连歌大师。心敬初名连海、心惠，生在纪伊国（今和歌山县），三岁时赴京都，遁入佛门，任十住心院住持，后任权大僧都。他曾向清岩正彻学习连歌，应仁之乱[1]前后，作为连歌高手而闻名遐迩。应仁元年（1467），他因忧虑政情而去伊势，不久又去了关东，当经过武藏国（今埼玉县境内）的品川时，便在那里构筑草庵，过起了隐居生活。文明三年（1471），迁居相模国（今神奈川县境内）大山山麓的石藏（伊势原市），文明七年去世。论著有《私语》《老人独语》《自语》《所所返答》，俳句集有《心玉集》和《芝草句内发句》，歌集有《权大僧都心敬集》。

西行曾有歌云：

1　应仁元年（1467），幕府内部因将军权力移交而发生内讧，山名宗全与细川胜元两个最有实力的大名产生分歧，全国三分之二以上的守护大名遂分为两派，导致战乱。战争历时 11 年，使京都变成废墟，将军权力大大削弱，日本历史亦由此而进入室町后期即战国时代。

見ればばげに心もそれになりにけり　枯野のすすき有明の月

（枯野芒草有明月，望见心亦变孤寂。）

　　意指见到枯野的芒草和有明晦的明月后，心变成了孤寂之心。因而该歌可认为是《新古今集》心境的显露。心敬的连歌论《私语》也是这样评论的。这只要去体验一下枯野的芒草和有明晦的明月，就能理解这种冷峻和寂静的感觉了。由此可见，无论西行还是心敬，都是追求"寂静"、"冷峻"和"枯寂"之美的。

　　心敬在《私语》里说，学习和汲取了和歌、文学特别是《新古今集》的长处，就能写出优美的和歌，并主张把歌道与佛道相贯通。

　　当时连歌的指导教材都是些技术指导书，而较之表现技术，心敬的《私语》更重视表现的主体，并指出创作连歌的心理构成。比如：

我心谁语秋色空，夕风云烟雁归途。

　　这是凭借通透的感觉才能和表现能力，重现情绪性的"新古今"调之美，凸显冷寂的心境。这种冷寂绝非消极的心态，而是不忘具有内在积极因素的佛教式思念。从本质上说，心敬的连歌所追求的仍是简素之美。

3. 宗祇的连歌

宗祇生于应永二十八年（1421），卒于文龟二年（1502），系室町时代的连歌大师。他俗姓饭尾，别号自然斋、种玉庵、见外斋。至于出生地，有人说是近江（今滋贺县），也有人说是纪伊（今和歌山县）。

年轻时他赴京都入佛门，30岁左右矢志于连歌与和歌创作。他的连歌学自宗砌和心敬，和歌则学自飞鸟井雅亲（1417~1490），两者都达到了炉火纯青的程度。另外，他还学过汉诗和"有识故实"[1]，对闻香[2]也较精通。

文正元年（1466），他迁居关东，此后7年一直住在那里，其间著有连歌论《长六文》和《吾妻问答》，并以连歌师和古典学者的身份赢得了较高地位。

文明四年（1472），他回京都建立种玉庵，并以此为中心组织起和歌会、连歌会，另外还举办古典讲座，因活跃而名声大振。长享二年（1488），他担任了当时连歌会的最高名誉职位北野连歌会奉行，成为歌界的第一人。明应四年（1495），他编纂了准敕撰的《新撰菟玖波集》。明应九年（文龟元年），已是80岁高龄的宗祇来到越后，过了第二年的正月后，又赴骏河（今静冈县），途中殁于箱根汤本。他的后半生特别钟情于旅行，曾七赴越后，甚至九州也留下过他的足

1　关于朝廷、武家的礼仪、典故、官职、法令等的历史规定和沿革。

2　茶道术语。拿起一杯茶时，先别喝，应深吸进去，闻到的是气息醇厚、蕴藉、耐品，在芳香中透出一丝轻微涩味和药材味，尤其是原生态的香味，这时整个身心也就自然放松了。

迹。他毕生勤勉于连歌创作和古典研究，临终时还吟唱道："月下伫立，朝思暮想……"念念不忘自己的未竟事业。

宗祇在乱世中能够坚持风雅的传统，有使连歌大成的丰功伟业。在著述方面，则有连歌撰集《竹林抄》、连歌论集《长六文》、俳句集《萱草》和《老叶》、发句[1]集《自然斋发句集》，以及和歌集《宗祇法师歌集》，另外还有古典研究专著和纪行散文等。

宗祇的连歌继承了宗砌和心敬的歌风，并将两者统一在一起，对所憧憬的传统的古典之美进行反复推敲，从而产生了如下那样的把《新古今集》的幽玄之境精练后用《古今集》的表现形式加以表述的歌句：

寂寞空卧秋更浓。

这句歌描写的是深秋季节孤独一人躺着时的心理状态以及幽玄之境。

时光荏苒销，谁不是寄宿于世？若骤雨一般。

这句歌据说是应仁之乱时在信浓山中吟咏的，是化用自二条院赞岐的歌：

世にふるは苦しきものを槙の屋にやすくもすぐる初時雨哉

---

1 律诗的第一、二句，又叫起句。

（積屋苦事经于世，选调安逸初骤雨。）

所谓"世にふる"，乃"经于世"与"（降）骤雨"的悬词。歌的大意是世上的苦日子，就像骤雨下了一阵后短暂停止，若能根据自己的需要来调节雨量便好了。这可以说是把心敬的冷峻风雅与宗砌的表现技巧完美结合在一起的歌句。

深山秋声举苔雨。

该句大概是心敬那种冷峻静寂、风雅高贵之风趣的继承和发扬。

总之，无论心敬还是宗祇，都是采用象征性手法来歌咏古典的幽玄风雅的，因此可以说，他们都是追求简素之美的连歌大师。

俳　句

1. 俳句的特质

所谓俳句是俳谐连歌[1]的简称，它是日本独特的短诗形式和文艺

---

[1] 所谓俳谐，是指戏谑谑取笑、滑稽诙谐的言辞。在中国，与正统诗文相比，俳谐只不过是涓涓细流，在日本它却成为滔滔江河，以致使俳谐这一名词，逐渐成了以俳谐、连歌为基础而产生的发句、连句、俳文等所谓俳文学的总称。

形式之一，也是由艺术家共同创作的以滑稽机智为本的诗歌，其中包括发句、连歌、俳文等类型。

发句17字，五、七、五排列组合，其后是七、七排列组合的14字胁句[1]，再增加17字的第三句和14字的第四句，就构成连句[2]。各句式长短形式上表现各异。

俳谐的起源可追溯到《古今集》的时代，最初是随着连歌的繁荣才出现的。到了室町末期，山崎宗鉴（？~1539）和荒木田守武（1473~1549）出现后，俳谐创作日趋兴旺起来。但那时的俳谐还是滑稽卑俗之作，并且只是兴致之余的产物。

进入江户时代后，兴起了松永贞德（1571~1653）的俳谐，即贞门派的俳谐。该派拒绝卑俗的露骨滑稽的俳谐，提倡上品的机智诙谐的俳谐，并倾力推广，使俳谐渐渐取得了与连歌比肩的地位。

接着是西山宗因（1605~1683）的俳谐，即压倒贞门派而兴起的广泛流传于世的谈林派俳谐。该派不拘泥于特定句式，主张自由地驾驭俗语和汉语，并从现实的平民日常生活中大胆取材，以创作新奇而滑稽的俳谐为宗旨。

俳谐到了贞德、宗因以后，虽然在歌坛上确立了自己的地位，但追求高超的艺术性，则是松尾巴蕉（1644~1694）出现以后的事了。巴蕉把俳谐的诙谐机智发展到中世以来所具有的冷峻、孤寂和幽玄的

---

1 连歌和俳谐的搭配形式，接于发句之后的七、七句，简称"胁"。

2 系俳谐连歌的别称。发句是一句独立的歌，而连句既有别于发句，又有别于连歌，乃与俳谐相配合，又称百韵、千句等。

艺术高度，并使之拥有了很高的优雅品位。

在表现方法上，芭蕉虽重视象征、暗示和譬喻，而且以超俗之心为宗，尊崇自然，随顺自然，但他绝不过高估计这些手法，认为"悟心高则归俗"。故他一个劲地指责风雅之诚，从而开启了俳谐崭新的艺术境界。

芭蕉死后，由于其个性丰富的优秀门人们的努力，元禄蕉门[1]曾绽开一朵朵绚丽的俳谐之花，但不久便进入了低迷期。直到天明年间（1781~1788），俳谐中兴的主要代表与谢芜村（1716~1783）出现，俳谐才获得了再生的机遇。芜村虽是文人画家，但他不仅画俳画，而且还放弃了文人生活，去追求不同于元禄蕉门风格的清新而抒情、纯美的世界。

在文化、文政年间（1804~1829），俳谐虽非常流行，但却越来越庸俗化，其风雅之风也趋于形骸化。这期间出现了具有强烈个性的小林一茶（1763~1827），因他发挥了农民诗人的气质，故而受到了后世的注目。

到了明治时代（1868~1911），由于正冈子规的出现，才使得俳谐界掀起了浩大的革新运动。当时只把发句视为俳句，并以芜村的俳句为范本，确立起以写实手法为根本的俳风。子规以后，俳句成了人人都能写的东西，从而与和歌一起成为日本国民诗的一种形式。

1　元禄七年（1694）松尾芭蕉死后，蕉门式微，俳坛陷入低迷。直到享保（1716~1736）末年，江户俳坛重兴蕉风，倡导俳人"回到芭蕉去"，各地遂兴起缅怀芭蕉之风潮，蕉门亦由与谢芜村和小林一茶继承了衣钵。

松尾芭蕉像

吟咏和歌、俳句，直到今天仍是日本流传甚广的风俗。若以此为出发点来考虑问题，也许可以说日本人几乎全是诗人。因此可以说，日本是诗之国。莫赖斯把日本称为艺术之国，也许日本人在文艺的感悟性方面确实要比科学上的分析思考来得卓越。

2. 俳句的文艺性

俳句的诗型是五、七、五，是由17字组成的世界上最短小的诗型，但创作者在语言的使用和表现方面却付出了特殊心血，因而在规则的运用上也显得特别娴熟，比如切字的使用。

所谓"切れ字"[1]，就是要在俳谐的句中或句末切入一定意思时所使用的词，比如"梅が香にのつと日の出る山路かな"（山路梅花香，蓦然现朝阳）的"かな"（日语助词），"古池や蛙飛びこむ水の音"（古池塘，青蛙跳入水音响）和"くたびれて宿かる頃や藤の花"（疲惫不堪借宿时，夕阳返照紫藤花）的"や"（日语助词）等终助词和活用语的终止形、命令形。切字的数量据说有 18 个或者 22 个，并因时代的不同而不同。

若使用切字，句与句之间就会出现意思的断层，即使末句，也会有抑制表现的措辞出现。一般来说，俳谐是比和歌还要短小的诗型，所以自然会在这方面显得更加突出。

俳谐还有一个重要特色，这就是使用季语。季语又叫季题[2]，是为了表现四季时令之感觉而在句中吟咏的词语。连歌里虽然也使用季语，但俳谐却是非使用不可。到了后世，虽然创作了一些无视季语的俳句，但效果却并不怎么好。

俳谐重视季语的现象，很好地说明了日本人是如何重视自然的。像日本人那样把人心与自然视为一体的民族，在世界上恐怕还没有吧！这在某种意义上正是日本人值得自豪的地方。这种民族心理不仅反映在日本的文学艺术中，还反映在宗教思想等所有意识形态领域。

1　在连歌、俳谐中，把置于句中用于表示断句的词称为"切れ字"，一般以助词、助动词为主。在室町时代已有"切れ字十八种"之秘传，后来"切れ字"数量随着时代的发展而逐渐增多。

2　根据季节使用不同的描写景色的用语。它源于连歌、俳句两种诗歌形式。俳谐中"季语"的限制十分严格。

根据我的看法，这种心理大概可以说是简素之精神的极致。

由于俳谐中运用了切字和季语，因而余情漫溢，回味无穷。在运用切字和季语较好的俳谐里，具有广博而丰实深厚的隐喻世界。有人把俳句誉为"体味余白的诗"，这可谓是至理名言了。

3. 俳句与表现的抑制

俳句简素的表现形式里内藏之精神，犹如芭蕉俳句所显示的那样，绝非千篇一律，而是多种多样、丰富多彩的。不过概括地说，简素之精神是贯彻于俳句始终的。

说起芭蕉，谁都会记起那脍炙人口的诗句：

古池や蛙飛びこむ水の音
（古池塘，青蛙跳入水音响。）

其中"や"是切字，"蛙"是季语。仅"古池や"一句，就能使我们产生无限的遐想。首先浮现在我们脑海里的是"池"在何处，然后"古"这个词也会使各式各样的景象映入我们的眼帘。由于是"蛙"出没的季节，所以此种印象又显得特别清晰。如果要详细描述这些情景的话，非得费不少口舌不可，但若用集约的方式来表述的话，则只需要"古池や"五言[1]

---

1 "古池や"，日语读作"ふるいけや"，有五个音节，故谓五言。

就行了。所以说这是极度简略化的表现方式。

这些问题在有切字的句子里更需多加留心。宋代诗人苏东坡所谓的"言有尽而意无穷者，天下之至言也"（《白石道人诗说》），对有切字的俳句来说，真是再恰当不过了。

前面说过，宋人欧阳修起初为描述滁州四面群山之景色，费了数十字，但不久便简而约之，只用了"环滁皆山也"五个字来表述。

但是，不管怎么简约化，仅仅这五个字，不仅不能想象滁州四面群山的景色，还会变得索然无味。芭蕉的"古池や"之诗句，虽亦仅用五言来表述，但古池附近的景致以及芭蕉身临池畔的姿势，却能让人随意遐想，确实具有丰富的艺术韵味。

该诗句所吟咏的情景是：伫立在古池畔，只听"扑通"一声，一只蛙跳入了水中。细细的水波，缓缓地扩散开去，在水里划出道道波纹，转瞬即逝，于是周围又回归静寂之中。每当我读到芭蕉的这句俳句，总会想起杜甫的"伐木丁丁山更幽"及王维的"空山松子落"等诗句。

杜甫诗句所描写的是在森林茂密的大山深处，传出了"吭、吭、吭"的伐木声，使大山显得更加幽静的情景。王维诗句所描写的则是在人迹罕至的山里，听到松子落到地上的声音，于是使人更深切地感受到山之静寂的情景。

虽然都是描写幽静之境地，但杜甫和王维却达不到芭蕉俳句那样的"言简意足"的程度。

由此可见，极度限制表现，不仅能产生深厚丰富的情趣，而且能产生余韵余情。据此大概还能对俳句是代表简素之精神的典型诗歌形式这个问题有很好的理解吧！

但是，无论怎样简约，若其表现形式是毫不含蓄的、露骨的，那就反而会使诗句的风韵受损。若那样的话，就不能称之为简素。简素自然要抑制露骨的表现，因而简素忌讳"呈露"。比如芭蕉的门人许六（1656~1715）有这样的俳句：

ご命講や頭の青き新比丘尼

（日莲讲里，剃光头发的新比丘尼。）

所谓"ご命講"，指的是十月十四的日莲讲之事宜。这句诗描述的是：在日莲讲里，新加入的比丘尼立在佛前，剃光头发，露出青色。其中"頭の青き"的表述，是一种极不成熟的露骨的表现手法，因而风韵在这句诗里算是丧失殆尽了。

在芭蕉的俳句里还使用了许多暗示的修辞手法，比如他把星星暗喻（隐喻）为"天之花"等。

在其游记《奥州小道》里，有这样一句脍炙人口的名言：

荒海や佐渡に横たふ天河

（海浪涌，星河高，横挂佐渡岛。）

这句诗描写了辽阔荒凉的景象。关于该句的解释以及写作场所，专家们有各种各样的看法，在此暂不涉及这些问题。但有一点却是确凿无疑的，就是该句是在心头浮现出流放罪犯的佐渡岛时才吟咏的。

佐渡岛（地处新潟县西边）是出产黄金的地方，而黄金的挖掘又全仰仗被流放到这儿的重罪犯人的劳动。所以这些犯人的生活是极其悲惨的。知道了这一点，我们就能这样解读这句诗了：面对天河的壮美，作者联想到了佐渡岛，又从佐渡岛想到了犯人命运的无常。这并不是在单纯描述自然的壮美，而是在其中投射了作者的情感。

在该俳句前芭蕉尚写有一篇《银河之序》。该序亦由于传本的不同而导致内容上的不同，其中数《风俗文选》所引用的文字最长。从这篇序文里可详细了解芭蕉当时的心境。现将全文摘录于下：

行脚至北陆道，住在一个叫越后国出云崎的地方。它的对面即佐渡岛。该岛距岸四十八里，中间隔着沧波（青海原），东西长三十五里。岛上山峦崎岖，峡谷险峻。它以重罪犯人的流放之地而闻名天下。打开窗户，但见日沉于海，月悬于天，星星散落，波涛翻滚，给人一种失魂落魄、牵肠挂肚的感受。悲怜之心油然而生。侍奉在这里的只有绞刑架。

这篇序文不仅充满了旅途的忧愁，而且流露出芭蕉对流放者悲惨境遇感到悲愁沉痛之心。

幕末维新时平户藩（今属长崎县）的儒臣楠本端山，曾就学于江户的佐藤一斋（1772~1859）门下，并继承了山崎闇斋的学风，是位透彻掌握了其思想的朱子学者。他在佐藤一斋门下时，于嘉永四年

（1851）八月，到过奥州（今福岛、宫城、岩手、青森县及秋田县部分地区）旅行，并游览了松岛。在他写的纪行文里，有八月九日在那须遇到乘着竹编车的囚犯的记载：

（装载囚犯的囚车）在数百步间，一辆接着一辆；随便一数，竟然有二十七辆之多。这些犯人都是被流放到佐渡的金山去的。若被流放到佐渡的话，要想再出来就相当难了。

大凡成了劳役，便多半会活活累死在金山里；被释放生还者据说不到十之一二。因而是相当凄惨的。

这大概是一个旅行者在那须见到押往佐渡去的犯人时的真实感受吧！

读了端山的纪行文后，也许对芭蕉旅途中的凄然旅愁会有更深切的体察。

4. 俳文的特质

俳文在日本的散文里是最具特色的简素文体。如果从表现简素之精神的文体而言，俳文的地位就显得更为重要了。

所谓俳文，就是一种拥有俳意的诗类文章。在其简素的表现形式当中，具有深刻的含蓄性。可以说，俳文是把俳句与文章结合在一起的文体。

芭蕉纪念馆里的投句箱
雷发林　摄

俳意就是含有俳谐味。相对于和歌的优雅，一般认为俳意就是滑稽，但堪称俳文创始者的芭蕉却将俳意视为"雅俗之通念"，即雅与俗的结合。俳文所拥有的是一种不被常人价值观羁绊的自由的思考方式。

不言而喻，俳文当然产生于注重简素之精神的日本自古以来的风潮，但同时它也汲取了兴起于中国唐代中叶到宋代的复古文的精华。

我们从俳句里便可看出，俳人所推崇的是把无穷的诗情蕴藏在简素的表现形式之中，所以在俳文里，以唐宋古文家的诗文为范本也是理所当然的。

俳文虽是极其简素的文体，但俳文仍有其独特的形态。一般来说，作为俳文须具备多项要素。本书不可能对此作详细叙述，但俳人横井也有（1702~1783）曾在《六林文集序》（《鹑衣》后编中）里对俳文的特色进行过简明扼要的论述，现介绍如下：

可以这么说，所谓俳文，就是深知和汉之故事和古语，并精通世俗之谚语，不作露骨表述、含蓄致深，长句变短、硬物化软，不陷于卑俗、不过分优雅，首尾一贯、前后协调的文体。

由此可见，俳文之创作，非相当优秀之俳人莫属。这的确是项非常困难的工作。

5. 松尾芭蕉的俳谐

芭蕉小传

芭蕉生于宽永二十一年（1644），卒于元禄七年（1694），是江户前期俳人。据传他幼名金作，长大后称忠右卫门，后来又叫甚七郎、藤七郎。他的俳号最初用的是宗房，后来才称桃青、芭蕉。别号有钓月轩、泊船堂、芭蕉翁、芭蕉洞等 14 个之多，不过他最喜欢的还是芭蕉这个号。

芭蕉生于伊贺国（今三重县境内）上野赤坂町。父亲从事农业。年轻时芭蕉仕于伊贺上野藤堂家的藤堂新七郎良精，并作为其嫡子藤堂良忠（俳号蝉吟）的伴读，向松永贞德的高弟北村季吟（1624~1705）学习俳谐。宽文六年（1666），良忠去世，芭蕉致仕，并专心致力于俳谐的研究与创作。延宝元年（1673），30 岁的芭蕉来到江户，以职业俳谐师的身份立世，但他并不如意，于是经杉山杉风（1647~1732）和小泽卜尺（？~1695）的帮助而设讲生活之道。

延宝三年（1675），芭蕉32岁时，西山宗因（1605~1682）东下开设百韵会，芭蕉成为其中的一员，从而受到了宗因新风的洗礼。翌年春，署名桃青、信章（号素堂，1642~1716）的《江户两吟集》刊行，芭蕉在书中讴歌了宗因的新风。此后芭蕉开始崭露头角。

延宝八年（1680），芭蕉37岁时，门下弟子出版了《独吟二十歌仙》一书，遂使世人皆知其门派的存在，而芭蕉的宗匠地位亦为世人所公认。当时，虽然西山宗因之谈林派的俳风风靡一世，但《独吟二十歌仙》却在新风的吹拂下趁机出版了。

同年冬天，芭蕉在深川（今属东京）杉风建了一个看守鱼塘的小屋，并将其命名为泊船堂。翌年，门人赠给他一株芭蕉，将此处称为芭蕉庵，又取芭蕉庵之翁的意思，尊其师为芭蕉翁。就在此地，芭蕉发表了《俳谐次韵》，从而确立起能与谈林派相抗衡的俳坛新风。

这时的芭蕉，对老庄思想极为推崇，并开始思考禅的境地，所以此时在他的俳句里，有较多汉诗调的成分。

天和二年（1682）十二月，芭蕉39岁时，草庵被大火烧毁，于是芭蕉的禅之境界也更趋切实。

贞享元年（1684），41岁的芭蕉移居甲斐（山梨县）。同年八月，他踏上返回家乡伊贺上野的远行之路，此后又从伊贺出发，经大和、山城（京都府）、近江、美浓（岐阜县）、热田，到达名古屋，途中住草庵、吃粗食，俳谐大有长进。这时他写的游记叫《野曝纪行（甲子吟行）》。

芭蕉在游记中说："拙者，大望浮云无住之境界也。"旅途中，他一路走，一路数着手里的十八珠黄檗数珠。通过这种生活的浸染，芭蕉的俳谐超越了典雅高迈之境，展现出自由轻快、阔达洒脱的品质。

在名古屋，芭蕉与荷兮（1648~1716）、野水（1656~1743）等俳人一起连句兴业[1]。这时他完成的作品是《七部集》的第一集《冬之日（尾张五歌仙）》。该集作为芭风确立的标志而引人注目。芭蕉于贞享二年（1685）回到江户，时年四十有二。他的名句"古池塘，青蛙跳入水音响"就是于次年春吟咏的。虽然自古以来和歌等诗歌就吟咏过蛙的叫声，但芭蕉句中的蛙所体现的新意却与以往诗歌吟咏过的大不相同，故而此俳句集中体现了芭蕉俳谐的特色。

贞享四年（1687），芭蕉44岁时，游历鹿岛，撰写了《鹿岛纪行》。翌年元禄元年（1688）春，他又继续前行。在去吉野的路上，他见花爱不释手；游览了和歌浦、须磨、明石后，他又来到京都；其间写的纪行文，叫《笈之小文》（又名《芳野纪行》或《卯辰纪行》）。同年八月，芭蕉与门人越人一起去信州更科（长野县）赏月，后返回江户，此间的纪行文便是《更科纪行》。

元禄二年（1689）三月，芭蕉46岁，从江户起程，沿奥州小道旅行。这次旅行给芭蕉以宝贵的经验，使他的蕉风向前迈进了一大

---

1 类似召开诗会。

为纪念芭蕉 300 周年诞辰，1942 年在上野公园修建的徘圣殿

步。他对古今俳谐所作的评论《猿蓑集》，就是这次旅行的成果。

从奥州小道旅行归来后，芭蕉又在京畿、近江和伊势地区走了一趟。元禄四年（1691）十月，48 岁的芭蕉回到江户。翌年五月，他新建了芭蕉庵并移居此庵。因门人、友人及知己来访频繁，影响了他的思索，于是便闭门谢客。但并未过多久，他又取消了这道禁约。这是因为，此时的芭蕉已超越了自己自《猿蓑集》以来所形成的风格，领悟到以 "かるみ"[1] 为本的俳风，并试图广授其门徒。以 "かるみ" 为本而与门徒唱和的成果就是《七部集》的第六集《炭俵》。

---

1 直译为 "轻的程度"，系蕉风俳谐中的重要风格之一。它对应于现实之移行，具有彻底把握轻的一整套理念。

元禄七年（1694）五月，芭蕉想把自己的新风扩散到京阪地区，于是便再次离开江户，踏上东海道，走过名古屋、伊贺上野、大津、京都等地，然后从大津返回乡里；九月去奈良，又从奈良前往大阪。所到之处，他都向门徒们传授新风，最后客死于大阪南御堂前的旅舍，享年51岁。弥留之际，他留下了此后流传世间的辞世之句"旅中正卧病，梦绕荒野行"。

向中世文学的回归

宽文年间（1661~1672）的芭蕉吟咏的是贞门风的俳谐。但贞德认为，使用俳言亦即俗言，是相对于连歌的俳谐之特色，因而他主张在通俗性、卑近性以及语言技巧等方面推陈出新。不过他又说："俳谐毕竟是进入连歌的阶梯。"因而他虽强调应该从遵循中世以来传统精神的角度认知俳谐，但实际上却是把俳谐当作娱乐工具而加以推行的。

但是，因芭蕉自身从年轻时起就积累了中国古典和日本风雅的深厚素养，所以他无意识地具备了这样的观念，即认为俳谐的通俗性、卑近性等文艺根基，必须从中世的传统精神中寻求。

我们已知道，延宝年间（1673~1681），芭蕉俳谐所遵从的是西山宗因的谈林风。当时无论是古典的还是高雅的，都纷纷融入通俗的世界之中。但谈林俳谐实际上已完全丧失了中世连歌的理念，进而使文艺的根基也丧失殆尽。所以当时很自然地出现了欲对此加以改变的反省运动，俳风开始寻求转向，并运用贞门俳风挽救了谈林俳风的堕落，尽管这种救助很不容易。但自延宝末年开始，又渐渐掀起了针对谈林、贞门俳风的批判和向中世精神回归的运动。芭蕉就是其中的一分子。

延宝八年（1680），37岁的芭蕉吟道：

枯枝に鳥のとまりたるや秋の暮
（枯枝栖寒鸦，秋深日暮时。）

从这首发句里可以看出，从谈林、贞门风中脱离出来的芭蕉蕉风的革新特色。但是，该句被《东日记》收录后，"鳥のとまりたるや"则被改成了"鳥のとまりけり"（译文同上）。

该发句吟咏的是具有汉诗趣味的孤寂自然，从而显示出在融合了老庄、禅宗的中世文艺精神中寻求俳谐根基的芭蕉俳风的特色。不过当时芭蕉的俳风还未达到以自然孤寂为实感并将其体现于俳谐的高度。换言之，就是还未达到从俳谐的通俗性和卑近性及其内部结构中引导出幽玄静寂的中世美感的高度。但无论怎么说，该发句都可谓是对从谈林、贞门俳风中挣脱出来的蕉风的第一次验证。

此后，芭蕉对俳谐文艺性之根据的思索愈加真切，并渐渐趋于成熟。他在天和三年（1683）所著的《虚栗》之跋文里表明了自己的态度。他认为，俳谐一方面要建立在与李白、杜甫之诗境、西行和歌之风雅相同的文艺精神上，另一方面则要从通俗的现实生活中求得素材。

天和三年，虽重建了芭蕉庵，但这时的芭蕉已对外出旅行情有独钟。这是因为，在他看来，要追求中世文艺的"孤寂"精神，就必须学习平安末期的歌人西行和宗祇的生活方式。

如前所述，贞享元年（1684）八月，芭蕉由门人千里陪伴，踏上旅途返回家乡。他只有在草庵这个清贫的小小世界里生活的经验，但芭蕉当时的心情是，若仅仅接触自然风景，而不去接触庶民生活，就不可能真正获得俳谐的真谛。所以，他在旅行出门时吟诵出了具有强烈感染力的发句：

野ざらしを心に風のしむ身かな

（心悲壮，曝尸荒郊又何妨，秋风透心凉。）

元禄八年（1688）春，45 岁的芭蕉在旅途中吟过这样的发句（引自《笈之小文》）：

旅人と我が名呼ばれん初時雨

（初逢时雨至，愿得旅伴一声呼，谁是同行人。）

芭蕉还在《笈之小文》中写道：

西行于和歌，宗祇于连歌，雪舟于绘画，利休于茶道，其贯道之物一也。

那么，芭蕉所谓的"其贯道之物一也"又是指的什么呢？这就是"风雅"抑或"风雅之诚"。关于"风雅"，芭蕉说过这样的话：

然何谓风雅？盖随任造化、以四时为友也。能如此，则见之非花，皆可为风雅之花；思之非月，皆可为风雅之月矣。

这就是说，人若能舍弃私意、随顺造化，就可使物我一如。非以心观物，而是"以物观物"也。于是一切皆为风雅矣。所以芭蕉说：

松のことは松に習え，竹の事は竹に習え

（松之事则习松，竹之事则习竹。)(《三册子》)

所谓"习"，大概就是去私意而融入事物之中吧！在这里，芭蕉对风雅是有所领悟的。芭蕉俳谐之风雅的内核，其实就是中世文艺精神中的"孤寂"和"幽静"。但是，芭蕉在收用时并不仅仅把这种风雅作为观念的东西来看待，而是将其放在草庵生活特别是旅途生活的真情实感中，并作为作品必须表现的信念而驾驭之。由此他才明确了俳谐的风雅是如何与传统的文艺精神相结合的问题。芭蕉独特的风雅之道就是在这样的背景下产生的，比如"しほり"[1] "ほそみ"[2] "かるみ"（轻微）等都是如此。从中可以看到芭蕉俳谐独特的简素精神。

---

1 又叫"しおり"。是蕉风俳谐的根本理念之一，指的是从人对自然的哀怜和关爱之心中自然流露出来的并表现在句式里的真情实感，可译为"余情"。

2 蕉风俳谐的根本理念之一，与"さび"（幽静）、"しおり"并称，指的是句之内容的深刻程度以及作者之心进入幽玄境地后所获得的美感，可译为"细腻"。

わび（孤寂）与さび（幽静）

芭蕉在俳谐里提出"わび"（孤寂）的理念，大概是在延宝八年（1680）。

那段时期，他吟出了像"枯枝に鳥のとまりたるや秋の暮"（枯枝栖寒鸦，秋深日暮时）这样的发句。后来他又创作了"芭蕉野分して盥に雨を聞く夜かな"（风摇芭蕉叶，听雨落盆夜）等作品。该句据说是天和元年（1681）秋，芭蕉38岁时写的。它不仅表现了荒凉之夜的境况，而且还描写了对孤寂有深刻感受的作者之心境。

这时的芭蕉倒真成了他所谓的"极尽孤寂的孤寂人"，并以真正的孤寂人自居。

至于"さび"（幽静），则是芭蕉基于奥州小道之旅才得以确证的理念。

元禄四年（1691），芭蕉写过这样一首发句：

うきわれをさびしがらせよかんこ鳥

（闲古鸟啊，让寂寞更忧郁。）

该发句其实是其对自己旧作"うきわれをさびしがらせよ秋の寺"的改写。专家们对该句有不少看法，在此我不作评论。该句的完整意思是：

须贺川市芭蕉纪念馆的俳句竹牌　　雷发林　摄

幽静得连声音都不发出的闲古鸟[1]啊，就像昔日西行等人一样，为人世而担忧；在一片孤寂忧郁中，追求快乐的我也受到了闲古鸟的莫大感染！

这里描写了与世俗之人不同的鸟，也体会到为人世担忧的感觉，从而使作者进一步领悟了越发幽静、彻底幽静的心境。

其实，体味幽静的心境在西行的和歌里已有所表现：

1　即布谷鸟。日本人觉得布谷鸟的叫声非常凄凉，常用来比喻卖相不佳、生气惨淡。因日本崇尚孤寂之美，所以闲古鸟也颇受日本人喜爱。

冬季山里庵，同我寂寞情。

花枯红叶散，山中寂寞人。

无论"わび"（孤寂）还是"さび"（幽静），如今都已成了被和歌吟咏的对象，但在室町时代，这种心境却是相当高洁而深奥的，比如心敬就是将其作为幽玄余情之美的最高理念。只是芭蕉将其求诸俳谐的通俗性和卑近性之中了。芭蕉自己关于孤寂或者幽静，倒并未阐述别的什么理论，其他都是由其门人去来（1651~1704）代为论述的。

去来在回答野明所谓"句之幽静到底是怎么回事"的提问时说过：

幽静者，句之色也，非谓孤寂之句也。比如带着老人的甲胄上战场，穿着老人的锦衣侍御宴，就犹如有了老人的外姿。故喧闹句里也有幽静之句，例如看花人长着一头白发。故先师（指芭蕉）曰："幽静色（幽静的样子），自我抑制者也。"（《去来抄》）

虽然这句话说的是华丽的看花人的事情，但其中也流露出对看花人·头白发的怜悯之心。所以去来说，幽静并非指孤寂之句。虽然幽静亦显示了相对于华丽豪奢的枯淡孤寂的情趣，但却并不能把外观上枯淡孤寂的发句直接视为幽静。若借用颖原退藏的话说就是：归根结底，幽静必须为内观性的存在，而且它还贯穿于中世的能乐、茶道之中。（三省堂《芭蕉全集》，第三卷《总说》）

しほり（余情）与ほそみ（细腻）

所谓"しほり"（余情），指的是哀怜忧愁之情，亦即"あはれ"[1]之情。但在芭蕉那里，却是指抑制了鲜活感情后存在于心中的美的理念。因此，如果从这一角度看问题，那大概可以说，像许六的"日莲讲里，剃光头发的新比丘尼"那样的发句，是毫无"しほり"（余情）可言的句子。

芭蕉还写过这样的句子：

十団子も小粒になりぬ秋の風

（无心团子变小粒，方知山里吹秋风。）

该句反映了作者对人世间沧海桑田的忧思，并说明了作者的心与幽静而严酷的秋风同在。这大概就是所谓的"しほり"（余情）吧！

"あはれ"在芭蕉那里则属于内观的理念，所以它并不限于悲哀，还包括兴奋、有趣、愉快、可笑等美的因子。

振売の雁あはれ也えびす講

---

1 又写作"あ眩れ"，系日本现存古老文献中内涵较为丰富的词，经常出现在《古事记》《日本书纪》以及初期万叶歌谣中。它大都用来表示"悲"的情感内涵。但在芭蕉的俳句中，它又表示爱怜、优美、纤细、沉静、观照等理念。

（吆喝声中祭财神，可怜大雁。）

该句是常被人引用来说明芭蕉有"しほり"（余情）心境的发句。句中所谓的"えびす講"即"えびす祭"，指的是每年的十月二十日商家祭财神（惠比寿）、祈祷买卖兴隆的事。此时都要请客招待众客户，连用大雁做成的料理也上了餐桌。

对于芭蕉的这首发句，野坡（1662~1740）作了首胁句（参见《芭蕉杂记》）：

降てはやすみ時雨する軒
（下落休息时雨轩。）[1]

也许野坡读了芭蕉的这首发句后，顿时产生了怜悯大雁的真情实感。不过，怜悯的也许并不仅仅是大雁，有一种解释说吆喝声才是怜悯的对象。

芭蕉的这首发句虽未被后人视为名句，但却成为了解其"しほり"（余情）心境的线索。

根据芭蕉及其门人的说法，充满悲哀而又细致入微的真诚之心，是与物之心相通的；这种场合的真诚之心，也就是所谓"ほそみ"（细腻）。"ほそみ"就是通过纤细之感情而使对象内在深处获得升华的状态。

---

1 "时雨"在日语中的意思指深秋至初冬之间，偶然落下、忽降忽止的沥沥小雨。

芭蕉在评论路通（1649~1738）所谓"鸟どもも寝入っているか余吾の海"（鸟类入寝余吾海）的发句时说："此乃细腻之句也。"（《去来抄》）这大概是指作者的心已细腻到了与水鸟之心相通的程度，所以才说具有"ほそみ"的心境。不过，"ほそみ"虽属传统性的风雅之理念，但芭蕉却是将其置于俳谐中吟诵的。

元禄二年（1689），芭蕉46岁时所作的发句里有这么一首：

初時雨猿も小蓑をほしげなり

（初寒降雨，猴子亦想披小蓑衣。）

该句被收录在《猿蓑集》的开头，故而当视为芭蕉本人的自信之作，或者是其门人的秀逸之作。该句的真意，可以说就在于"猿も"的"も"[1]。这是因为，这个词使我们看到了芭蕉的细腻之心与猴子之心深深相连。据颖原退藏说，所谓"ほそみ"，就是使心细微深入于物，"心产生于细致入微的凝结处"，所以"ほそみ"就是细微之心深入的结果，但同时它又是由细微凝结而成，拥有强大潜能，而非纤细之细。因而有"ほそみ"心境的句子并非"无依无靠之句"。

元禄五年（1692），49岁的芭蕉写了这么一首发句：

塩鯛の歯ぐきも寒し魚の店

---

1 在日语里作修助词时有也、连、都等意思，作接助词时则表示极限。本句当系前者。

（鱼店前，鲷鱼的齿龈，也让人寒冷。）

一般认为，该句里也有"ほそみ"的心境。读了该句后我们知道，所谓"ほそみ"，其实质可以说就是作者深入对象后的细微真诚之心和把握住对象后的细致情趣，以及带有潜在对象性的悲怜心境。

かるみ（轻微）

至此已对芭蕉俳谐的基本理念"わび"（孤寂）、"さび"（幽静）、"しほり"（余情）、"ほそみ"（细腻）作了简要的说明。此外，芭蕉还把"位""不易流行"等视为俳谐的理念。

所谓"位"，指的是品行高尚的事情。芭蕉认为，凭借这一理论便可使品行端正。所谓"不易"，就是不变的事情；而所谓"流行"，则为变化的事情，显然两者是相辅相成的。这样的思维方法原本存在于思想界，而芭蕉却将其运用于俳谐之中。芭蕉认为，在以通俗性、卑近性为对象的俳谐中，应保持中世文艺之质高性雅的品质。这就是芭蕉所谓的"不易流行"说，也就是他所强调的"不易"和"流行"哪一方都不可偏执的道理。

芭蕉认为，俳谐的生命力在于常有新味，所以俳谐应在不断追求新味而发生的变化中，保持传统文艺的不变之本质和风雅之内核。所谓"かるみ"（轻微）这一芭蕉的基本理念，可以说就是产生于这种"不易流行"之原理的。

据说芭蕉在贞享三年（1686）43岁时就已感悟到了"かるみ"（轻

微）的必要性，但一直到晚年才使之成为自己的主要理论。

所谓"轻微"，是相对于表现"沉重"而言的词语。芭蕉为了突破"沉重"而提出了"轻微"说。一般认为，"沉重"是一古老的习性，是阻碍新事物流行的沉重枷锁。芭蕉提出的"孤寂"或者"余情"等理念，后被其门人弟子随意模仿于和歌、连歌中，从而丧失了芭蕉俳谐的独立性，并出现了忽视在卑近通俗之处不断开拓新意境的情况，陷入因循守旧的倾向。这显然是有悖于"不易流行"之道的。正是在这种背景下，芭蕉才提出了"轻微"说，以使平俗之事也能通过诗歌而得到美的升华。

"轻微"不仅是句子的形式即表现上的理念，而且还是有关趣向、作意、心境等劝诫性的词语，说的是韵律和心境的爽朗与痛快，也就是"幽静""余情"的顺畅之表现。因此，"轻微"并不意味着句子内容浅薄。

关于"轻微"的句子，一般都会以芭蕉在元禄三年（1690）47岁时吟诵的句子为代表，该句谓：

木のもとに汁も膾も桜かな
（树下菜汤上，飘落樱花瓣。）

也有的本子把"木のもとに"变成为"木のもとは"，后者使"轻微"的心境表现得更加淋漓尽致。

该句吟咏的是飘花似雪的景象，"汁も膾も桜かな"（菜汤上飘落

樱花瓣），一气呵成，给人以"轻微"的感觉。在那里面，既有在俳谐中寻求中世之文艺理念的主张，又有使发想和表现真正融合在一起，并从抑郁的心情中解脱出来的趣向。具体地说，就是使我们在"汁"和"脍"这样卑近的对象里，见到了传统式的落花之风雅。应该说，这的确是一种崭新的趣向。但是，该句的韵律，如果借用芭蕉的话说，却是像"砂川"流水一样松散，没有被传统式的落花之风雅所拘束的抑郁。由于在诙谐里面就能稍稍感受到这点，所以对带有洒落的"孤寂"和"幽静"能有深切之体验。这些大概就是所谓的"轻微"吧！

芭蕉的俳风

前面已说过，芭蕉离开人世前曾留下了这样一首俳句：

旅に病んで夢は枯野をかけ廻る
（旅中正卧病，梦绕荒野行。）

传说中，芭蕉在写了这首俳句后，又写了这样两首：

旅に病んでなほかけ廻る夢心
旅に病んで枯野を廻る夢心
（译文与上句基本相同）

但正是原句，才把一生中执着追求风雅的芭蕉那种凄然念头表现得淋漓尽致。尽管芭蕉自己也把这种执念视为妄执，并追求安逸的世界，但实际上，芭蕉的本领就在其追求风雅的义无反顾的执念当中。

此处必须注意的是，芭蕉到最后的最后还在"枯野"里不停地追求风雅。西行曾写过这样一首和歌：

見ればばげに心もそれになりぞゆく[1]　枯野のすすき有明の月
（枯野芒草有明月，望见心亦变孤寂）

由此可见，在芭蕉的心里还漂浮着西行这首和歌的风雅情调。需要指出的是，芭蕉所说的枯野之心，与他所谓的"孤寂""幽静""余情""细腻""轻微"等风雅之理念并不矛盾。尽管芭蕉的风雅之道来源于中世的文艺理念，但它却具有求之于庶民生活和通俗卑近的特色。

不过，芭蕉的俳谐绝非清一色，其实还是多种多样的，这只要从其过去所著的解说理念中就可见一斑。也就是说，芭蕉对新事物的追求是永无止境的，他强调"不易流行"的缘由就在于此。"不易"即不变之体，"流行"即变化之相；前者是风雅之道，后者则是素材。风雅之道即使是不变的，其形象也是要常变的。就是说，其形象必须是应时而变的崭新事物。这就是芭蕉所说的"不易流行"。

1　此处原文所录之假名与前文有所不同，姑从原文。——编者注

比如读了芭蕉的"古池塘，青蛙跳入水音响"后，就能对其提出的"不易流行"之旨产生更多的共鸣。过去把"蛙"作为风雅之素材的时候，往往只注意"蛙"的鸣叫声，而芭蕉在此处却采用了以蛙跳入水中为主题的手法。这的确是富有新意的句子。正因为芭蕉是到通俗、卑近的事物里搜寻俳句的素材，才使得他一步步取得了新的突破。

由此可见，虽然风雅之道不易改变，但其理念却不能不是多种多样的。这样一来，究竟什么才是芭蕉所说的风雅之根本倒成了问题。于是，芭蕉的门人弟子对风雅之根本的理解也产生了不少困惑，而他们所作的诠释可谓众说纷纭、精彩纷呈。

总之，作为俳谐大师的芭蕉，善于从庶民眼里的通俗、卑近之物中探寻传统式的风雅，并基于"不易流行"之主旨，以常青的素材为对象，把风雅之道视为新生物，而对固定的、千篇一律的模式深恶痛绝。可以说，芭蕉俳谐的特色就在于此。再有，由于俳句是最短的诗型，其表现被抑制到了极限，所以其内藏之精神深远幽玄而极含蓄，其余韵余情则溢于言表。可以毫不夸张地说，芭蕉的俳谐是诗文之简素精神的代表。

6. 芭蕉的俳文

芭蕉大概可以说是俳文的创始人。在芭蕉之前的俳人所写的文字里，虽然也有俳文一类的文章，但却无不成了雅文调，或者说是"雅中求俗"的调子，而并未达到像芭蕉那样"俗不失雅"的高度，也没

须贺川市芭蕉纪念馆的俳句石碑

雷发林 摄

有表现出像芭蕉那样的对俳谐的自觉。

横井有也曾评论芭蕉的俳文说：

蕉翁之文，正俗中不失雅也。比如身份高者，编笠羽织，以卑其地位矣。……不至其位者，可及于其事也。(《鹑衣》后编中《六林文集序》)

这可视为对芭蕉之俳文风格的最简洁的评论。

"俳文"这个词是从芭蕉开始使用的，在此之前，无论游记还是随笔，都还没有显出对俳文的自觉。芭蕉不仅首创了俳谐文章，甚至还考虑编纂门人的俳文集。结果俳文集虽未能由芭蕉亲手编纂而成，但他殁后其门人却完成了这项事业。

芭蕉在俗文化中寻求幽玄、静寂、高雅等境界，并用简洁的文体予以表现。芭蕉的俳文虽缺乏俳谐式的趣味，但就其所带有的芬芳高雅之风韵而言，在俳人中间，可以说还从未有人能超过他。这中间就存在着芭蕉俳文的特色。

一般来说，在芭蕉的俳文里，《幻住庵记》《柴门辞》《闲关之说》是最值得吟诵的三篇文章。下面就简要介绍一下《幻住庵记》的末节与《柴门辞》。

《幻住庵记》

该俳文成稿于元禄三年（1690）八月，后被收录在同年九月刊刻的《猿蓑集》内。该年四月，经其门人曲水奔走，芭蕉移居到位于近江石山奥国分寺（位于今滋贺县大津市）中的幻住庵。此庵其实是由曲水叔父住过的旧庵修葺而成的。芭蕉住到八月底就下了山，在此庵居住的时间前后不到半年。《幻住庵记》就记载了芭蕉在此庵居住时的事情。到成稿为止，芭蕉曾改稿数回。

该记文是芭蕉具有俳文意识后所写的第一篇俳文，而且还是除了俳书的序跋外，芭蕉以自己的意志公开发表的唯一一篇俳文。

该记文由五个段落组成，即庵的所在地和入庵的缘由、入庵的过程、对庵的眺望、住在庵里的状态，以及当时的心境，最后又加了一句"先たのむ椎の木も在り夏木立"（旅途求柯树，幻住庵旁夏树立，身心得休憩），其结构是典型的"记"的样式，即在四段叙事后加一段议论。一般认为，该记是以庆滋保胤的《池亭记》、鸭长明的《方丈记》和木下长啸子（1569~1649）的《山家记》等为范本的。

在此我只把收录于《猿蓑集》中的《幻住庵记》最后一段描写作者心境的话摘抄于下：

为作诗，乐天劳其体，杜甫瘦其身，二者悉备贤才文质也。吾虽为栖身幻住庵的流浪汉，却可在其中达观而寝矣。

岛崎藤村（1873~1942）说过，值得注意的是，仅仅为了写"幻の棲ならずや"（栖身幻住庵的流浪汉）一句，也能创作出《幻住庵记》。

上面摘抄的这段话，是作者用极其简洁的文字对自身的复杂感想和烦恼的人生追忆所作的描述，又用"终于无能无才、无所事事，唯系于风雅之道一条路矣"一句话对自身作了反省。但读到文章最后的这句俳句时，脑海中便浮现出了幻住庵，同时又使人对求得心之暂时安宁的芭蕉心境回味无穷。

《柴门辞》

《柴门辞》是芭蕉给门人许六的赠文。当时住在江户的许六正欲返回彦根藩（今属滋贺县），时值元禄六年（1693），当时芭蕉50岁。文章分为三段，第一段是发端，叙述了芭蕉与许六的交情；第二段称赞了许六的器量；第三段叙述了风雅之本质并对许六讲解了自己的奋进道路。所以第三段似乎最能打动读者的心。兹摘录于下：

去年秋刚与汝会了一面，今年五月便已成了亲密无间的友人。离别之际，某日汝造访草庵，吾二人整日促膝而谈。

汝原本既喜绘画又喜俳谐。吾试问道："何故喜绘画？"对曰："因喜俳谐也。"吾又问："何故喜俳谐？"对曰："因喜绘画也。"汝之学虽有二，然劳心却一也。此诚可感矣！

绘画，汝师匠者也；俳谐，汝则吾之弟子也。师匠者之绘透彻于精神、极妙于笔法也。其幽玄深远处，吾不能窥知矣。吾之俳谐如夏炉冬扇，悖于众人之所求，而非通用且无用处矣。……吾谓俳谐之道亦同于此矣。遂拨明灯火，送别至柴门外。

全篇带有教化、讽谏之意趣，因此反而使芭蕉的风雅之心深深地浸透到许六的肺腑里。这篇文章堪称俳文之范本。《风俗文选通释》里有如下之言：

评曰：此文之记录犹如问答体也。画与风雅一致，读后让人欣喜。后又以画示风雅，浩浩然也。其文悠缓而志远，高尚而纯真，支考、许六辈所不及也。挑灯送客柴门外，平淡似同砂川流。

7. 横井也有的俳文

横井也有（1702～1783）是江户中期的俳人。元禄十五年（1702）

横井也有像

九月四日出生，是尾州藩（今爱知县西部）的重臣横井时衡的长子。26岁那年父亲去世，他继承家业。40岁时成了大番头兼御用人，后又兼任寺社奉行。晚年他为寻求自由而辞官。宝历四年（1754）六月，53岁的他在前津（今名古屋市中区）构筑了知雨亭和名为"半扫庵"的草庵，并在那里过起了隐居生活。他与自己喜爱的小儿子兼得意门生文樵一起度过了一段悠闲自适的日子。天明三年（1783）六月十六日，横井也有死于草庵。在任职期间，也有应该说是十分勤勉的。

也有多才多艺，平家琵琶、谣曲、书画、诗歌、狂歌等样样精通，习武练兵样样娴熟。其祖父因就学于季吟门下而擅长俳谐，父亲亦有吟诵俳谐之嗜好。因为有这两层关系，也有年轻时就对俳谐很有兴趣，后来终于提出了自己的一家之言。从宝历到明和（1751~1771），也有的名声曾响彻日本全国。

在也有的著作里，虽然占据多数的是汉诗文、狂歌集以及与俳谐有关的作品，但最有名的要算俳文作品《鹑衣》了。这本俳文集在俳谐史上占有光辉的一页，堪称俳文中的瑰宝。该作品具有不同于芭门俳文的轻妙俳风，故能与芭蕉纯正清雅的俳文并列，给后世以极大的影响。

俳文，如前所述，是带有俳谐之风味的文章。它具有简洁的表现形式和深刻而含蓄的内容，并且是句与文相照应的俳人所特有的文章。但由于俳人性格的不同，其特色也显得千差万别。下面从《鹑衣》中举出二三例，以说明也有俳文之特色：

《序二》：

把卑贱、难看、破烂不堪的短文缀集在一起，并将其取名为"鹑衣"。这是因为，我试图让本书真能像所谓的鹑鸟一样，隐藏于深草中，而须臾不让人知晓。（《鹑衣》前编上）

这篇序文叙述了把书取名为"鹑衣"的理由。在也有看来，收集短文，就像鹑一样，是把破碎的羽毛聚集在一起，所以才取名为"鹑衣"。

深草是鹑鸟最喜爱的地方，但"深草之鹑"，已在《古今集》里被吟诵过了。据《古今集》记载，在原业平曾收到某人赠予他的如下反歌：

野地鹑鸣年复年，只缘暂定深草处。

这首反歌有所谓"かりにだにや"（只是暂时的）的词组，而也有则想到了把它置换为"かりそめ"（短暂）的意思。

这篇序文是相当短的文章，但却巧妙地利用了古歌，而无丝毫浮夸之处，并且用含蓄的语言叙述了谦虚而令人眷念的心灵世界。

《贺某剃发文》：

渔夫曰："柳不凝滞于物，任凭春秋风吹。"若如此，则仕途中可洁身自好矣。故而逆世憎人，安身立命，而耻于谄媚。今剃发而断俗世之发髻，出家而不憎人不知耻，乃一安住此世之人也。于是唱出了"沧浪水清濯头巾"一句俳谐。（《鹑衣》续编下）

这是赞美某人剃发为僧侣，远离人间尘世，以达清爽之心境的文章。

文中引用了屈原《渔父》里渔父（年老的渔夫）的话，叙述了遁世的境界，这的确是得其妙意也。知道了楚辞《渔父》的内容，就能深刻理解该文的意思。

屈原是战国时代的楚人，曾仕于楚怀王而秉国政。因深受怀王的信任而遭同僚嫉妒，后终于被怀王所疏远，于是他写了《离骚》，希望怀王悔悟。怀王之子襄王登基后，屈原又由于谗言而被流放至长沙。于是他又写了《渔父》，表达了自己的微衷。五月五日，他抱石投身于汨罗江。

《渔父》是记述屈原与渔夫间问答的文章。屈原拟通过与渔夫的问答，表明自己的清廉洁白，同时表露自己不被世俗污浊所染的心境。

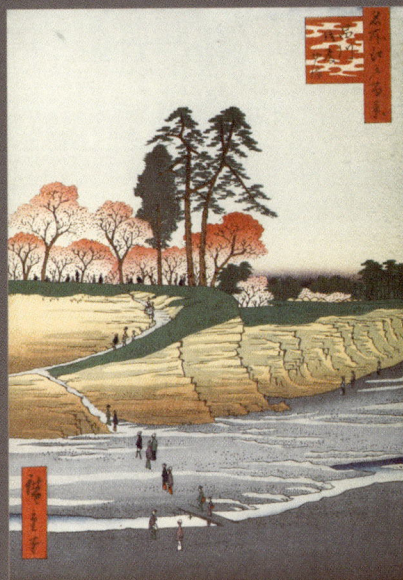

1. 《江户名所百景·春·品川御殿山》
   歌川广重作

2. 《江户名所百景·冬·目黑太鼓桥的日落》
   歌川广重作

1 | 2 3

1. 南宋｜夏圭《溪山清远图》（三幅）
   台北故宫博物院 藏

2. 雪舟等杨《四季山水图》长卷之一
   毛利博物馆 藏

3. 雪舟等杨《四季山水图》长卷之一（局部）
   毛利博物馆 藏

```
    2
1 ——— 4  5
    3
```

1. 北宋｜范宽《溪山行旅图》
   台北故宫博物院 藏

2. 南宋｜马远《踏歌图》
   北京故宫博物院 藏

3. 明｜吴伟《渔乐图》
   台北故宫博物院 藏

4. 五代｜李成《茂林远岫图》
   辽宁省博物馆 藏

5. 元｜倪瓒《秋亭嘉树图》
   北京故宫博物院 藏

1. 作于日本奈良时代的《圣德太子像》
2. 葛饰北斋《神奈川冲浪里》
3. 葛饰北斋《赤富士》

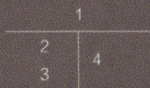

1. 尾形光琳《草花图屏风》
2. 俵屋宗达《松岛图》(左)
3. 俵屋宗达《松岛图》(右)
4. 狩野正信《周茂叔爱莲图》

1. 弥生时代后期的朱彩壶
   东京都大田区久原町出土

2. 日本花器·信乐耳付
   竹内逸峰作品

3. 古备前花入
   室町时代末期

4. 伊贺花入·罗生门

1. 黑乐茶碗·桃花坊
   长次郎作品

2. 濑户黑金彩木叶纹茶碗
   荒川丰 藏

3. 赤乐茶碗
   长次郎作品

4. 窑变天目釉大钵
   清水卯一作品

5. 白乐茶碗·不二山
   光悦作品

6. 白乐茶碗·不二山（底部）
   光悦作品

7. 唐津井户茶碗·波户
   中里无庵 1963 年作品

8. 信乐水指

1	5
2	6
3	7
4	8

1. 日本草庵风茶室
2. 日本茶室内的茶器
3. 日本会席料理
4. 日本庭园的枯山水
5. 茶室内部的基本摆设

1. 广岛神社的能乐演出

2. 冈田先生画作《东京都武藏野的井之头公园》
   那个在森林中一路前行的身影，难道是冈田
   先生自身的写照吗

该辞内容，说的是屈原被放逐以后，在江边湖畔一边流浪，一边吟歌，脸色憔悴，皮包骨头。一位渔夫看见他，问道："子非三闾大夫与？何故至于斯？"屈原说："举世皆浊我独清，众人皆醉我独醒，是以见放。"这时渔夫曰：

圣人不凝滞于物，而能与世推移。

最后渔夫莞尔一笑，乃歌曰：

沧浪之水清兮，可以濯吾缨；沧浪之水浊兮，可以濯吾足。

遂去，不复与言。

横井也有则把"圣人不凝滞于物"一句改为"柳不凝滞于物，任凭春秋风吹"。他把像"圣人不凝滞于物"这样的道学式艰辛之句改写为"柳不凝滞于物"，把"圣人"改写为"柳"，从而使句子泛浮出轻盈丝滑的俳味。这的确妙不可言。

另外，他还把"濯吾缨"改写为"濯头巾"（俳谐宗匠佩戴之物），这也是很巧妙的手法。

《勺子铭》：

有人欲以勺子为壁之装饰物，嘱余作铭。

此处有一只"千早振的多贺勺子"，不用时，则与鼠游戏而藏匿于罐里；用之时，则有如虎之势而傲视于壁龛[1]。然杵或擂小木，一旦效仿之，即亦得幸福之同感矣。此乃世所常言的勺子之定规也。

根据题目的注解就能明白，该文指的是某人把勺子作为壁龛的装饰物，还要别人为此作铭文的事。

"千早振"是表示牢固意思的词，也是常置于神、社、人、氏前面的枕词，因"多贺勺子"是多贺神社（在近江国，今属滋贺县）的物产，所以铭文开头就使用了这个枕词。该词又引出了后面的"虎势"这个词。

"多贺勺子"是多贺神社作为守护神而销售的物品，因看上去像勺子，所以才有"多贺勺子"这个称呼。

所谓"用ひざれば……"（用之），指的是《汉书·东方朔传》中的一则故事。据该传记说：

> 故绥之则安，动之则苦；尊之则为将，卑之则为虏；抗之则在青云之上，抑之则在深泉之下；用之则为虎，不用则为鼠。

《勺子铭》的"用ひざれば……"，就是巧妙运用《汉书》中的比喻来表述这样的意思：某人若受到重用，便会有虎一般的威势；若不

1　日语作"床の間"，指日本式客厅里面靠墙处，地板高出，以柱隔开，用以陈设装饰品，墙上挂画的一块地方。

被重用，则会像鼠一样隐遁逃匿。

勺子本来就是弯曲的，但在这儿却象征着自在无碍的价值取向。这篇铭文认为，无论杵还是擂小木，一旦效法勺子的做法，也会获得幸福，并认为这就是所谓勺子的定规。

这篇铭文虽是小品，却以勺子为题材，并涉及杵、擂小木等材料，使这些普通物品也大放奇彩。作者巧妙利用了和汉故事及俚谚，交互使用洒落、滑稽、奇警等修辞手法，使文字轻巧洒脱而富于幽默感，从而开辟了与芭蕉俳文迥然不同的风格。

《鹑衣》研究专家岩田九郎曾对该俳文集所具有的特色和价值以及在俳文史上所占的地位作过这样的详述：

首先，从内容特征方面观察，该书的思想和趣味极洗练，使其自身的俳味津津有味，并使之高雅而富于幽默，纤细而满怀激情；思想之推移则极富变化流动性，从而使连句的联想功能得以拓展并受到确认。该书对和汉故事、古今事宜、惯例、雅俗之格言、俚谣等事物样样精通，并巧妙地将之作为文章材料运用自如。

其次，从形式特色方面看，该书使用了缘语、悬词、对句等一切修辞技巧，从而形成了流丽纤细、轻妙巧致的文体，并基于对身边事物的调度和动植物的拟人化，显示出滑稽谐谑的风格。特别是该书取材范围宽泛，俗中求雅趣，用俳人的眼光看待所有事物，俳意盎然，读后令人陶醉。

于是，便形成了由森川许六（1656～1715）的《风俗文选》开拓、由各务支考（1665~1731）等人的《和汉文操》进一步发展的俳文的一个流派，即游文派。可以说，该派由于也有的《鹑衣》而达到了最完备的高度。而且，该派俳文还与芭蕉所创立的纯正清雅的俳文并驾齐驱，成为俳文的两大流派而传于后世。（《完本鹑衣新讲》附录一《鹑衣解说》）

我想，读了该文，不仅有助于理解也有的俳文，而且有助于理解所有俳文之文体。

《鹑衣》自古以来就被作为俳文之白眉[1]而受到高度评价，而岩田则干脆把《鹑衣》视为俳文的至宝。

基于以上描述，我想读者对俳文、俳句所具有的简素之精神会有进一步的认识了吧！

8. 小林一茶的俳文和俳句

一茶小传

小林一茶（1763~1827）是江户中期到后期的俳人，宝历十三年（1763）六月十五日出生在信浓国水内郡柏原村（今长野县上水内郡信浓町），是农夫小林弥五兵卫的长子。他3岁丧母，8岁后受继母虐待，15岁被带到江户给人干活。

1　意为最优秀者。出自三国时马家五兄弟中最优秀的马良眉间有白毛的典故。——编者注

到江户后的 10 年间，情况不明。天明末年（1788），入江户蕉门的葛饰派宗匠二六庵竹阿之门，并自称小林圯乔。宽政二年（1790），竹阿去世，28 岁的一茶遂继承了竹阿的衣钵，并自称二六庵。这时的一茶虽已是一位稍有名气的"点者"[1]，但尚未达到作为一派之宗匠的地位。

从宽政四年（1792）春到十年（1798）春，即 30 岁到 36 岁，一茶用 6 年时间，游历了关西、中国[2]、四国、九州各地，修习俳道。宽政十年春回到江户。此后一直到文化九年（1812）的十四五年间，他流寓江户，虽生活贫寒，仍致力于俳道。其间，他曾数次前往葛饰派的地盘房总常陆地区（今茨城县）旅行，并在此间使用了一茶的名号。一般认为，一茶的名号是在宽政二三年才使用的。正是在流寓江户期间，一茶形成了自己独特的俳风。

享和元年（1801），39 岁的一茶因丧父回到家乡，并因遗产分配问题而与弟弟发生争执。后此事得以圆满解决，一茶便于文化十年（1813）移居乡里，在信浓作为宗匠从事俳谐的指导工作。此后一直到去世，他在深草田舍度过了 15 年的岁月。

一茶直到 52 岁才结婚，但子女出生后却都接连死在他们夫妻之前。后一茶再婚，可没多久即离了婚。第三次他娶了个年轻的太太，自己在中风病的折磨当中编撰了俳文集《おらが春》[3]。

1　连歌、俳谐、川柳等诗歌优劣好坏的点评者、判定者或裁决者。

2　此处指日本的"中国地方"，包括今天的鸟取、岛根、冈山、广岛、山口五县。——编者注

3　直译为"我是春天"。"おら"（己）是江户时期男性的自称，女性偶尔也用。

小林一茶像

文政十年（1827）六月一日，他住的草庵被大火焚毁。同年十一月十九日，他因长期中风，在火灾后残留下来的废墟中咽下了最后一口气，享年65岁。

一茶在俳风成形并如日中天的文化、文政年间的俳坛上，是一位特殊的俳人。他所创作的俳谐在当时被视为"穷人的俳谐"。到了近代，站在儿童文学和无产阶级的立场上，其俳谐则受到了极高的评价。作为俳人，一茶与芭蕉、与谢芜村一样，赢得了后人的普遍赞誉。

一茶著有专门的俳句集和许多日记类的俳句，其中有好几本是俳句与俳文交错在一起的随笔。另外他还有撰集、类稿等著作。《おらが春》是他晚年走向成熟的代表作，是日本俳句史上的杰作之一。

《おらが春》

《おらが春》是文政二年（1819）

一茶 57 岁那年，从元旦到岁末的一年时间内，将对周围事物的见闻和感想，以日记形式记录下来的句文集。

本书收集的长短俳文有 18 篇之多，最后一篇是有关乡下女人的，记录了饱经风霜的一茶失去亲生爱女时的心境。

一茶结婚后的第二年，即文化十三年（1816）四月，长子千太郎出生，但仅过了一个月就死了。接着，文政元年（1818）五月，长女飒出生，虽十分受宠，但亦无甚作用，翌年六月刚过，飒即因天花而病故。《おらが春》就是以该女之死为中心而记录的。

《おらが春》用淡泊的文字，记录下了才出生一年多的幼儿离亲人而去时的情景。这是一部深藏着爱女之情和对命运的复杂心态的短篇俳文集。

农民诗人

应当注意的是，一茶的俳风是在作俳句时不用特别之功夫，而只是把日常体验直接写入俳句。因此，他总共创作了两万句俳句，是个多产的俳人。但他创作的散文句则较少，其中有些还是艺术上评价不高的平庸之作。然而，他却是位特殊的、在俳谐史上不能被忘记的重要俳人。

一茶可以说是位农民诗人式的俳人，这在俳人中间是较特殊的存在。农民出身的一茶虽在都市里度过了漂泊的一生，但他并没有被卷入炫耀知识教养、显露绅士风度、标榜权威富贵的都市风潮中，而是对都市生活采取了批判、讽刺的态度。他用俳句的形式表现了农民的生活和农民的情感。

爱月怜花乃天上人之所为，而绝非农民之所为。一茶挖苦那些满腹经纶、风流倜傥的城里人说：

我出生的故乡，那儿的草，可以做饼哩！
夕阳落脚下，地上野菊花。

一茶不仅对风流趣味、季题趣味的俳风嗤之以鼻，而且强烈反对当时每月举行的所谓俳句比赛会，主张创作野生的和具有强烈个性的俳句。一茶发挥较好的俳句，不仅使用了古歌、古句、俗谣和川柳[1]，而且使用了俗语、方言等，句法也十分轻妙。

一茶创作的作品数量之多着实让人吃惊，且其中还有些很优秀的句子，这些句子大多以歌颂农民的实际生活为目的。比如：

麦秋时节，背着孩子，外出贩卖沙丁鱼。
万不该啊！午睡时，听唱插秧歌。

像这样的句子，若不是农民诗人是创作不出来的吧！作为农民的诗人，一茶对权贵持批判立场也是理所当然的。所以他写道：

1　川柳最初叫"前句付"，即对出题前句的付句，被视为"杂俳"中的一类，属于俳谐游戏，后传播于民间，逐渐具有了文学性。

寒风飘摇日将暮，有人卖唱十字路。

童　心

一茶对弱者富有同情心，甚至把这种关爱扩散到蛙、蝇、蚤等小动物及非生物身上，并寄予它们与人类同样的爱心。如此看来，一茶确实是童心未泯。在这点上，他与同时代的良宽极为相似。不过在俳谐界里，这种心态似乎只在一茶身上出现。下面的句子充分显示了这种特色：

小麻雀，躲开躲开，马儿就要过来。

别拍打呀，苍蝇手揖脚跪啦！

到我这里来玩呀！没有爹娘的麻雀。

瘦青蛙，别输掉，这里有我一茶！[1]

早晨晴朗，火炭噼噼啪啪好舒畅。

若看孩子们的画，就会对此印象更深，他们画的与实物完全不同。在一茶的俳句里，有的句子也像远离事物真实的儿童印象那样奇妙峻拔。比如下面的句子：

1　日本旧时有斗蛙的习俗。一茶于武藏国（今东京都、埼玉县一带）竹冢看斗蛙，写此句表示支持弱者。

萤火虫，步行潜逃避秋风。

许是好吃的雪花，乱纷纷地飘下。

由此也可窥见一茶的童心。

一茶还创作了不少与孩子玩耍的句子，比如：

抓着新熟的瓜，睡着的孩子。

一茶企盼在孩子们的世界里求得安宁。日本文学史上吟咏儿童的诗歌极为少见，而良宽和一茶的作品之所以会引起后人的关注，就是因为他们安于童心、企盼童心并吟咏童心。

乞食一茶

一茶在江户居住时，用他自己的话说，家就如同"蜗牛之家"；他还自称"信浓国乞食首领一茶"，所以其生活之窘态是不难想象的。不仅如此，一茶还到各处寄食，过的完全是不稳定的生活，其中的极度贫困，从他所作的句子里便能想象得到：

ともかくもあなた任せの年の暮

（到此年关，不论好歹，任你发落。）

该句意为：每到年关，都要为还借款而奔忙，但往往到了除夕也张罗不到钱，结果除了任凭"你"发落外，别无他法。

那么，所谓"あなた任せ"（任凭你）究竟是什么意思呢？简单地说，就是听凭命运之神的安排。铃木大拙曾将该词组解释为听任阿弥陀佛，指"超越自力而听任阿弥陀佛在我们的内在之中行事"的意思。若借用大拙的话来说，就是"自然法尔"即"自然而然"（铃木大拙《真宗入门》，佐藤平译）。虽然一茶有特别深厚的宗教信仰，但若能精研俳句之道的话，或许也能达到这种境地。

9. 正冈子规的和歌与俳句

正冈子规是明治时代的俳人和歌人。其父是松山藩（今爱媛县松山市）的下级武士，明治五年（1872）去世。子规于庆应三年（1867）九月十七日出生于伊予国（今爱媛县）。幼年时在私塾修习汉学，后到东京入大学预备学校，并在那里结识了夏目漱石。

明治 18 年（1885）前后他开始创作俳句和短歌。这时，由于他听说杜鹃（又叫子规）鸣啼要到吐血为止，故自号子规。明治 23 年（1890）他就学于东京大学，明治 25 年（1892）退学，后进入日本新闻社工作。入社前他进行了俳句的革新运动，引起了极大的社会反响。

明治 26 年（1893）前后，他结识了西洋画画家浅井忠（1856~1907）、中村不折

正冈子规

（1866～1943）和下村观山（1873～1930），渐渐对写生产生了兴趣，并把写生应用于俳句的创作中。

明治28年（1895）日清战争[1]时，他成为从军记者，后因病情恶化而回国休养。休养期间他组织同志创办了《子规》[2]杂志，并发表了以写生为主的新时代的俳句。比如：

　　垄亩分秧农作里，哪知尚有戴盔人，淡井坂头风习习，马犹面海纳风凉。

明治31年（1898），子规发表了《写给歌人书》，从而又掀起了短歌革新运动，该文亦可视为其歌论的代表作。但子规认为，和歌也与俳句一样，以写生为第一义，并痛斥了描述抽象理论的和歌。

因此，在和歌风格上，子规排斥"古今"调而赞赏"万叶"调是理所当然的。在纪贯之所编纂的《古今集》的开头录有在原元方的歌：

　　年のうちに春は来にけり一年を去年とやいはむ今年とやいはむ
　　（立春来岁暮，春至在花前。谁谓一年里，今年又去年。）

1　即中日甲午战争。——编者注
2　也有译为《杜鹃》或《杜宇》的。——编者注

子规对此作了贬斥性评价："这样的和歌实为短歌中的败笔，归根到底是不能称之为和歌的某种替代物。"

所谓"春は来にけり"指的是立春，农历里也有年内迎来立春的时候。该句的意思是："年暮已是立春了，那么到底是叫今年好呢，还是叫去年好呢？"从诙谐的语气里吟咏出作者的困惑神态。

据子规说，这就如同问把一个日本人与西方人的混血儿"叫日本人呢，还是叫西方人"一样，完全没有成为和歌之素材的资格。他认为，歌就应像歌的样子，就如看到的画一样，眼前的景色应照式照样地被表现出来。比如源实朝的歌：

越过箱根路，伊豆海小岛，巨浪吾目睹。

作者不是目睹了远方小岛巨浪翻滚的景象了吗？像这样的歌才是真正的和歌。

明治三十一年（1898）前后，子规开始创作写生文，有《墨汁一滴》《病床六尺》《仰卧漫录》等作品。晚年因结核菌渗入脊椎导致坏疽而在病床上痛苦地挣扎，但同时他又以坚强不屈的精神创作了病中和歌与俳句。他在《病状即事》中写道：

旅途腰骨痛，客舍卧残秋。

病起扶筇眺，千山万岳秋。

病榻逢春无所事，且将举画遣生涯。

子规的和歌、俳句可以说是基于客观的写生主义立场的力作。他彻底排除了主观表现，映入其眼帘的自然景象成了完整表现诗人内心的素材。就这点而言，子规的诗调大概可以说是"万叶"调的再生吧！即使从这点来看，也能看出子规的和歌、俳句是具有简素之精神的作品。

子规的和歌、俳句对近代的和歌、俳句产生了很大的影响。如果意识到这点，就能感受到日本人心中自古至今始终存在的强烈的简素之精神。

10. 文人的草庵生活

众所周知，日本的中世、近世文人喜欢在远离世俗的环境下建造草庵，然后闲居其中，一边过着孤独的生活，一边从事文学创作。一般把在草庵生活中所创作的文学作品，称为"草庵文学"。

草庵生活，正如岩田九郎所指出的那样，有各种各样的类型。比如平安中期创作《池亭记》的庆滋保胤，就是在都市边上建造住宅，一边与家人同住，一边在陋室里过悠闲自适的生活；鸭长明则远离城市，隐栖山中，过着孤独的生活；还有芭蕉，既在离市井较近的地方建过草庵，也曾在远离人世的草庵生活。

中世的连歌师有许多也是过草庵生活的，而俳人们则干脆把创作俳谐的地方称为庵。他们像僧侣一样，完全抛弃世俗生活而追求超俗的世界，与所谓纯粹的隐者并无二致，是一个可以称作市井隐者的群体。

他们甘于清贫。之所以心甘情愿地过这样的生活，就是因为他们对沉湎于私利私欲、竞相追逐富贵的俗人深恶痛绝。所以他们过隐居生活，并不是从消极立场出发的，而是或基于超俗的世界观，或为探究自己的理想之道而甘于清贫，或为追求风流雅致而致的结果。因此，切不可忘记他们那里有积极的求道之心，而这不妨说也是一种以简素精神为宗旨的生活方式。

日本绘画

1. 大陆艺术的日本化受容

日本人经常被视为无个性的民族，这其中既有长处也有短处。正因为无个性，所以才愿意接受海外的先进文化并使之日本化。从古代到江户时代，日本主要受容中国大陆的文化，明治以后又开始受容欧美发达国家的文化。但尽管如此，其间对日本的固有文化也有所自觉和发展。这点即使在艺术领域也不例外。

翻一下日本史书就可明白，日本的艺术在一个相当长的时期内是深受中国艺术影响的。只是在这一受容过程中，仍保存了日本本民族的东西，并不是无批判地原封照搬或无原则地盲目追随。比如，从飞鸟、奈良时代（593~784）起，中国的佛教艺术就已传入日本。可当时的日本人对佛教艺术可谓一窍不通，于是他们便专心致志地学习。到了平安时代以后，日本人才接受了与日本民族之趣好相吻合的东西，并将其逐渐日本化。关于日本人这种对其他民族艺术的受容态度，矢代幸雄曾作过以下评述：

因此，吾国日本在接受其他国家艺术的时候，并不只是一般所认为的，接受后便忘却自我，自始至终都醉心、倾倒和模仿对方，而是在迅速学习摄取后，先从主观上予以强烈反对，然后随意地修改调整被接受者，并不顾一切地进行适合自己的变更。如此坚决的态度，着实令人吃惊。但这种变更往往无视被接受方的本质、趣旨和特色，甚至还将其彻底化为日本化的东西。这倒是个很有趣的现象，可以说它确实展示了日本人的天才见识。但正因为如此，便有充分的余地说日本人或者对本来的意思不求甚解，或者只作非常浅薄的理解等。对此，我们应当有所反省。(《日本美术的特质》第二编第五章《国民性格》)

比较中国的艺术与日本的艺术，总的来说，中国的艺术宏大、遒劲、豪放、沉重和浓密，而且是理知的、意志的、写实的、客观的、立体的、现实的和沉重的；日本的艺术则纤细、优美、柔和、轻妙和淡白，而且是情感的、感伤的、写意的、主观的、平面的、象征的和装饰的。一言以蔽之，中国艺术繁缛而日本艺术简素。

一般常认为中国文化与日本文化同文同种，其实两者有着根本性的差异，这点切不可忘记。中国美术研究专家李泽厚教授在京都与我对谈时，也曾明确指出过这个问题。我没想到会从中国学者那里听到这种意见。当时我说，若把日中两国的文化加以对照的话，那么可以说，日本文化是情感的，而中国则是理知的；日本文化是情感中有理知，而中国文化则是理知中有情感。因为艺术是以情感为中心的，所以若就此而言，那么似乎可以说，中国艺术是情感中有理知，而日本艺术则始终都是情感的。如果知道了两者的特色，那就容易比较日本的大陆绘[1]与中国的宋元画之差别了。这是因为，大陆绘是写意的、感觉性的，并且优美、温和而流丽；而宋元画则是理知的、严格的、深刻的和写实的。

下面，我以日本的寺院建筑和室町时代的绘画为例，对大陆艺术的日本受容以及其后日本艺术的发展过程作一概要论述。

奈良的法隆寺据说是由圣德太子建造的。法隆寺伽蓝的整体配置虽完全根据中国样式而设计，但中国的建筑样式是严格左右对称的，而法隆寺从中门进入后，右手是金堂，左手则配置寺塔，明显地打破了左右对称的样式。不可思议的是，当时日本的寺院基本上都固守中国样式，唯有法隆寺打破了这种传统。从法隆寺的建筑结构中，我们看到厌弃中国样式的技巧性和规则性而采用在不均衡和不规则中发现余韵余情的日本手法的现象。这也许反映了注重与自然融合的日本人的性格。

到了平安时代以后，这种日本意识逐渐强化，而且由于与山岳佛

1　受中国艺术影响的日本绘画。

法隆寺的五重塔
孙元明　摄

法隆寺金堂　图片来源：wikipedia

教的联系，伽蓝建筑的不规则性更加明显，与自然融合的态势亦更趋紧密。这也许也是简素精神的一种表现。

从镰仓时代到室町时代，特别是到了室町时代，宋元绘画大量输入。至宋元时代，始于唐代的水墨画业已大成。但水墨画甚至可以说是精神绘画，所以与唐代的华丽色彩画比较，它似乎可以说是重视内面的精神表现，并以简素精神为宗的。该绘画有北宗派（北画）与南宗派（南画）二派。北宗派的画是所谓院体画，南宗派的画是所谓文人画。大体上宋代以北宗派为主流，而元明时代则以南宗派为主流。

室町时代中期的禅僧雪舟等杨（1420~1506）师从明朝浙派画家李在（？~1431），练习南宋马远、夏珪的北宗派的画，但其画与幽苍、锐利、周密、遒劲的马、夏画比较，则显得温和、湿润、明净、率直和简洁，显示出日本式的风格。这不仅表现在雪舟的画里，而且还表现在雪舟的老师周文[1]及周文的老师如拙[2]的画风里，就连雪舟的后辈雪村[3]（1504?~1589）和桃山时代的画家长谷川等伯（1539~1610）的作品中也有表现。在此过程中我们也可以观察到日本人简素化的现象。

在镰仓时代到室町时代传入日本的中国画中，最受日本人喜爱，也最受日本画家尊敬的，是南宋的南派画家牧溪（？~1281）的水墨画。牧溪的画丰润而柔和，因而颇合日本人的趣味。所以，牧溪的画

---

1 生卒年不详，画僧，俗姓藤仓。

2 生卒年不详，室町时代画僧。水墨画随禅宗传入日本后，由相国寺的如拙将其辟为日本画坛一单独领域。

3 画僧，称雪村周继。

画僧如拙的代表作《瓢鲇图》

牧溪作品《叭叭鸟图》

就连茶人也十分喜欢。不过，牧溪的画在中国却有"粗恶而无古法"的坏名声，这大概是因为不太合中国人口味的缘故。日本人喜欢牧溪的画，与中国人看重逸脱法度而无问题的禅僧书法即注重墨迹的趣味如出一辙。从中也能看出日本人对中国美术的受容态度。

一般来说，日本人喜欢南宋的南宗画。但南宗画里仍内藏着骨气，而模仿南宗画的长谷川等伯的画则没有这样的骨气，所呈现的是潇洒淡泊的风格。不仅如此，等伯还创作了充满日本人口味的装饰性极强的金碧画。

2. 文人画的发展

日本人先天多愁善感，情感纤细而深凝，这样的民族性在世界上是罕见的。因此可以说，日本文化是含有哲学思维的情感性文化，并自始至终倾心于情感的表达。相反，西方文化则是理知性的文化，而中国人在思维上也带有类似于欧美人的理知性特征。所以，日本人似乎可以说是先天的艺术性民族。

日本人是情感性的民族这一点，从日语有动词之活用且助词非常发达，故极为适合表达情感这点上也能察知。

由于日本人在情感方面细致并发达，所以在绘画上描绘的东西皆为自我心情之表现。因此，即使在外观上用客观的写实手法描绘时，那也不外是彻底的内在心情之表现。艺术一般来说是性格的显现，而日本人则在性格被主观性所贯穿的过程中显示出了特色。若借用西方流行的说法，则可以说日本人是把感情移入物并予以显现。所以即使听到秋虫的声音，也并不认为仅仅指的是虫鸣声。我以为，这便是"あはれ"。若眺望月亮，便会把各种各样的心绪移情于月亮。

从这一点考虑，日本人的画即使尝试着用客观的写实的手法描绘，实际上也是精神主义的，是除了内在心情之表现以外什么都没有的。就此而言，日本的绘画可以说是以简素精神为宗的。若彻底贯彻这种精神主义，那么重视情绪的精神主义的南画或文人画的盛行就是自然而然的了。不过就其内容来说，中国式的文人画与日本式的文人画之间有相当大的距离。这是因为，中国的美术是在情感中内藏理知，而日本的美术则是把单纯的情感贯穿始终。

中国的绘画至宋代成为精神主义的绘画，这与那个时代禅学在知识阶层中广为流行，以及哲学上新儒学兴起有着密切的关系。但是，即使是所谓精神主义的绘画，也是通过对物的客观的写实的描绘而表现内面之精神的。所谓北画即院体画，与为追求直叙内面精神而轻视并简化客观写实的南画即文人画是有区别的。一般来说，院体画是专业画家所画的画，而文人画则是非专业画家的文人们所画的画。前者在宋代成为主流，而后者在元明时代成为主流。毫无疑问，这显然是与时代风潮密切相关的。两者虽然都给日本以极大的影响，但由于后者更适合日本人的审美情趣，所以被日本人所喜爱。

日本的文人画到了后来，也开始一边学习中国的技法，一边使之纯化，池大雅（1723~1770）为其最高峰，浦上玉堂（1745~1820）、田能村竹田（1777~1835）、富冈铁斋（1837~1924）等人则比中国的文人还要倾向精神主义。他们的笔法与其说奔放逸脱，毋宁说是玩弄天真烂漫的无技巧的技巧。于是产生了一大批富于易简、率直、潇洒和脱俗之风韵的文人画画家。这些画家的画，均很好地发挥了书画一体的妙境。这种倾向走向极端的标志，就是下面将要讲到的叫作白纸赞的绘画。

3. 象征性与精神性

中国的禅林画也传到了日本。禅僧是通过绘画来表现自我精神的。禅林画据说是从中国宋代的画僧石恪（生卒年不详）和牧溪开始的。

禅之精神是超越所有语言的，所以表现这种精神的绘画也不能不自发地成为象征主义和精神主义的符号。到了极端，便使不画之画成了主流，也就是说，使画变成无视绘画性的抽象的东西。但它仍有别于普通的抽象画，它是显露禅之心境的绘画。结果，其表现形式便趋于极端的简素化。中国的绘画却没有像日本的绘画那样走向极端。

江户中期的禅僧仙厓画有一幅叫作《秋月图》的圆相图[1]。该画所描绘的是投射在什么也没有的空白（白纸）上的秋月，并写了以下一首赞诗：

太虚舍影见，断念秋月夜。

这首诗把秋月比作自我，表现出彻底舍弃自我，与空成为一体的绝对自由的心境。

仙厓还有一幅《○△□》图。该图在他的禅画中是独一无二的，据说也曾被介绍到欧洲。因为该画是禅林象征画的开端，所以有很大影响。乍一看，与其说它是画，倒不如说它是符号更为贴切。所以对该画，便有了各种各样的诠释。

据卫藤吉则说，铃木大拙是这样解释该图的：此乃无○中生有△，合而为□之图也，亦即展现宇宙万物生成发展之图。但卫藤认为，仙厓的这幅图，若顺着仙厓的笔迹，则应按□△○的顺序排列，然后才能解释。若从圆相图的角度考虑问题，这一看法也许是

---

1 禅宗往往把所悟的对象画成一个圆圈，故称圆相图。

对的。因此，如果只去欣赏仙厓的禅体验而不进行自我体验，就难以理解该图的真意。

若从标榜不立文字的禅的立场出发，在禅林画中，也许理所当然地会产生拒绝一切表现的白纸画。矢代幸雄在其名著《日本美术的特质》一书里指出：受到禅僧和禅精神影响的茶人，把一张不作任何描绘的白纸视为最高级的名画，并为此而作白纸赞。但这种思潮的源头却可追溯到中国。矢代幸雄还引用了苏东坡的诗：

素纨不画意高哉，倘着丹青堕二来。无一物处无尽藏，有花有月有楼台。

该诗说明苏东坡与陶渊明所谓的"无弦之琴"和宋白瓷的"无文之文"拥有同样的取向。

在《日本美术的特质》里，作者还提到了室町时代的慈云空和

《○△□》图

尚（生卒年不详）的一个故事。慈云空和尚在熊野旅行时，多有趣闻见识和亲历之事，很想公之于世，于是便请求禅僧横川景三（1429~1493）题诗。但当横川打开慈云空送来的画轴时，却只有白纸一张。横川对其见识佩服得五体投地，因而就在白纸上欣然题诗。此外，江户初期的泽庵禅师（1573~1646）也曾作过白纸赞。

画家使用白纸，就其本身而言，在余白空间里并不具有什么精神上的意思，但若在绘画的时候，为了抑制形象之表现，余白空间就成了具有各种内涵的有意义的存在。这种表现的抑制若走向极端，就会成为白纸赞那样的画。

中国宋代的画家使得余白空间成为有意义的存在。宋代画家并不满足于用画来描绘物之形象，而是提倡描绘使形象之所以为形象的理或精神，故极力抑制表现，从而使余白空间增多。因此他们认为：画者，心绘也。这是与西洋画迥然不同的东洋画的独特技法，而白纸赞等画，只不过是将其引向极端罢了。

禅宗的精神主义曾给镰仓、室町时代的水墨画以极大的影响，在此基础上才有了禅林画的兴起。到了江户时代，禅林画又与文人画合为一体，从而产生了禅宗文人画。当时连禅宗也盛行起脱俗洒落的禅风，禅僧中还产生了擅长文人画的画家。他们以飘逸的南画之笔，描绘了主观恣意、无拘无碍之画，就是所谓戏画之类的画。泽庵、白隐（1685~1769）、仙厓等人就常画戏画。良宽等人也可被视作这类文人。戏画到了仙厓时走向极端。仙厓的作品，除了绘画，连题文的内容也滑稽味十足，显得轻飘飘的；其字体则更是超越技法而幼稚拙嫩，题文的书写顺序亦是自中从左到右，显得很不规则。结果，他的画虽不乏风韵，但其中的洒落却走到了极端，从而使洒落变为无聊，使人们不能不产生东洋画的风趣究竟在何处的质疑。

日本除禅林画之外还产生了武人画。所谓武人画，即表示剑机的画。在日本，一般有所谓"剑禅一如"的说法。因为剑之道最终应归于心，而其心又同于禅之心，所以"剑禅一如"说十分流行。实际上，剑道高手为探究己道之奥秘也常常坐禅。江户初期著名的柳生宗矩（1571~1646）便是用禅之道解说剑法，而且对受教于泽庵禅师的事实也并不讳言。在此同时，还诞生了剑圣宫本武藏（1584~1645）。武藏著有《五轮书》，把己之剑道归于心法。不过武藏自己认为这是通过剑之修炼才悟得的，而非来源于神佛之道，所以他不一定赞成将他的武道之心视同禅之心的观点。之所以这么说，是因为在武藏看来，禅、武、儒三者虽然都主张同样的心法，并同样以无心为极致，但却不可同日而语。在此暂不涉及这个问题。

武人画主张画剑一如，这是建立在如下思考方式之上的，即凭借武技以作生死之搏，与凭借一支笔全神贯注地描绘物象之核心，是相通的。因此，武人画在风韵上，还与简洁的、具有强烈气魄的禅林画一脉相承。由于武人画是高度精神主义的绘画，因此它常采取减笔的手法，去尽情发挥神韵妙机。文人画固然也立足于精神主义，因而也以简素精神为根本，但与武人画相比，二者在风韵趣味上却大相径庭。

较著名的武人画家是桃山时代的海北友松（1533~1615）和江户初期的宫本武藏。武藏的画里数《枯木鸣鹎图》最受世人注目。

该图是在纵贯长长的画面的一棵枯树顶上，画着一只眼神尖锐的鵙。这幅画在表现上相当简洁，把秘藏着强烈锐气和胆魄的动之前的静态描绘得惟妙惟肖。要绘制这样的画，大概非武藏那样被称为剑圣的武人莫属。

具有文人画之象征性，而把日本之特色发挥得淋漓尽致的是俳画。所谓俳画，即伴随俳谐而兴起的文人画，也就是抒发俳谐之情趣的纯日本的简笔画。因此，所谓南画、戏画之类的画，因无俳谐之情趣可言，故均不能称之为俳画。

日本人的绘画，只要看看绘卷物和歌仙画就能知道，是抒情性的和文学描写性的，从中又孕育出了像俳画那样的绘画形式。但是，尽管俳画是纯日本式的画，它与歌仙画之类在情趣上却大相径庭。何以见得？这是因为，俳画轻妙、洒脱和机智，带有滑稽味和通俗性，亦即有所谓的俳味。俳画还明显区别于以汉诗、汉文为一体的

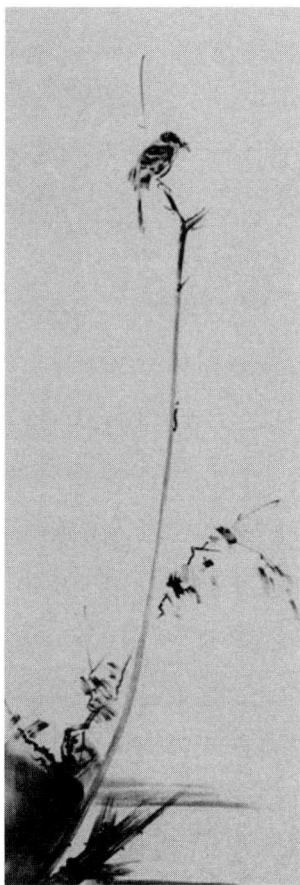

宫本武藏《枯木鸣鵙图》

与谢芜村的俳画

文人画，因为俳句的情趣不同于汉诗、汉文的情趣，而且俳画的画风也是随着俳谐之艺术性的发展而发展的。

最初画俳画的是贞门一位叫立甫（生卒年不详）的俳人。不过俳画并不仅仅是贞门、谈林、蕉门等俳人的专利，大和绘[1]派的画家也画过俳画。与谢芜村是使蕉风中兴的俳人，还是一位擅长南画的画家，他的《奥州小道画卷》，以秀逸的风格受到后世的赞誉。

俳谐极端限制表现，属于贵余韵余情的幽玄深化型，因而具有俳谐之情趣的俳画当然也会尽可能地采用简洁略笔的手法。比如俳画中的水墨画，就是色彩清淡至极，尤其看重余白空间。

如上所述，俳画是极端日本化的绘画形式，所以有些专家认为，俳画的画风与大和绘中最民众化的四条派[2]之画风极易调和。

1　有两层意思，一是指镰仓时代前区别于唐画的日本画，二是指14世纪后半叶宫廷画家族土佐家所标榜的画派概念。

2　松村吴春（1752~1811）是四条派的开创者。该画派活跃于18~19世纪，对近代日本画影响深刻。

4.印象性与装饰性

说日本画根源于简素之精神的最好例证，就是其对客观事物的描绘远不如对事物印象之直写。这恐怕是在欧洲和中国不太能见到的现象。

当然，在欧洲和中国的人物画里并非没有此类现象，比如在欧洲文艺复兴前的宗教绘画里就有这种现象，而中国的这类绘画则比欧洲出现得更早。唐朝的阎立本（？~673）所画的《历代帝王图》里，北周武帝的立像居中，而站在左右两旁的两个侍臣则被画得很小，便是例证之一。这大概是由于受佛教绘画的影响吧！日本奈良时代所画的《圣德太子像》，就是模仿阎立本这种画法的产物。

两幅肖像画所描绘的，并不是对象真实的自然姿态，而是将使人

《历代帝王图》（局部）

印象深刻的局部放大了。这似乎可以说，是原始艺术与儿童艺术的自然发展，也是简素之精神产生的根源。

再来看看中国五代时期的僧侣贯休（832~912）所画的《罗汉图》。该图是一幅佛画，画中人物的容貌虽个个丑陋怪异，但从中仍透露出一种庄严神圣的气象。这些都可视为极具印象性的绘画。

日本画里的印象性传统源远流长，不论写实性多么发达，都未影响它的发展。而且日本画还带有鲜明的装饰性。装饰性作为日本画的特征之一，应予以特别关注。日本画的装饰性不仅与丰富的感伤性和感觉性相伴，而且还达到了唯美主义的高度，表现为多姿多彩的形式。从这一点来看，甚至可以认为，日本画反而是与简素精神背道而驰的。在此暂不论及这一问题。我想先就日本画的重要特色之一——印象性的问题谈点看法。

矢代幸雄在柏林东亚艺术馆见到的本阿弥光悦（1558~1637）的色纸帖，是在整张纸上画了个满月，而只在纸下边点缀了一点山端的松梢。另外，在活跃于桃山至江户时代的画家俵屋宗达（1596~1644），以及江户早期的画家尾形光琳（1658~1716）的画作中，什么主题、构图、色彩、技法等传统的绘画手段，都失去了探究的意义，他们是根据自己的喜好，随心所欲地直抒情怀，在充满日本式的情趣和感伤中，画出了硕大的满月或半月。

只要看看江户时代的浮世绘[1]版画作品，就能知道无论日本的人

---

1 浮世绘是江户时代后期代替御用画派而兴起的一种风俗画，它以町人生活为题材，以多彩而写实的浮世绘彩色版画（锦绘、江户绘）为形式。

物画还是风景画，都是极富印象性和装饰性的。要说日本的人物画和风景画，其线条就像蚕丝那么细，并且采用了以曲线为主的迷惑性的线条。这样虽多少有一些呆板，但配上比较色并装饰一番的这种唯美主义的画法却受到法国画家的注目，并对后者产生了一定影响。

关于浮世绘的人物画，其中的"役者似颜绘"[1]给人以强烈的印象。这种绘画由胜川春章（1726~1793）首创。春章从不过分夸张被极度简单化的线条和因版画而受到限制的色彩，故而创作出了能充分表现人物之风貌、性格以及癖好等的杰出作品。将这类人物画推向更高艺术水准的是东洲斋写乐（生卒年不详）。在他所画的"役者似颜绘"里，那些只画美人半身像的作品显得特别出色。比如，他为当时被誉为歌舞伎女形艺人第一人的濑川菊之丞所画的写乐绘，就不按照当时役者绘流行

贯休作品
《罗汉图·第一尊者坐鹿罗汉》
日本高台寺藏

1　即歌舞伎名伶的脸谱绘，类似现代的肖像画。浮世绘中有所谓"役者绘"和"美人绘"，均采用浮世绘的版画形式。"役者绘"画的是一个或两三个歌舞伎名伶，有舞台姿和生活姿两种。

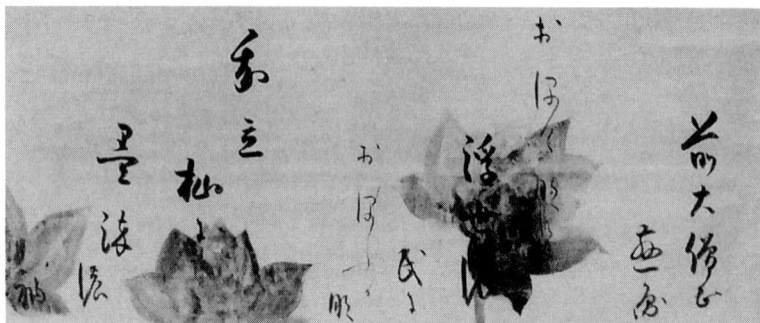

《莲下绘和歌卷》（局部）
本阿弥光悦书、俵屋宗达画

的英俊潇洒风格的画法，而是把对象的鼻子画得大大的，额头画得长长的，特意夸张其风采。

浮世绘的风景画也具有强烈的印象性，且极富艺术感染力。《富岳三十六景》的作者葛饰北斋（1760~1849）和《东海道五十三次》的作者歌川广重（1797~1858，又名安藤广重），便是其中的两大代表性画家。下面就以北斋的《赤富士》和《神奈川冲浪里》为例，看看浮世绘的印象性。

《赤富士》画的是夕阳映照下的富士山，作者运用的是在鱼鳞般的彩云间只把富士山突出描绘出来的豪放手法。《神奈川冲浪里》则是把巨浪翻卷的画面以气势磅礴的手法描绘了出来，然后在巨浪间露出小小三角形的雪白的富士山尖。这亦是一种极端奔放且夸张的表现手法。这些都是极具印象性的浮世绘作品。

如上所述，日本画直到平安初期才结束对中国画的模仿，接着便兴起了日本自己的绘画即大和绘。大和绘所描绘的是藤原时代的贵族生活，给人一种色彩鲜明、手法细腻的感觉，并且优雅而极富装饰性。但到了镰仓时代，又重新从中国大陆传入了宋元绘画，受其影响大和绘开始衰落。没多久，日本的感性又趋于旺盛，大和绘以新的造型感觉而再获新生，进而兴起了更加日本化的装饰绘画。但是，装饰性不仅大和绘里有，水墨画里也有，这只要看看长谷川等伯的屏风画就能知道了，而这又可以说是中国画日本化的表现形式之一。

东洲斋写乐的写乐绘
《濑川菊之丞》

近世装饰绘画起始于室町时代的本阿弥光悦（1558~1637），经俵屋宗达至江户时代的尾形光琳才得以完成。光悦凭借日本式的感觉复兴了王朝时代的优雅，并借助室町时代的水墨画纯化了桃山时代的外在之豪华，探寻到大量丰富的纯日本的东西。光悦给后来的美术工艺以极大的影响。宗达则以光悦为榜样，学习大和绘的技法和精神，并受室町时代水墨画的启发，纯化了桃山时代以狩野派[1]为创作中心的金碧画和屏风画，进而为后人留下了一些杰出的作品。宗达的《金屏风松岛图》，是用新的造型感觉创作大和绘的日本装饰绘画的代表性作品。

继承了宗达的画风并加以纯化，进而使近世装饰绘画得以完成的是光琳。光琳主张省略、夸张和大胆，并根据明快的画面构成，创作出了轻妙洒脱的集印象性和装饰性于一体的绘画作品。《草花图屏风》是光琳最得意的作品，此外还有《燕花子图》《红白梅图》《八桥图》等。

若就装饰性这点而言，上述绘画作品一般来说是违反简素之精神的，但若就基于图案化的印象性之表现形式而言，这些作品又可以说是确确实实贯彻简素之精神的。

这种图案化的样式在大和绘里已初见端倪。有些大和绘把自我印象作为绘画的基础，于是省略掉不必要的东西，再施以朦朦胧胧的颜色，从而使整幅画带有图案化的倾向。所谓《名所案内图》等画就是此类作品的代表。绘画的图案化也可视为日本绘画的特色之一。

关于日本绘画的特色，除了上面所列举的以外，还有像画面不是立体的而是平面的，内容是感伤的等。此外还有一个特色不容忽视，这就是日本人既然被称为艺术性的民族，那么其生活本身亦与西方的技巧性相反，呈现艺术性，因而其绘画作品是在与生活密切相关的心态下被鉴赏的，并且是在与书道、诗文、工艺及建筑等融为一体的背景下进行绘

1　日本著名的宗族画派，其画风在15世纪至19世纪逐步发展起来，存续长达7代，历时200余年。当时日本的主要画家都来自这个宗族。同时这个画派又主要是为大名和武士们服务的。狩野派的首倡者是武士阶层的业余画家狩野景信，然而被公认为第一代狩野派画家的则是他的儿子狩野正信（1434~1530）。

制和欣赏的。因此，在西方绘画传到日本以前，日本人几乎从未把绘画孤立地当作欣赏对象。之所以说日本的绘画是综合的、未分化的，理由正在于此。如果仅仅从未分化这点来看，那就不能不认为，日本的绘画是原始人绘画的直接延续，因而是立足于简素之精神的。

以上概略列举了日本绘画的特色，并且指出了其较之中国绘画更为简素化的问题。中国绘画到了宋元明时期，也出现了以简素为要的倾向。不过，同样叫简素，其精神内容却是相异的。二者相比，中国式的简素显得厚重、苍古和含蓄，而日本式的简素则表现出轻快、明洁和洒脱。因此可以说，日本式的绘画要比中国式的绘画显得更为简素。

5. 日本书道的特质

书道虽未能如绘画一样表现丰富的精神，但由于同样是以线条为本的艺术，所以自古以来就与绘画一起受到尊重。

书道当然源于中国，但中国的书法是从实用中游离出来后，完全根据审美观而书写并被鉴赏的，被誉为书圣的王羲之（321？～379？）就是这一过程的开创者。中国的书道也是随着时代风潮的变迁而变迁的。如晋贵韵，唐贵法，宋贵意，明贵情，而清朝则盛行碑学，兴起效法古代隶书的革新式书法。

中国的书法还流传到日本。只要中国有新的书风兴起，日本的书风就必受其影响。但是，日本并非始终简单地模仿，而是在其中孕育出了自己的特色。日本自推古天皇时代开始就可以见到书道的

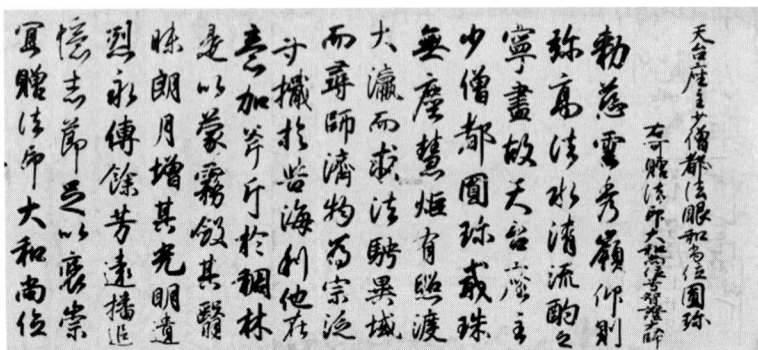

小野道风《智证大师谥号敕书》（部分）
东京国立博物馆藏

痕迹，但直到平安时代初期才盛行起六朝和唐的书风。这时的书道虽尚未摆脱对中国书法的模仿，但在平安时代初期就已出现了不拘泥于中国书法的日本式书风的萌芽。

到了 10 世纪，随着日本文化的开化，日本书道也逐渐从严肃、沉重的中国书风中脱离出来，而流行起稳雅、调和的书风，这只要看看小野道风（894~967）的书道作品就能清楚了。这种书风后来成了日本书道的主流。

不言而喻，日本书道的特色在于假名文字的书写法。这是因为，进入平安时代以后，由于出现了从汉字演变而来的假名，才产生了日本独特的书道艺术。这种假名书道，风雅而抒情，在意随笔走、运笔如行云流水方面是颇有特色的。

以汉字为本的书道，在小野道风以后，书风从追求自由、轻快，转而追求厚重、气品，一些书道家应运而生。到了镰仓、室町时代，随着禅宗的兴盛，再度出现了推崇中国书风的浪潮。即使到了书道普及的近代，日本书道也还是推崇和模仿中国明代的书风。

日本的书道，除了假名之外，还有一点值得关注。在中国，一般不符合书法要求的作品是不具备鉴赏价值的，而在日本，只要是知名人士的作品，即使不符合书法要求，也照样受到推崇。因此，即使任意乱书一通，只要是出于有识之士，该作品就会被认为是作者精神品格的流露而受到尊崇。比如，在中国被视为不符合书法要求而不承认其价值的禅僧的作品，在日本却被视为墨宝珍藏，茶道活动中还常把这些墨迹挂在壁龛上。

总之，相对于规整、理智、客观以及厚重的中国书法，日本的书道则可以说是率意、抒情、主观和轻快的。从书道这一角度，也可窥见日本文化的简素精神之一斑。

日本雕刻

1. 日本雕刻的绘画性

正如前人已指出的那样，日本的雕刻，多木雕而少石刻，所以缺乏造型性、阙如立体性、局限于平面。这是日本雕刻的特色之一。

日本的雕刻也受到中国的影响，这只要看看木雕以及飞鸟、奈良时代留下的各种石雕、塑像、干漆雕、铜像杰作，就能一目了然。以

法隆寺金堂的药师如来像

法隆寺观音菩萨像

铜像为例，法隆寺献纳御物中的弥勒菩萨（飞鸟时代）、药师寺金堂的药师三尊、药师寺东院堂的观音菩萨、法隆寺梦殿的观音菩萨等，都堪称世界级的杰作。一看到这些作品，就能知道当时的铸造技术已到了多么高的水平。

平安时代以后，日本的雕刻也渐渐显示出本民族的特色。为了强调灵感，日本雕刻淡化了立体感，成为平面的。这与日本雕刻以木雕为主，日本民族性重视绘画印象有很深的关系。

日本的雕刻多数是木雕，这与日本木材质佳量多有直接关系。而且日本人还相当看重木材的简素之美，这只要看看日本的建筑就能明白了。木造建筑以直线的构造为基本，这是由于尊重木材本质的缘故。创作木雕也是基于同样的道理。日本雕刻不同于立体的、动态的西方写实主义雕刻，它所使用的是平面直立的、静止的和非写实的表现形式。

日本的雕刻到了镰仓时代也拥有了力量感，不过从整体来看，若与具有音乐韵律动感的西方雕刻相比，它具有绘画的静止感。从中也可看出贵简素之美的日本雕刻的特色。

2. 圆空、木食的戏雕

圆空和木食，都是为雕刻佛像而周游全国的江户时代早期的僧侣。圆空（1632~1695）生于美浓国的竹岛[1]，以绘画和雕刻而闻名。幼年出家，修行于大峰山，其间曾云游全国，并隐居于富士山和白山等地，后返回美浓，制作了许多佛像。他的佛像作品至今仍有不少留在北海道、东北、北陆等地区，为此当地人尊奉他为今日释迦；又因他常常居住在洞窟里，故被人称为空洞上人。

据传，他曾拿着一把铊[2]云游全国，实现了自己雕塑 12 万尊佛像的宏愿。遗憾的是至今只发现了其中的 5000 多尊佛像，而这些佛像就是被世人称为"圆空佛"的铊雕。这种铊雕与一般的雕塑在雕刻方法上有很大的不同，它是把圆木破开后在纵轴线上留下很深刀凿痕迹的粗糙作品。

木食（1718~1810）是江户时代晚期的僧侣，生于甲斐国九畑（今山梨县下部町古关丸畑），14 岁出走至江户，22 岁在参诣了相模国的大山不动尊后遁入佛门，45 岁从常陆国（今茨城县）罗汉寺的观海法师受木食戒（即只吃树的果实和嫩芽的修行方式），故改名为

---

1 圆空的出生地至今仍有争议。此处非日韩有争议的"竹岛"（韩国称"独岛"）。

2 在日语里指短、厚、宽的有刃之物，可用作雕刻工具。

木食而行道，并以"三界无庵无佛"的名义，实现了到诸藩国行脚周游全国的夙愿。这期间，他最北到过北海道，最南到过九州，足迹几乎踏遍了全日本。不过他雕刻佛像，是61岁时才开始的。

80岁那年，木食立下雕刻"千体佛"的宏愿。此时他雕刻的佛像在表情上大都充满微笑。当他实现了云游全国的夙愿后，便返回故乡，设立四国堂，并雕刻了象征四国八十八所[1]的88尊佛像。此后他又出行远游，直到92岁入寂。木食的一生都是在漂泊中度过的，因而他可以说已进入了"光"和"笑"的宗教哲学的境界。

无论是圆空还是木食，都不是专门的佛像雕刻师。他们的作品只不过是基于深刻的信仰和感悟，把能印证心体的佛原封不动地直写下来罢了。所以他们雕刻的佛像，如果从专业佛像雕刻师的眼光来看，也许是得不到高度评价的。只有对民间工艺和简单手工作品予以高度评价，并给艺术欣赏带来一场大革命的柳宗悦（1889~1961），高度评价了他们的佛雕作品。

他们二人的雕刻，不仅类似无视书法的禅僧墨迹，而且接近白隐、仙厓等人的戏画。所以我认为，在承认其较高价值的同时，还应将其视为不同于中国人的日本人之审美观的特色之一。圆空、木食的艺术作品，因为无视表现技巧而直写内面精神，所以也可以说是建立在简素精神之上的。

1　四国岛上与高僧空海有渊源的88座佛教寺院。——编者注

3. 神像的特质

　　神社里原来并没有神像，这是由于神道是以原始的自然崇拜和祖先崇拜为宗的，神社里祭祀的神不同于基督教等宗教所谓的神。因神道崇拜自然并把自然当作神，所以毫无制作神像的必要。那么为何日本人会崇拜自然呢？这是因为，日本的自然美丽典雅，日本人视之为神圣，故将其神化而顶礼膜拜；而且日本人还把视为祖先的天照大神比作给宇宙带来光明和给万物带来生命的太阳，推崇备至。于是，日本人便把自然拟人化后作为崇拜的对象，并将其作为与祖先神一样的神而顶礼膜拜。

　　具有如此原始自然崇拜之宗教心的日本人，即使在神社里祭神时，也没有制作神像的必要。这不仅与具有偶像崇拜的基督教、伊斯兰教截然相反，而且与制作并崇拜佛像的佛教也相去甚远。其实在印度的古代宗教里并没有偶像崇拜，后来因受到希腊神像制作的影响，才雕刻并崇拜起佛陀像来了。[1]

　　但是，正如矢代幸雄所言，若沿着偶像崇拜的思想方式演进，恐怕会导致因心系像之风貌而阻碍与神灵感通的后果。这样一来，就很有可能会玷污神，而使刻像成为多余。日本人的洁癖，也许会在设立神像的同时抑制并否定具体表现的神。天照大神把神镜（即所谓八咫

1　此处关于宗教与偶像崇拜的看法为作者个人观点。——编者注

镜）授予皇孙琼琼杵命，并将其作为自己的御灵代[1]而让后人顶礼膜拜。据说这个神镜后被祭祀于伊势神宫。也许正是由于这个缘故，一般神社都用镜来代替被祭祀的神。

众所周知，神道被称为不言之教，因为它没有教言（教义）。但后来如果不借助佛教、儒教的精致教言而使之教言化，就不可能使神道延续，所以便开始了神佛习合和神儒习合的进程。

佛教传到日本后，由于神佛习合的缘故才得到普及。而且，由于佛像抓住了人心，使得神道也开始制作神像。平安时代，神像的制作趋于发达。不过即使在制作神像时，也有表现被抑制的问题。我想，这不就是因为神道在贯彻简素精神的时候，日本人的宗教意识在抗衡佛教的过程中被不知不觉地自觉到了吗？因此，神像不同于佛像，其制作技术古拙，而风格单纯素朴、恭谨怜悯、纯情致至。这种神像是与建立在佛教伽蓝意识基础上的伊势神宫相通的。

日本建筑

1. 日本住宅建筑的特质

日本住宅建筑的特色，就在于以素木[2]为主。即使是日本的佛

1　即代替神灵而祭祀之物，神镜乃其中之一。

2　没有油漆与雕饰的白木。

日本寺庙里的金刚力士像　　孙元明　摄

教建筑，到了平安时代以后也多用素木直接建造；即便从中国和西方传来新的建筑式样，建筑也大都保持了日本式的风格。这只要看看神社建筑就能明白了。

日本的住宅建筑式样，大体上可在四五世纪的古坟时代找到原型。那时用的材料是素木，建造时则被组合成直线，所以显得明快、简洁和清澄，的确表现出了简素之美。之所以要使用素木，是因为日本列岛属于亚热带和温带的多雨气候，森林茂密，盛产各种优质木材。

日本人建造住宅的观念，不同于欧洲人对抗自然、防御自然威胁的住宅观念。日本人认为，建筑是自然的一部分，因而应包含自然，与自然融合。基于这种观念，日本人在选择材料、建造房屋时，都凝聚了各种各样与此相关的意匠。而且日本人厌脏喜净，所以日本住宅与欧洲和中国的住宅建筑相比，在材料、构造和意匠等方面都有天壤之别。

欧洲和中国的建筑使用石头和红砖，而日本人则不使用这些东西。另外，欧洲和中国喜欢在建筑材料上涂颜色以装饰，日本人则视之为杂乱猥琐而加以拒绝。不过，日本人并非完全不要装饰，而是喜欢以木材的自然纹路和节头为装饰。还有，中国人喜欢房顶翘曲，日本人则不喜欢翘曲而喜欢笔直，这是因为日本人讨厌人工雕琢。

日本人缺乏像欧洲人和中国人那样对抗自然、征服自然的意图，而是重视与自然的调和及融合，所以对自然采取的是谨慎保守的态度，在建筑上也不喜欢垂直式而是喜欢水平式的表现风格。像欧洲拥有高塔式的教堂，中国拥有高阁楼台，而这些高层建筑并不符合日本人的审美情趣。

产生这种差异的原因，是由于欧洲人、中国人与日本人有着不同的宗教观。欧洲人把神当作超越一切的绝对者来尊奉，中国人则是把"天"当作绝对者来笃敬，所以均视垂直样式的建筑为崇高。相反，日本的宗教是神道，被视为绝对者而加以崇拜的并不是神，而是令人敬畏的自然万物之灵力，于是日本人便确立了寻求灵力的自然崇拜思想。故此，日本人不喜欢蔑视自然的高层建筑。

下面仅举一例，说明日本传统的住宅建筑是与自然融为一体的。日本的住宅为了把外界与室内隔开而建有"雨户"[1]，但这种"雨户"却总是开放式的；室内则用"袄"[2]和"障子"[3]分隔开，并可随时卸下，从而形成了自然风能从屋外吹进来的建筑结构。这种建筑样式的产生，我认为还有重视家族融和的意图在里面。这与欧洲人及中国人为抵御自然的暴虐而把建筑样式设置成外界与室内隔开，并基于个人主义的理念把房子设置成一间间独立的私室截然不同。

2. 中国建筑样式的日本化

佛教是经朝鲜半岛传到日本的，与此同时，中国的建筑样式

1　一种日式木板套窗，设置在"障子"外，可水平滑动，平时可收起，下雨时和夜晚拉上，可以防雨和防盗。

2　原有卧室之意，后指用木材作架子，两面用纸或布糊起来的隔扇。

3　建在日本式房屋内用木框糊纸分隔开的拉窗之总称，有明障子、冲立障子、奥障子等多种样式，后把明障子直接称为障子。

日式住宅的"雨户"

也被带到了日本。这种建筑样式若与古坟时代素朴的日本式建筑相比较，是非常具有装饰性的。飞鸟时代以后，日本的建筑虽经常受到中国建筑的影响，但也实现了一定程度的日本化。比如输入中国建筑样式的鼎盛时期——奈良、镰仓时代的建筑，若与中国样式相比较，就能从中窥见日本化的痕迹。据专家考证，当时的新药师寺本堂、荣山寺的八角圆堂，在装饰上要比中国建筑具有更多的简素之美。至于镰仓时代的禅宗建筑，较之中国禅宗建筑的粗放性，也达到了相当神奇精细的程度。

到了平安时代末期，因与唐朝的交流一度中断，所以建筑式样也日趋日本化，比如用丝柏皮葺做的屋顶多了起来，用素木造的建筑也多了起来。

镰仓时代以后，中国禅宗的"书

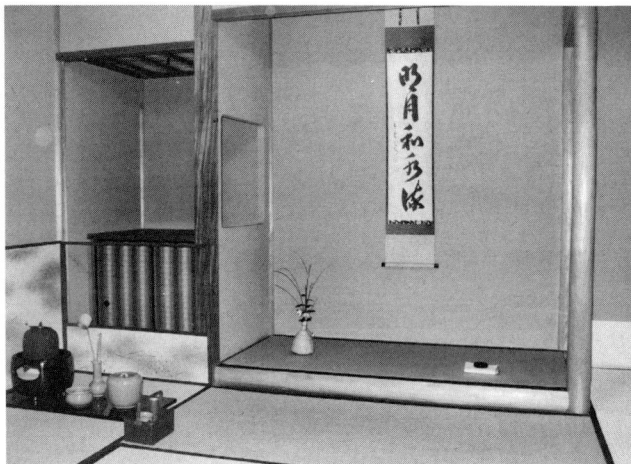

集茶室和床间于一体的日式"数奇屋"

院造"式[1]建筑传到了日本。桃山时代，这类极其豪华的建筑形式已趋
于成熟。但与此同时，质素的具有草庵风格的茶室也日渐成熟，而且
由于受"书院造"式建筑的影响，还出现了数奇屋[2]建筑。到了江户时
代中期，这种数奇屋建筑日趋繁盛，进而奠定了今日和风建筑的基础。

中国的宗教建筑和宫殿建筑，为达到庄严稳定的效果而形成了左
右对称的样式，这在西方也同样如此，但日本盛行的却是非对称式建
筑。比如奈良法隆寺伽蓝的设置，就不同于严格遵守大陆建筑左右对
称样式的奈良的飞鸟寺以及大阪的四天王寺。法隆寺伽蓝的设置打破

1　一种传统的日本住宅建筑形式。古代僧侣们因读经需要而在居室旁设置小间作为书房，这是书院造式住宅的
　　萌芽，到了室町、桃山时代，书院造式住宅开始兴盛。

2　又称"数寄屋"，是具备茶室、茶席、厨房、水屋等功能的建筑物。

桂离宫书院造式建筑

皇大神宫别宫伊杂宫的鸟居

了大陆建筑的固有样式，把形象截然不同的塔和金堂左右并列，从而使传统建筑样式发生了变化。

就日本的书院造式建筑而言，从一开始便没有按照对称性的原则建造，即使在最格式化的上段顶部，也是按书院造式的要求非对称地排列而成的。

日本人认为，严格的均齐会损害风韵。这也许是情绪性民族性格的某种表露，同时亦可视之为日本人丰富艺术性的一种表现。

装饰性少是日本建筑的一大特征，而其代表性建筑大概要算鸟居[1]了。只要把鸟居与印度的天门和中国的牌楼做比较，就能一清二楚了。天门表面有很多雕刻；牌楼设有小屋顶，并用装饰物将其弄得很严肃，而且还必须涂上各种颜色，附上各种雕刻，所以牌楼自然的成分很少；日本的鸟居，构造则是以本来的美、素材自然的美为主基调。

3. 伊势神宫

最能表现日本建筑特色的建筑物是伊势神宫、桂离宫以及日本茶室。

伊势神宫是内宫皇大神宫与外宫丰受神宫的总称，自古以来一直叫伊势大神宫或伊势神宫，简称人神宫或神宫。皇大神宫的祭神是天照大神，而祭祀载体则是八咫镜。据《日本书纪》记载，崇神天皇时，

1　指神社入口处显示神域范围的一种门，形状类似中国的牌坊。

八咫镜从皇宫迁移到大和的笠缝村；垂仁天皇时，才移至现在的地方，并在伊势的五十铃川上建造大宫，奉安神镜。这就是皇大神宫的起源。

丰受神宫坐落于伊势市的田原（高仓山麓），祭神是天照大神的御馔津神[1]——丰受大神。雄略天皇时，从丹波国（今京都府中部及兵库县东部）迎奉到现在的地方。

神宫的营造有一定规矩，两宫诸舍殿每 20 年左右就要重建一次，这叫"式年迁宫"。这种制度是天武天皇时制定的，持统天皇时进行了第一次式年迁宫，后一直延续到今天。据说舍殿一直保持着当时建造时的原样，从高床式的谷仓形式发展到高殿形式。

神明造建筑是在古代住宅形式即大社造的基础上发展而来的。伊势神宫的正殿是正宗的神明造建筑，与其他普通神社的神明造建筑有着明显区别，故被视为日本唯一的神明造建筑。至于大社造建筑，现如今虽有屋顶翘曲的式样，但古代的大社造却好像看不到这种翘曲样式。

神明造建筑是一种切妻造[2]的有正面入口的建筑形式。建筑的柱子是圆的，并被直接埋入地下。支撑栋梁两端的还有栋持柱。屋顶用茸草覆盖，正面则用楷木建造。千木[3]被交叉在屋顶的两妻破风板[4]上，但内宫的千木是内交叉，而外宫的千木则是外交叉。鲣鱼木[5]都是直线式

1　又称御食津神，是掌管食物的神。类似的神还有保食神、仓稻魂神等。

2　指由切妻屋顶构成的建筑。切妻屋顶类似中国的山形屋顶和人字形屋顶。

3　又称知木或镇木，指的是神明造建筑的屋顶上，使破风端头延长交叉的木棒。后世把破风和千木分开，使千木仅仅成为栋梁上的一种装饰，即所谓"置千木"。

4　又称搏风，指的是人字形屋顶上装饰板，有唐破风、千鸟破风等。

5　又称鲣木，指的是宫殿、神社屋脊上压住栋梁的装饰圆木。因形同鲣鱼（一种日本人经常食用的海鱼），故名。

伊势神宫

的，除必要的覆金物和饰金物外，既不搞装饰，也不涂颜色，完全是素木建造。

神社建筑与日本固有的祖先崇拜信仰关系密切。这是因为，在日本人看来，这些建筑都是神居住的地方，因而应尊重和保持原貌。无论是伊势神宫这样唯一的神明造，还是出云大社的大社造，都忠实地传递了日本民族的原始住宅式样。虽然神社建筑后来也受到了佛教建筑的影响，但从总体上看，神明造和大社造的风格还是被保留了下来，直至今日。关于大社造受佛教建筑的影响，可从其屋顶向上翘曲并稍微带些装饰的样式中窥见一斑。神明造的建筑则一直保持着严正古朴的日本传统样式。

神社建筑能够保持纯正的简素精神，不仅与神道的祖先崇拜有密切关系，而且还与为洗清罪污而举行祓[1]的神事仪式这种喜爱洁净的日本民族性有深刻关系。正因为如此，日本人才在建筑风格上表现出了排斥技巧装饰而保持纯真素朴的倾向。

伊势神宫所持有的，是以直线为组合形式的设计体系以及木材本身的朴实纹理，原汁原味地体现了日本人的简素之精神。而且神宫的地面上铺着满满的玉沙利（小卵石），舍殿被外玉垣、内玉垣和瑞垣三重玉垣所包围，从而形成了非常敬虔的氛围。不仅如此，进入鸟居后，道路会在郁苍繁茂的森林下缓缓向前延伸，衬托出神圣奇丽的灵气。一步入鸟居，就会像西行法师所说的那样，在不知不觉当中燃起宗教性的敬畏念头。内宫的圣境，若离开了五十铃川清冽的涓涓流水和神路山郁苍的原始树林是不可想象的。此外，被祭祀的神灵也是与自然融为一体的神，所以更增添了整个神宫的神圣感。

英国著名历史学家汤因比（1885~1975）在参拜了伊势神宫后说，那里确实有所有宗教的源泉。

认为伊势神宫的建筑是建筑美学的极致而赞不绝口的，是德国建筑家布鲁诺·陶特。他在《日本》一书中指出：

（伊势神宫）的构造完全澄明而不晦涩，外形保持了原始构造的开放与简素。同样，又香又高的常绿桧木，房顶上使用的稻草，屋脊上栋梁末端的金冠，以及建筑物土台表面井然有序的基石，这些材料

---

[1] 为除去灾厄、污秽、罪孽等而举行的神事。日本神社里设有专门举行这类神事的祓殿，还有专门主宰祓所的神，即濑织津姬等四神，甚至有祓马、祓串、祓刀等祭祀用的什物。

都纯洁透彻、无瑕清净。木材不涂任何油漆。虽然达到了如此纯粹的程度，但若就材料和构造的纯粹性而言，神宫却具有其他建筑无法比拟的均齐的建筑组合，特别是像外宫那样的建筑。一切都清晰至极——这就是日本形态的伟大而神秘，以及其立足于世界的独特魅力之所在。其中所蕴藏着的珍贵结晶，必将放出光芒。

接着陶特又说：

日本还保存着太古以来的建筑物。如果允许将其比喻为两千多年来给西方建筑以极大影响的雅典卫城（akropolis），那么可以说日本至今仍存有卫城。而且伊势神宫特别是外宫，还不像卫城那样已成废墟。由于伊势神宫每过20年都必须重新营造，所以它始终以崭新的姿态屹立在日本人的眼前。这是世界范围内绝无仅有的事情。此外，世界上无论哪个国家，其建筑材料和构成都建立在均齐之上，而这种纯一也能从神宫建筑里一览无余。日本人崇敬伊势神宫，是因为它是国民的圣地，而日本的建筑家崇敬和喜爱伊势神宫，则主要是因为将其视作建筑的圣地。它所表现出来的美，是无论如何也不能用画笔描绘出来的。世界上的建筑家，应该去那里以及日本的其他地方走一趟。这是因为，日本的这一完全独创的成果所体现出来的建筑美，是属于全世界的杰作。再有，外宫实际上是建筑的神祠。

如上所述，伊势神宫根据式年制度，每20年就要进行迁宫，并重新建造。但这并不是要抹掉旧的一切痕迹而另起炉灶。这里所表现的精神，是与中国殷代汤王所表达的精神一脉相通的：

汤之《盘铭》[1]曰：苟日新，日日新，又日新。(《大学》)

意思是说，正如要把身上的污垢洗掉而使身子焕然一新一样，也要洗掉心上的污垢而永葆心灵的新鲜清洁。神道里最忌讳的就是污垢，所以有禊[2]、斋戒和祓这样的神事。神道也希望日日新，故而时常积极地吸收新鲜事物，以期自我更新和自我创造。伊势神宫的式年营造制度，就是这种神道精神的充分体现。

外宫、内宫的建筑构造是单纯、素朴的，也是非理性的。所有用于装饰的附加物以及无用的累赘物，它都不用；而且其所采用的材料亦是素木，清洁明净。这与凝固着浓厚装饰技巧的中国式的佛教伽蓝，形成了鲜明对比。

可以说，伊势神宫应是神道的象征，甚至是日本文化的结晶。它所体现出来的简素精神，并不仅仅局限于艺术的范畴，而是贯穿日本文化始终。它构成了日本人世界观的根基。

4. 桂离宫

布鲁诺·陶特说：

---

1 刻在器皿上用来自诫的箴语。——原注
2 古代春秋两季为在水里洗净身子而举行的神事。

日本的伊势存有真正古典的建筑，但在那里却没有铭刻下任何建筑家的姓名，宛如那些建筑是由神赐予的。然而，日本却有一位最早立足于伊势精神的伟大改革者，他的名字叫小堀远州。那么，这位被誉为日本第二的改革者究竟出现在什么时候呢？

据说京都的桂离宫就是由小堀远州（1579~1647）建造的。远州是一位大名[1]，后来剃发归隐了。平凡社出版的《大百科事典》记载了桂离宫的建造经过：桂离宫是庆长末年（1614）建于智仁亲王所属的下桂领（今京都市右京区）的八条宫家的别墅，最初只是像草庵一样的建筑物；到了元和六年（1620）开始大兴土木，欲将其建成茶屋；经过大约 4 年的时间，于宽永元年（1624）才完成了初期的建造工作。

从古书院前面到松琴亭前被修建成庭院。地面与藤原道长（966~1028）的桂殿十分相似。因为亲王喜欢读《源氏物语》，所以便根据该书的自然观，把松琴亭比作明石浜，把连接池子"中岛"的石桥比作立于丹后的天之桥。月波楼和松琴亭的名称以及独具匠心的构思，虽然仍未摆脱和汉古典的影响，但其外部特征却已建立在亲王的社会观、茶道观和禅学思想之上了，其中甚至能窥视到基督教精神的印记。总之，它是当时崭新的建筑造庭技术的生动体现。

---

1 大名在平安、镰仓时代是指占有大片名田的领主，故称领主大名；南北朝室町时代是指守护自己领地的守护大名；战国时代是指支配广大疆域的战国大名；江户时代则是指直属将军、俸禄一万石以上的诸侯大名。所以作者在书中提到的"大名"，其内涵应各有所指。

桂离宫松琴亭茶屋

到了第二代的智忠亲王时，又增建了新御殿、外腰挂、四腰挂和赏花亭。在庭园被修缮一新的同时，新御殿还补修了贵宾间、桂棚、御剑棚等其他设施。至此，原来质素而平稳的风格渐趋华丽。

桂离宫的建造者是否为小堀远州，至今尚无确证，但据说在营造过程中曾得到智仁亲王和智忠亲王的指导，而且远州的连襟中沼左京和胞弟正春等也参加了营造工作。桂离宫的特色，在于其建筑材料是被简洁地组合在一起的，并具有与自然融合的鲜明倾向，房间的间壁也简洁明快；除此之外，还在于其整个建筑是与庭园、环境等巧妙地融合在一起的。

与伊势神宫一样，桂离宫当然也贯彻了简素之美的精神。但与伊势神宫保持并延续了古代原始的简素之美不同，桂离宫集约了以风雅为宗的精神，并使之单纯化。这种风雅精神，正是平安时代以后日本审美意识中纤细感情的深切体现。它还可与根据中国样式建造的绚丽豪华的日光东照宫相对比。一般认为，这样的桂离宫可能是在考虑过东照宫的审美后营造起来的。

日本庭园

1. 造园的样式

庭园有建筑式和风景式两种式样，前者是整合式和几何式的，后者则是非整合式和自然式的。建筑式庭园是上下左右整合材料并作几何式的配置，风景式庭园则是在材料的配置上追求无规则的自然形态；前者是极端人工式的，后者的人工却是基于对自然的尊敬。

建筑式庭园在西方很发达，而风景式庭园则在东洋很发达。中国是风景式庭园的发祥地，并对日本、朝鲜产生了重要影响。虽然风景式庭园是对自然风景的原样再现，但并不是对自然姿态的照抄照搬。它的建造是建立在对自然风景或夸张或省略的基础之上的，而且其目的也是为了感悟自然之心。

日本庭园是在学习了中国庭园后才发展起来的。但由于风土习惯和民族自然观的不同，日本庭园呈现出与中国庭园不同的形态。在中国，所谓自然式，在材料配置上仍有很强的对照性，并强调写实，故其所谓的自然是动态的自然，且具备感受性和变化性方面的强烈印象。与此相比，日本的自然庭园，抽象性、观照性以及变化性都不太强，强烈的倒是象征性的精神主义倾向，成为充满含蓄感的建筑形式。

这与中国绘画和日本绘画的差异是一样的。两者相比较，中国的庭园是写实的，而日本的庭园则是写意的。尽管两者都同样立足于精神主义，但中国的庭园是直接的和直写的精神主义，而日本的庭园则是间接的和象征的精神主义。

日本的庭园是随着时代的变迁而变化的，可以说与时代思潮有着密切的关联。在它里面或多或少流淌着自然崇拜的精神。

2. 日本庭园的历史

日本的庭园，在飞鸟、奈良时代，与在池塘里建造须弥山[1]的中国唐代庭园极为相似，也以筑山泉水为主体，并模拟海景。把自然形态融入庭园的建造手法，到了平安时代有了很大的提高。这时，自然的沼池、涌泉、森林等，都在庭园的建造过程中反映了出来，而且在这一过程中，模拟海景的手法也日趋进步。摄取京洛地区之山川风貌的庭园建筑，是为热爱自然的日本人所喜欢的，而当时这种庭园也已出现。不过，对朝廷、公卿的住宅来说，当时锁定的样式是寝殿造[2]，因而所修建的庭园也大都是寝殿造。虽然这种寝殿造的庭园仍是按照模拟自然的手法修建的，但它却是以筑山和泉水为中心的。从平安中期到镰仓时代，由于净土思想的流行，使得寺院建筑及其庭园都受到了影响。寺院里面，修建了以极乐净土为价值取向的庭园，即所谓的净土式庭园。比如，描绘极乐净土的净土曼陀罗[3]图，便被建成了寺院里面的净土庭园。一走进这种庭园的大门，首先就是一个大大的池塘；池子中央有一个岛，叫作"中岛"；从大门前到中岛有一座桥，而从中岛到对岸又有一座桥；过了桥就可进入阿弥陀堂、金堂等建筑的正门了。到了镰仓时代，无论宅邸还是住宅庭园，均谈不上纯粹，而成了

1　佛教世界里屹立于中心的高山，帝释天住在山顶，四天王住在山腰。

2　平安、镰仓时代贵族的住宅形式之一，中央朝南的是寝殿，左右背后皆是对屋，庭园就建在寝殿的前面。

3　又称曼荼罗，汉译为轮圆具足、道场、坛、本质等。表现诸尊所悟的世界。有四种曼陀罗、两界曼陀罗等多种。曼陀罗图就是按一定方式把诸佛、菩萨及诸神网罗在一块而绘成图。

龙安寺石庭的白沙和石组

添加上寺院庭园色彩的住宅建筑。当时在僧侣中，还出现了专门以修建庭园为职业的人。

　　从镰仓时代末期到室町时代，日本庭园史上产生了最优秀的庭园建筑。这是因为，随着禅宗的广泛传播，庭园进一步抽象化、象征化了。对禅僧来说，每个自然物都显示佛法，所以自然的山岳和岩石本身就是佛法。这种自然观对建造庭园产生了影响。庭园不是为了欣赏，而是为了招徕佛祖、聆听佛法。于是，庭园便仿佛成了禅僧的修行道场。在当时的庭园建筑中，禅宗的这种唯心自然观的确产生过很大影响。因此，庭园的样式也更趋于写意性、象征性和抽象性，以至发展出石庭、枯山水等极端形式。龙安寺的石庭就是其中的一个代表。

　　该石庭没有树木花草等的豪华装饰，体现的是幽玄、锐利、枯淡的超感觉之美。庭园的方丈前是只有75坪的长方形平庭，并且全部铺上白沙，从左到右排列着15块大小不等的石头，组成7、5、3的石组，周围是有框架加固的夯土墙，庭园中间连一棵绿树和一枝花草也没有。平安时代的庭园与大和绘相对应，有筑山和池水，给人一种容易亲近的曲线式的美感。但这个时代的庭园仍能看出北宋水墨画的痕迹，其建筑结构表现出锐利的直线美。另外，石组并非平面之组合，而是棱角分明的立体之组合。

由于安土、桃山时代（1568~1603）是武将的世界，所以便出现了与之相称的庭园建筑。虽然当时仍以石庭为中心，但使用的石组却大得出奇，以期达到与当时的豪华建筑相协调的目的。此外还有一个特色，就是孤寂的茶室在当时也相当兴盛。豪华的书院造庭园与孤寂的茶室形成了鲜明的对照。

江户时代的庭园建筑显得较为一般化。虽然初期出现过像桂离宫庭园和大德寺方丈庭园那样优秀的庭园建筑，但随着时代的变迁，江户的庭园建筑却走向了固定化和程式化，以至从抽象的角度去写景。

到了明治、大正时代，日本正统的传统庭园建筑发展被中断了，代之而起的是西方风格的庭园建筑。

3. 日本庭园的特质

日本庭园的特色在于，如果说西方的极端形式是人工的齐整，那么日本则可以说是自然的景致。不过，重视自然景致，并不是对自然景致的原样模拟，而是凝聚了人之功夫以后对自然美之精粹的摄取和再现，因而它像是写实又不是写实。从一定意义上说，它是建立在日本人审美意识基础之上的自然美的生动体现。正是在这个意义上，我们说日本庭园是精神性的庭园。

总之，日本庭园是崇拜自然的日本人对人与自然之间一体感的具体呈现，因而它是日本人所感受的小宇宙。但是，由于在庭园建筑上有写实和写意之分，而日本庭园属于写意，故而可以说，日本庭园的根基在于简素之精神。

日本料理

1.日本料理与中国、欧美饮食

只要比较一下日本料理与中国、欧美饮食就可以知道，日本料理贵清新之风味，中国、欧美饮食则贵浓重之口味。为什么会产生这种差异呢？这是因为，日本料理以自然之风味为至味，而中国、欧美饮食则以人工之妙味为至味。

一言以蔽之，日本料理是自然的，中国、欧美饮食是人工的。何以见得？因为日本人崇敬自然，而中国、欧美人支配自然。之所以如此，是由于双方的风土和环境不同。所有这些都源自岛屿文化与大陆文化的差异，这大概并非奇谈怪论吧！大陆的气候较恶劣，而像日本那样的亚热带、温带的岛屿气候，则给居民带来了无穷的恩惠。

中国人也与日本人一样崇敬自然，这似乎又有别于欧美人。但中国人毕竟是大陆民族，所以中国人与欧美人都属同一文化范畴。中国人的气质类似欧美人，而不同于岛屿民族的日本人。因此，日本人与中国人在文化上虽都崇拜自然，并都立足于以自然为人为理想的自然主义，但两种文化的内涵却有着天壤之别。这是因为，日本人是在自然现象中寻求理想之自然，而中国人则是在自然现象上探求形而上之道。这只要比较一下两个民族的山水画就容易理解了。

2. 自然的风味

日本料理以简素为宗，因为简素能产生自然的风味。日本列岛享有丰富的鱼贝类资源，而且这些鱼贝类都产自清洁的海水，所以日本人的祖先习惯直接生吃。四季变迁，鱼类的品种随之变化，味道也发生变化，所以日本人便依据料理的变化而产生了季节感，并通过饮食来达到季节感的满足。这种季节的感觉也表现在四季变化的和服中。日本人为了适应季节变化而更换衣服，并从中体味季节感。除此之外，一年当中按惯例进行的祭祀活动，都有这种季节感。因此，享受自然情趣的习惯，并不仅仅反映在日本料理里。像日本人这样具有敏锐季节感的民族好像并不多见。

为了使料理能表现季节感，食材便需使用季节性材料，而且还不能损害它的风味。于是，味道趋向淡白，料理只得简素。日本人在料理中重视生水，因为他们深知生水的淡白之妙味。可以说，日本料理的实质在于发挥水的妙味。这在其他民族那里也是不多见的。

日本料理中最能显示其简素精神的，是日本独特的刺身。一说到日本料理，就会想到刺身，这是世界公认的。刺身并非活鱼鲜味的原汁原味，而是凭借刀功和调料，把保持形式美和活鱼形态的天然风味发挥到最佳。因此可以确切地说，刺身是显示日本料理简素之美的最好例证。

日本人喜欢喝新鲜的生水。他们常饮的水是新鲜的涌泉和清澈的谷河水，这样的习俗一直延续到沉浸于文明生活之中的今天。

于是，清纯之水成了日本料理中不可欠缺的东西。这样的日本料理无疑是以简素之美为根本的。酿造酒和调味料的过程对水有非常严格的要求，所以名酒的产地必须是水质优良之地。日本料理中的浸泡物，若缺少了清净的水，便不会有好口感。此外，饮茶的时候，水也是相当讲究的。从料理这方面来看，似乎可视日本为水文化之国。

日本的怀石料理[1]和山家（意指山里人家）料理等，是在省去人工成分后对食材仅作简单调理，从中也表现出了日本人贵简素、贵自然的精神。日本人一般在调理时，会尽可能地保持材料的天然滋味。因此，日本料理不像中国饮食和欧美饮食那样，使用人工手段调理出浓重的滋味。这样就使得日本料理形成了淡白的风格。喜欢中国饮食和欧美饮食的人，对日本料理的淡白之味，难免会有口

---

[1] 原指僧侣饿时把用火温过并用布包好的温石放在肚子上以缓解饥饿，后引申为品茶前食用的简单饭菜，又叫茶怀石。

味不足的感觉。

　　真正蕴藏在日本料理里的天然滋味，并非生吃蔬菜、生食活鱼时的粗杂味道，而是经过名厨之手烹饪酿制出来的美味佳肴。因此，这种天然的滋味是人工的极致，而其天然又并非原始之谓，而是回归之谓。此外，这种天然也并非中国式的天然，其性格即便说是日本式的或带有情绪性的，亦未尝不可。

3. 综合美

　　日本料理注意保持各种材料的原汁原味，就餐时，不仅要考虑餐具器皿的协调，而且还要考虑环境的整体调和，比如要考虑房间、庭园等的协调。因此，吃日本料理就如同在茶道中喝茶，力求达到一种综合美。在日本，喝茶的最高境界是茶道。我想，日本料理不是也有潜在的"道"吗？

　　所谓综合美，即调和美。在综合美里，日本有独到之处。日本料理既讲究品尝，又重视餐具。但即使就餐具而言，一般的日本餐馆料理，与来源于怀石和禅寺料理的普茶料理[1]，以及流传于国际都市长崎的卓袱料理[2]，也有各自不同的趣味。盛菜时讲究的是料理与器皿的

1　江户初期从中国传入日本的精进料理，其特征是使用较多的葛和植物油，以茶代酒，使用大盘，多人围坐一起合餐。代表性的普茶料理有芝麻豆腐。

2　中国式料理，其特色是客人围着一张桌子，坐的是靠背椅子，所有饭菜放在一张桌子上。由于盛行于长崎，故又称"长崎料理"。

调和，为的是保持料理的品相和色彩的自然之美。日本人对器皿有特殊的兴趣，故而就餐时会注重使用适合其感觉的器皿。器皿的外观之美，又是以料理的调和之美为宗的。纯日本式餐馆所用的建筑材料也是一种叫刺柏的素木，而且还用芦苇草，室内装饰亦只是在壁龛上放点鲜花、挂幅简素的挂轴而已。但是，餐馆的女主人却一律身穿纯日本式的和服，用各种礼仪招待客人。庭园里会安放一些与房子相配的摆设，从里到外都洋溢着自然潇洒的气氛。由此可见，日本料理与外国饮食的最大区别就在于，从前者那里能够体味到日本人贵自然的简素之精神。

在日本料理里，最讲究简素精神的是怀石料理。日本料理虽然也受到中国文化的影响而有烹饪方法的沿革等，但最能反映其特色的仍是怀石料理和会席料理[1]。

会席料理原来是俳谐人集合到一块时享用的简素式料理，但到了江户文化鼎盛期的天明、宽政（1781~1800）时代以后，却成了被一般社交界看重的技巧式料理。这就是至今仍能在日本餐馆里看到的会席料理。但即使如此，会席料理里仍保存着以简素之精神为宗的成分。

名副其实地贯彻简素之精神的料理是怀石料理。所谓怀石，就是举行茶道活动时享用的料理。这不能不说是受了禅宗的影响。所以，如同与色彩画相对的水墨画，也许说怀石料理是精神性的料理

1　起初是本膳料理的简称，后来演变为酒席宴会料理，意指上等料理。

更为恰当。总之，怀石料理是简素料理的最高形式。因为这种料理原本是经茶人之手做成的，且是以犹如禅一般的简素精神为宗的，所以它的目的不是做山珍海味，制作量也只要求够吃就行了。怀石料理有一菜一汤、两菜一汤和三菜一汤三种；烹饪原则是口味清淡、选材自然，并要求保持原料的新鲜度；用的餐具则注重色彩之调和，但并不追求华美，目的是欣赏。从这些特点中，我们可以看到日本料理的传统。

日本的陶瓷

1. 绳纹、弥生时代的土器和埴轮

从文化史的角度观察古代，日本人从数千年前就开始使用绳纹式的土器了，从而诞生了绳纹文化。这种文化一直存续到公元前后兴起了弥生文化，而使用弥生式土器的弥生文化则存续到了 3 世纪。继之而起的是古坟文化，古坟文化一直存续到 6 世纪前后。

绳纹时代是石器时代，弥生时代则是金石并用的时代。此外，绳纹时代是狩猎时代，而弥生时代则是农耕时代的开始。到了古坟时代，农耕生活已遍及日本的广大地区。当时铁器已被普遍使用，从而使得粮食产量大增，经济力上升。这是一个国家统治形态业已完成的时代。

通常认为，绳纹文化与弥生文化之间存在断层，而且也有弥生文化受到大陆文化影响的说法。

从考古学、人类学的立场来看，关于现在日本人的祖先的来源问题有各种各样的观点。从绳纹文化到弥生文化的转变，虽是在短期内发生的，但在东日本弥生式土器里却留有明显的晚期绳纹式土器的痕迹。有人把这一事实视为绳纹时代的日本人已开始吸收外来农耕金属文化的证据，并且认为，绳纹时代的日本人是现代日本人的直接来源。此外，也有人认为，是民族迁移使弥生文化从大陆传到了日本，绳纹文化与弥生文化这两个不同时代的文化从使用的不同土器中，能被明确地区分和判断。

那么，这两种观点，究竟谁是正确的呢？总体来看，绳纹文化在生活感觉、思想背景、制作技术等方面，都与弥生以后的文化有质的区别。因此就不能不断定，在这一时期曾发生过拥有先进文化的新民族从大陆迁入日本列岛的历史事件。不过，从绳纹时代到弥生时代所发生的文化变革，似乎并非新民族迁入的结果，尽管这只是一种推测。因为这即使从日本的语言发展过程来看，也能想象得出来。当时恐怕的确有新民族迁入，但那也仅仅是文化上有所影响罢了，而绝不能说有土著民族被新民族征服的事情发生过。

从历史的角度审视日本的民族性，可以看出，日本民族曾走过一条积极受容先进文化，进而融合的漫漫长路，所以弥生文化大概也是在积极受容大陆先进文化的基础上发展起来的。同一民族之所以会产生绳纹、弥生这样不同形态的异质文化，主要是因为在日本的民族性里存在着这样的突出性格。如前所述，弥生文化开始于公元前 2 世纪前后，当时已出现了与中国的交流，而到了 1 世纪至 2 世纪，这种交流已渐趋频繁。

绳纹人主要以狩猎为生，弥生人则主要以农耕为生，所以，无论思想感情还是生活方式，都要适应当时的生产力状况，于是便出现了两种文化异质的现象。比如绳纹时代的土器和土偶，充满了多余的纹样和强烈的装饰性，其外观浓厚执拗而奇形怪状，可以说是神秘巫术思想的具象化。弥生时代的土器则单纯素朴，几乎谈不上什么装饰和技巧，其原因之一，也许在于土器的实用化，当然同时也是贵简素的民族性的某种显露。至于古坟时代的土器，只要看一下其中的埴轮就一清二楚了，简素化的倾向更加显著，充满了稚拙感，更无邪气可言，有达到简素之极致的征兆。这种简素的精神后来又传给了日本的陶瓷器。

2. 日本陶瓷器的历史

日本的陶瓷器始于奈良时代的奈良三彩和须惠器[1]。两者虽都留有受唐代陶瓷影响的痕迹，但这种影响到了平安时代便渐趋衰微了。镰仓时代则兴起濑户烧[2]，但它还是受到了中国陶瓷风格的影响。从镰仓时代到室町时代，除濑户以外，还建造了常滑、信乐、丹波、备前、

---

1 指流行于古坟时代后期到奈良时代的根据大陆技术用良质黏土烧制而成的陶器，主要用作食器和祭器。

2 爱知县濑户市以及附近地区烧制的陶瓷器的总称。1804 年加藤民吉父子继承祖业，推陈出新，使该传统重放光彩。

伊贺平钵
北大路鲁山人 1950 年作品
京都国立近代美术馆藏

越前等窑，只不过仍以濑户窑为中心。濑户窑除了制作纹样华丽的人为釉的陶瓷品外，还制作农民用的自然釉的陶瓷品。

在室町时代到战国时代（1467~1568）的动乱期里，濑户陶工又建造了几个陶瓷窑。到了安土、桃山时代，由于流行茶道，所以美浓便兴起了制作茶器的热潮。于是美浓代替濑户成了制陶中心。

日本的陶瓷器在丰臣秀吉（1538~1598）征伐朝鲜以后又有了飞跃式的发展，文禄、庆长之役[1]甚至被叫作"陶瓷战争"。这是因为，战争中九州的诸侯把朝鲜陶工带回日本，让他们在各地建窑。在这种情势的影响下，陶瓷制造业逐渐扩散到日本其他地方，各地纷纷建窑。江户时代，出现了诸窑竞相制作陶瓷器的现象。明治时代随着西方技术的输

---

1 指文禄元年（1592）至庆长二年（1597）丰臣秀吉发动的侵略朝鲜的战争。

入，日本制陶业获得了迅猛发展。今天的日本已成为世界上顶级陶瓷生产国之一。

3. 日本陶瓷的特质

翻开日本陶瓷的历史，受中国陶瓷影响是显而易见的。不过这种影响并不仅仅是简单的模仿，而是将其日本化的过程。比较而言，中国汉代的陶瓷器充满了悠扬之情趣，而唐代的陶瓷器则是制作圆满、包容，纹样斑斓、华丽。到了宋代，陶瓷器的制作趋向严正、知思并极具骨骼，而且纹样也成了所谓的无纹之纹，体现在内面精神上的则是抑制表现力的简素性特征。元明清时代虽是充满抒情趣味的蓝釉瓷器的全盛时期，但其作品仍给人一种透彻、强力的感觉。然而，日本的陶瓷器却是温和、优美并缺乏知性的锋锐力度和骨骼的，其制作纹样等也充满了超越人工的自然情趣。在日本的陶瓷器中，最能体现其独有的风雅之趣的，大概要算茶器了吧！

4. 茶器的特质

茶道与禅有密切的关系，所以开启茶道的最初阶段，使用宋瓷 [1]

---

[1] 日本作"宋磁"，"磁"同"瓷"。"磁器"原指磁州窑烧制的器皿。磁州窑创烧于北宋中期，其窑址在今河北邯郸磁县附近。明初，朱元璋把"石兹"改为"次瓦"，称景德镇高岭土烧制的为瓷器，并逐渐成为官窑瓷。后遂有"宋磁"与"明清瓷"之分称，尤其在东亚和欧洲。

的茶具是很自然的事。之所以这么说，是因为当时宋瓷已传到日本，而宋瓷的制作又是以禅文化为背景的，故而体现了简素之精神。

在宋代，像唐三彩那样多彩多姿、装饰性极强的陶瓷器已销声匿迹，代之而起的是被大量生产的清净简洁的白瓷，还有像青白瓷、青瓷、漆黑瓷那样简素的瓷器。宋瓷在纹样上也大都无纹可言，即使有纹样，若与装饰性纹样相比，也只能说是无纹之纹。这是因为，宋瓷的纹样大都是用切落、线刻和金属雕等手法制成的非装饰性纹路，而且在制作上宋瓷也是相当知思而简洁的。宋代生产这种瓷器的缘由，无疑来自贵简素的时代精神，而且与禅文化有着密切的关系。为什么这样说呢？因为禅宗在宋代已非常普及了。

茶道中茶碗是最重要的茶器之一，而茶碗必须符合寂静的精神。因此，茶碗从一开始就剔除了令人目眩的豪华瓷器，而使用体现简素精神和充满幽玄情趣的中国青瓷。但是，中国青瓷具有理性的完整的均齐美，并且是在浓重的知性人工的基础上制成的，所以被认为是缺乏自然性的。相反，日本人的美感却存在于不均齐的自然姿态之中，于是便制作出了与之适应的日本式茶碗和茶器。

值得注意的是，茶道追求的都是不完全之美，因为它的思想宗旨就是强调幽玄的内面精神。比如茶庭里交错不整的庭石，茶室内残缺不齐的绘卷，以及悬挂在墙上的歌切断片[1]等。在制作茶碗时，呈现

---

[1] 把古人用名笔书写的和歌册子贴在纸本上，并且为了制作挂物，而把一首和歌分切成大小适宜的数首和歌。较著名的有《古今集》的高野切等。

立鹤纹黑茶碗
三代道入作品
东京国立博物馆藏

的也是手工的不规则性和雅拙性，形状的不端正性、割裂性甚至残缺不全，素土的粗劣性以及制成后表面的凹凸不平；色彩则以自然土色为美，釉质的烧制以不均齐为美。日本人之所以以这种不完全的东西为美，是因为拒斥形式美而追求精神美。在日本人看来，不完全、不规则和不均齐当中有无限的余情余韵。这仍不外是对简素之美的追求罢了。

　　茶道的茶碗，起先进口并使用的是宋朝建窑烧制的天目茶碗和朝鲜日常用的茶碗，但后来随着茶碗作用的改变（从盛食物到盛开水），日本人便灵活地制作出了乐烧茶碗和国烧[1]茶碗。乐烧茶碗是为盛开水而烧制的，其烧制过程也最为欢快，故当时除了最受欢迎的中国天目茶碗和朝鲜井户、三岛、粉引茶碗以外，乐烧茶碗也得到了世人的追捧。茶道对茶碗的美术鉴赏是相当成熟的，即使是国

1　即由官窑烧制的器皿。

烧茶碗，也有不少作品受到了世人的高度评价。

茶道的形成应归功于村田珠光[1]。珠光反对长期以来独尊唐瓷的现象，并从信乐、备前粗杂的陶器中发现了日本的陶瓷之美。继珠光而出的是绍鸥[2]。他爱用信乐的水指，并在濑户按天目茶碗的形状烧制出了日本式的"天目"。这种"天目"并不像中国的油滴天目、曜变天目[3]那样辉煌灿烂、耀眼夺目，而是一种有点近似于青色的寂寞的白天目，可以说是日本化的"天目"。

到了千利休，却关注起当时已不被使用的茶碗，并将其作为茶器。他把功夫都用在了真正的抹茶茶碗[4]上。在利休以前，除了使用中国的天目茶碗外还使用朝鲜的茶碗，比如井户茶碗就是朝鲜人吃饭用的茶碗。利休则根据井户茶碗的制作意图，命长次郎制作乐烧[5]茶碗（即所谓"今烧茶碗"）。

到了古田织部（1544~1615），他不使用今烧茶碗，而使用濑户的歪斜茶碗和唐津茶碗[6]。利休的今烧茶碗形状非常整齐，有安定

---

1 村田珠光（1422~1502），室町时代茶匠、僧侣，俗名茂吉，因曾住奈良珠光寺而得名，后入大德寺一休门下，创立了带有禅味的点茶法，曾受宠于将军足利义政，被誉为日本茶道之祖。

2 武野绍鸥（1504~1555），室町后期茶人，原名武田，号闲居士、大黑庵，曾向珠光门人宗陈、宗悟学习茶道，后传于千宗易（利休），并首创了茶道中使用的"绍鸥棚"。

3 均产于南宋福建窑，后者为天目茶碗中的极品。

4 即茶道中抹茶时使用的茶碗。抹茶（中国古称末茶）起源于隋唐时期，将春茶的嫩叶，用蒸气杀青后，做成饼茶（团茶）保存。饮用前放在火上再次烘焙干燥，用天然石磨碾磨成粉末。

5 又称聚乐烧。指在低火候下手工制成的陶器。原产于京都，千利休首创，其中以一代长次郎和三代道入的作品最有名。丰臣秀吉赐予二代常庆"乐"字印，遂以此为家号。除乐家正统外，尚有光悦、空中、乾山等较出名的分支。

6 指始于天正年间（1573~1593），在佐贺县西北部唐津湾附近烧制的茶碗。这种茶碗的风格素朴而自由奔放，故颇受茶人的赏识。

感，而织部的茶碗则被称为"沓形茶碗"。这种茶碗虽缺乏安定感，并具有原始的素朴性和粗野性，但仍带有一定程度的华丽倾向。所以，到了小堀远州时，便干脆用起了高取烧[1]。这种茶器寂静而华丽，比织部的"沓形茶碗"要华丽多了，故而这种茶器被称为"绮丽的寂寞"。

关于宋瓷的简素精神，已如前述，而桃山时代讨人喜爱的朝鲜的井户茶碗，可以说也显示出了鲜明的简素特征。井户茶碗是李朝（1392~1910）早期到中期在朝鲜半岛南部烧制的陶器，在其素朴的制作工艺中包含有宏大的旨趣，而在其寂静的茶碗中则显露出高远的风格。井户茶碗的形状、姿态以及釉质都不一样，故被大致区分为大井户、小井户和青井户。大井户又叫名物井户，其釉质总体上说是近似琵琶色调的灰褐色，其形状则是残留着制陶工具很深痕迹的高台状[2]，属于无制作意图的自由奔放的自然形态。高台又称节高台，因其碗脚中段被削成节状而得名。另外从高台的边缘，可以看出近似鲛鱼皮（俗称梅花皮）的釉药之变化。小井户比大井户的形状要小，故称小井户。小井户的形态大多属于非高台状的外开型，碗脚很低，釉色与大井户同调。青井户大致上与小井户差不多，因其釉色带有点青色而得名。

1 指产于福冈县的陶器。文禄、庆长年间随黑田长正来日的朝鲜陶人八藏在筑前高取山麓开窑，制品以茶器为主，史称古高取。八藏之子八郎右卫门师从小堀远州，所烧制的陶器称作远州高取。明治时代作为黑田家的藩窑制品而盛极一时。

2 即高脚茶碗，日语里称"椀"。

唐津·重口水指
17世纪初
图片来源：郑宁《日本陶艺》

沓形茶碗
17世纪，毛间窑遗址出土
图片来源：郑宁《日本陶艺》

高取·面取茶碗
17世纪
图片来源：郑宁《日本陶艺》

相对于中国、朝鲜和欧美的陶瓷器来说，最充分地发挥了日本特色的陶瓷器，大概要算利休首创的乐烧了吧！这是因为，集茶道之大成的利休所制作的茶碗是与孤寂茶相适应的。乐烧是在低火候下烧制的手工釉陶器，几乎都是茶碗，有赤乐与黑乐之分。由于是出于对孤寂茶的喜爱而制作的，所以是日本人特有的。乐烧其实就是给人一种平稳感觉的孤寂茶碗。据说是天正年间（1573~1593）利休命令长次郎烧制的。长次郎的茶碗，总体来说表面用的是不太强烈的无光泽的黑色釉。长次郎创作了大黑（黑乐）、早船（赤乐）、钵开（黑乐）、东阳坊（黑乐）、检校（赤乐）和临济（赤乐）七种类型的茶碗，此外还有苔志水、古孤等名品。

乐烧经由三代道入[1]（俗名饮江）而大成。乐烧传统代代相继，故乐家代代都被称为本窑，而不属于本窑系统的则被称为协窑。协窑中的本阿弥光悦，与乐烧二代常庆的关系较好，并从常庆那里受到了制作茶碗的指导。光悦制作的茶碗具有独特的艺术性，其中较著名的是不二山、毗沙门堂、雪峰、雨雪、时雨以及某些有铭文的茶碗。看一下长次郎的大黑铭茶碗与光悦的不二山铭茶碗，就能知道两者的制作过程和所用釉药都是自然性的完满再现，能深切感受到其中的温馨与典雅，当然也能充分体会到日本茶碗的简素之精神。

关于茶碗的简素之美，我想可以用一句话来表述，这就是"表现出不完备之美"。下面用各种名品茶碗的具体例证逐个加以说明。

漏雨——茶碗内外是被浸透的模样，就像漏雨似的。对于其美的欣赏，既可在制作时实现，也可在使用时实现（高丽茶碗）。

梅花皮——茶碗的高脚用竹刀随意削削，使黏土被细散地卷起来，而釉药则在覆盖上去时呈现卷曲凝固的状态。

切高台——茶碗的高脚被深深切进一块，高脚的两面也被切成不规则状，甚至看得见高高的脚背面。

伊罗保——高丽茶碗的一种，使用的材料是混杂着较多铁的土，并涂有薄薄的釉药。茶碗以表面被烧焦，给人一种焦躁的感觉而出名。

---

1 原文为常庆，系乐烧本家的第二代，恐有误。

钉雕伊罗保——在其表面有用钉子和竹刀雕凿的线条。

药溜——釉药在覆盖上去时呈现玉一样的光泽，又称为釉溜。

景色——釉的熔化情况根据做工和火候而在器面出现不可预测的变化。茶人喜欢在泡茶时欣赏这种景色。不过它对烧制的要求很高，有不少制品是失败的。

土见——茶碗的高脚周围和碗口部分不用釉药，将素土露在外面。

斑唐津——茶碗内外有白胎或黑胎的釉斑。

墨流——把两种以上黏土混合在一起烧制而成。这种茶碗的纹样宛如墨在水面上流动。

火间——茶器表面偶然有釉层残缺，就像赤烧。这种茶碗或是指釉切，或意味着釉上的指痕，或是说釉面卷曲而使火色泛出，或是把土见之处称为火见，也就是在未被釉覆盖到的地方裸露出过火后的土色。

挂外——在茶器外残留着釉药。

日本人吃茶最初用的是从中国进口的茶具，吃茶法也是按照中国流行的方法，但到茶道创设后，即使使用中国的茶具，也是有选择的，而吃茶法则更注重表现孤寂和幽静。所以，在其他国家被视为粗劣的茶具，日本人照样使用；而在其他国家受推崇的茶具，日本人却弃之不用。结果，朝鲜民家使用的粗劣的饭茶碗和杂器倒成了显眼的抢手货。因为在日本人看来，这些陶瓷器均体现了孤寂和幽静之情趣，故将其当作宝贝而珍视。

清朝康熙至乾隆年间是中国开启陶瓷器最高技术的时代。但因为这一时代的陶瓷器不符合追求枯淡的日本人的情趣，所以不为日本人所欣赏，然而它却得到了欧美人的喜爱。被誉为中国陶瓷最高级花纹的康熙年间的黑地五彩及绿地五彩，就多数为欧美人收集去了，日本一件也没见到。

中国陶瓷的瑰丽异奇和浓厚韵味受到了西方人的交口称赞。日本陶瓷的明净、淡白、磊落、潇洒、简素、静寂等性格就是从中国陶瓷中游离出来的。（参见矢代幸雄《日本美术的特质》）

5. 茶人的风流

千利休是创设日本茶道的茶圣，其茶道，一言以蔽之，即孤寂茶。所谓孤寂，果真就像一般认为的那样是贫弱贫素吗？我看绝非如此。千利休的茶道虽以简素之精神为本，但切不可将其误解为贫弱贫素。如果是贫弱贫素的话，那就成了"冷瘠"茶道了。做这样解释的人，其实对利休孤寂茶的精神即利休茶道的根底在于简素精神这一点并不十分理解。

利休的简素茶即其孤寂茶，不仅谈不上贫弱贫素，甚至可以说是把豪华推至极端后的扬弃。实际上只有这样，才是真正的简素之精神。冈仓天心（1863~1913）的《茶之书》所引录的有关利休的逸话，就充分说明了这一点：

太阁秀吉听说利休使庭园里盛开了美丽的牵牛花，一定要去看

千利休像　长谷川等伯作

看。正好利休请他参加早上的品茶会。能看到牵牛花的喜悦心情，使太阁毫不犹豫地答应了利休的邀请。

庭园地面平整，铺着美丽的石子和沙粒。太阁环视了一下庭园，连牵牛花的影子也没有看见。于是太阁一脸不高兴的样子走进茶室，却见青铜器上有一枝被称作花中女王的美丽鲜活的牵牛花。太阁的情绪一下子变好了。利休为之大受感动。

《日本美术的特质》的作者矢代幸雄对此有以下评论：

这不正是在清寂之中只凝聚一点艳美，从而获得意外美感的最佳设计吗？……不应忘记，茶道具有两面性，即作为日本人本性的丰丽美感，与警戒抑制这种美感的"孤寂""幽静"的禅宗精神。

克服了这种两面性矛盾而达到某种极致的正是利休的茶道。

要说真正的简素，其实就内藏着豪华的心态。对豪华的心态刨根问底，结果就成了简素。利休孤寂茶的精神，便不外乎这种简素之精神。

6. 不完全之美

《南坊录》中记载着这样一则逸话：

利休是茶人绍鸥的弟子。有一次两人去参加一个品茶会，中途路过了一家道具店。绍鸥看到店里有只双耳花瓶，十分感兴趣。于是就想，如果第二天让店家把花瓶送来并举办茶会的话，想必能开成一个很有情趣的茶会。翌日一早，绍鸥派人去取花瓶，但店家已把花瓶卖给了别人。

绍鸥去了利休处，听见利休在给客人们介绍品茶会。绍鸥想，利休显然是由于搞到了那只花瓶才举办茶会的。那只双耳花瓶确实漂亮，但其形状并不好看。利休大概也原封不动地在使用这只花瓶吧！此时，绍鸥很希望花瓶的一只耳朵破损，这样好使利休去欣赏鲜花。于是绍鸥便怀揣铁锤走了出去。

进茶会一看，桌上的确摆放着那只用于装饰的花瓶，但花瓶的一只耳朵已经没了。绍鸥见状很是感佩，便从怀里拿出那把无用的铁锤，一边讲述事情的原委，一边褒奖了利休一番。

茶会是鉴赏综合美的最好机会。一般认为，在茶会上，完整的综合反而会有损美感，所有完成品都感觉不到余韵余情，在完成品那里谈不上生命感。所以茶道往往在壁龛处悬挂绘卷物的歌切断片。

在绍鸥和利休心里，这只花瓶的一只耳朵被损坏才好呢。因为他们认为，不完全的东西反倒会有余韵余情。在这些茶人看来，未完成、未整合的东西里更具有孤寂和幽静之心。

井户茶碗里有著名的"筒井筒"。该茶碗原为筒井顺庆（1549~1584）所持有，后到了太阁秀吉手里。有一次，侍从失手将其掉到地上，茶碗被摔成5块碎片。侍从因害怕太阁生气而惶惶不可终日。这时细川幽斋（1534~1610）模仿《伊势物语》的古歌，吟咏了这样一首狂歌：

筒井筒，一分五，井户茶碗激怒吾。

秀吉听后，怒气随之消解。收集碎片后修好的茶碗，至今仍留存于世。

在日本最有名的茶碗中有一只叫"蚂蝗绊"的宋青瓷茶碗。听说该茶碗曾因出现龟裂而被送至中国修理，结果当时的工匠用粗铁锔上后便将茶碗送了回来。在中国称这样的修理法为"蚂蝗绊"，该茶碗便因此而得名。用铁把有着高贵"胴体"的青瓷茶碗锔在一起，这种修缮方法在日本人看来，反而更显情趣。（参见矢代幸雄《日本美术

的特质》）

此外，在茶道里有一种叫"呼接"[1]的茶碗修理法，是指茶碗裂成碎片的时候，用其他茶碗的碎片来修补。日本人甚至有视其为风流而津津乐道的习惯。从习惯上说，较之完整无缺的陶瓷品，那些不

"蚂蝗绊"的宋青瓷茶碗

完整的、形状扭曲的、出现裂痕或破损的、釉质不光洁的陶瓷品，反倒更受日本人的青睐。这是因为他们觉得，不完全的东西更具余情余韵。比如涂抹釉药不均匀的伊贺陶瓷[2]和信乐陶瓷[3]，因火候变化而在陶瓷表面出现砂爆斑点的唐津茶碗和古备前茶碗[4]等，都是非常珍贵的名品。

---

1 又称"寄接"。

2 又称"伊贺烧"，指日本三重县伊贺地区出产的陶瓷器，据说始于 8 世纪，为日本六大古窑之一。在 16 世纪至 17 世纪时，伊贺烧以茶道和花道的器皿而名声大振，当时的制品至今仍具有极高的声誉。

3 又称"信乐烧"，近江国甲贺郡信乐町是其发祥地，为日本六大古窑之一。根据发掘出土的碎片来看，当地窑业远在奈良时代的天平宝字年间（757~765）就已草创，制品以贮种壶和其他农具、杂器为主。信乐烧真正的繁荣始于室町时代。

4 又称"备前烧"，是指以冈山县备前市伊部地方为中心，从平安时代末期开始，以临近的须惠器生产技术为基础创制的陶瓷器。在日本六大古窑中历史最为悠久，已有一千多年历史。其特色在于不上釉、不绘彩，完全靠火候和技巧来制作陶瓷，每一件作品都不一样。

乐烧等茶碗由于不使用制陶工具而只用手工制作，故仍保持着不规则的原始稚拙的幼嫩性，但正因为此，才使之蕴涵无限的余情，进而受到世人的珍爱。

未整合抑或未完成的东西比整合的抑或完成的东西更受人们的喜爱，这是建立在茶道贵孤寂、幽静的基础之上的。然而，这种性格若走向极端，也会产生弊害，从而陷入故意把茶碗做得七扭八歪、故意让茶碗出现裂痕等异乎寻常的恶趣味之中。

茶　道

1. 作为综合艺术的茶道

尽管茶道并未被看作日本简素精神最极端的表现形式，但只要说起日本文化，外国人便会马上举出茶道和花道，以致它们成了日本文化的象征。而且茶道还是同样包含插花的综合艺术，所以茶道或许可以说是日本文化的直接代表。那么，为什么茶道会成为简素精神的象征呢？

如上所述，简素精神是由表现被抑制而出现的内面之精神，而茶道则是舍弃外在华丽后，追求藤原定家所吟咏的"远眺望，春花红叶空；浦茅屋，幽玄秋夕暮"的和歌之精神，亦即追求孤寂或幽静的精神主义的艺术，所以很显然，它也是以简素精神为宗的。这点与《新古今集》以及能乐差不多。不同之处在于，茶道是一大综合艺术。因为茶道虽以饮茶为目的，但毫无疑问的是，茶庄的建造、茶室的设置以及庭园的装饰，就连茶器、茶饰、茶具以及喝茶人的服装等，也都必须与幽静之心相通。

在茶会中，抹茶的方法和茶器的鉴赏礼仪固然是中心，但茶会开始时，场所、衣着和道具的配置等也都被要求有符合其精神的艺术性感觉。对这些具体问题留待后面再叙述，这里要强调的是，使茶道得以成立的诸道具全都必须符合幽静的要求。这些东西虽外形极其贫素，但内面精神却相当丰富。这只要省视一下茶道的形成发展过程就能一清二楚了。总之，可以毫不夸张地说，像茶道这样的综合艺术，确实是古今内外很难见到的。

饮茶的习惯原本起源于中国。中国唐代的陆羽著有《茶经》。不过当时中国人所饮用的茶，并不是今天的煎茶和抹茶，而是团茶。《茶经》对茶叶的制作方法、煮泡方法、饮用方法以及所使用的茶具，都有详细叙述。日本的侘数奇[1]茶与《茶经》上所说的茶不同。日本的饮茶习惯是奈良时代从中国传入的，先是扩散到当时的贵族、僧侣中间，但随后便出现了衰退，一直到镰仓时代的仁安三年（1168），荣西（1141~1215）从中国带回了新的茶种，并把它种植在福冈县与佐贺县父界的背振山，后又通过博多的崇福寺而赠予京都拇尾的明惠上人（1173~1232），才使得制茶技术在全日本流传

---

1 又称侘好，指具有孤寂情趣的饮茶习惯。

开来。

宋代较为风行的是把茶碾成粉末，然后用热水冲泡的饮茶习惯。当时为了使僧侣在修行时不打瞌睡，以及让人饭后口味爽快，才在僧侣和文人中间流行起这种饮茶方法。荣西将其传回日本后，又在日本流行了起来，但不久便被日本化了。

到了日本的南北朝时代，饮茶习惯从武家、僧侣流传到民间。室町时代以后，又流行起在寺社¹门前卖茶换物赚钱的习俗，而且还模仿传统游戏歌合²举行茶合即饮茶、斗茶比赛，以茶决胜负，甚至发展到大名引诱一般民众从事大规模的赌博活动。有些专家认为，这种斗茶比赛曾流行于宋代，后来才传到了日本。

那时，一方面在一般民众中有以饮茶之名行集会之实的所谓"茶寄合"活动，另一方面在上流的王公贵族和武士阶层中，则有盛大豪华的被叫作"茶数奇"的茶会，席间所使用并玩赏的茶器也大多是从中国输入的。

2. 珠光的茶道

村田珠光对旧式的像书院造一样的中国式茶室进行了改造，使之成为适合日本风土的像田园农家房屋一样的、具有亲近感的孤寂的四

1　日本佛寺和神社的总称。

2　类似现在的歌咏比赛，以诗歌决胜负，又称诗合。

畳半[1]茶室，即所谓"数奇屋"，并制定了数奇屋装饰的规则。例如，即使使用中国的茶器，也绝不能讲究豪华和显眼；即使设立茶庭，也要有适合草庵的坪内[2]和露地[3]。

利休的门人中有一位叫山上宗二（1544~1590）的茶人，此人在《山上宗二记》里是这样描述珠光的：

他喜欢在粗陋的座敷[4]上放名物，如同在稻草屋前拴名马。

就是说，正如在稻草屋前拴名马以显示风情一样，珠光欣赏的是在粗陋的房间里放置名物以凸显孤寂的氛围。这就不难想象珠光究竟喜欢的是怎样的孤寂之心了。同时，我们据此还能推测，正如前面已强调过的，孤寂茶所追求的绝非贫素、消极之精神，它是一种内藏豪华精神的饮茶习俗。

应当牢记，珠光的孤寂茶厌恶外形的圆满美和完整美，追求外形的欠缺美和不完全之美，所以他的审美观只注重风雅之美。金春禅风（1454~1532）在《申乐语义》里曾对此作过精辟的阐述，兹不赘述。

1　"畳"日语念作"榻榻米"，比中国的草席厚得多，长六尺，宽三尺，是按日本人身长制作的最早的寝具。日本人习惯用"畳"的数量来计算和式房间的大小。

2　日本一般住宅内的小庭园。

3　与茶室相映的小庭园。指从"待合"（等待会晤处）到茶室的那段路，分内外露地，其间点缀的踏石、花草要求富于自然情趣，简单素朴。

4　原指和式房屋里席地而坐时用的圆形草坐垫，后引申为铺着"榻榻米"的房间，特指会客室。

3. 绍鸥、利休的茶道

进入战国时代以后，珠光的弟子武野绍鸥继承了珠光的孤寂茶功夫，并自觉地加以深化，从而确立了饮茶的基本理念。绍鸥的弟子千利休又将其进一步发展，成为孤寂茶的集大成者。绍鸥被誉为茶道的中兴之祖。他虽为堺[1]的商人，但却对珠光的饮茶风格和规则作了重大改革。比如他挂出了珠光在茶室里从不挂的和歌，所使用的茶器也以信乐杂器为主，并开始在濑户烧制孤寂茶茶碗。这样一来，他的茶道就比珠光的茶道更接近民众。据记载，绍鸥曾在《绍鸥孤寂文》里对所谓孤寂作过这样的解释：

所谓"孤寂"之概念，古人已在和歌里作过各种解释，近来则把孤寂定义为正直、精深及不奢华。

另据《南坊录·觉书》记载，绍鸥认为，孤寂的品茶之心其实就在《新古今集》里藤原定家所唱的"远眺望，春花红叶空；浦茅屋，幽玄秋夕暮"的和歌之心中。

关于这首歌，利休有以下评论：

---

1 位于大阪府西部，隔大和川与大阪市接邻，室町时代曾作为与明朝进行贸易的港口而繁荣。

其花若能放眼量，乃无一物之悟境也，亦即江边之茅屋也。花也罢，红叶也罢，皆谓之人也。用心观之，则能见茅屋之寂静境界矣。此即茶之本心也。(《南坊录·觉书》)

在利休看来，强调寂静并不是要否定华美，而是要达到华美之极境。因此，即使厌恶华美而只求寂静，那也并不一定就能做到寂静，这就是利休的看法。利休所说的寂静之美即无一物之美也。所谓"无一物"，乃禅宗六祖慧能在论述悟之境界时所用的概念。利休是想借禅语来揭示茶之境界。只不过，他所追求的悟之境界并非宗教意义上的，而是茶道意义上的。

利休所说的无一物之境界，若用色彩来比喻，也许可以认为是五彩之极的白色。白色中隐藏着其他各种颜色。因此，与五彩并列的白色并非卑弱之色，而是素朴，是强韧之色。

利休除了引用绍鸥所列举的定家之和歌外，还引用了藤原家隆的和歌以说明孤寂茶的精神。家隆歌曰：

山花待饮人，雪间草春见。

对此，《南坊录》是这样描写和评论的：

世上人都问，歌中所吟之山花何时能开？不管白天黑夜都在外寻觅，然不知山花红叶就在吾心中，真是眼见色彩徒欢喜。

住在山里与住在江边的茅屋里一样幽静。去年一年盛开过的山花、红叶被白雪覆盖得严严实实，山里边看上去什么也没有，显得格外幽静，真的是像江边茅屋一样的无一物之境。

被无一物所唤醒的自然之感受化作饮茶的动作。厚厚的白雪在自然状态中缓慢消逝，迎来了万物复苏的春天。雪地里到处是长出了两三处绿芽的青草，使人产生了真实的自然不待人力安排的无限遐想。

从中似乎能感觉到在孤寂而无一物的境界里，有着将发未发的旺盛生命力。

利休认为，冬枯季节有潜在的动感之美，寒冬腊月有朦胧的春意萌芽，从中所喷发出来的勃勃生命力，无不显示出外贫内富、外枯内腴之质地。较之静止的美，利休更注重具有时间持续性和空间延续性的内在生命之美，或者说枯竭中的动感生命之美。他认为，这就是孤寂的美。

如果说绍鸥所谓的孤寂是静止的，那么利休所谓的孤寂则是运动的。

利休把"草の小座敷"即简陋的四畳半品茶室称为"至心所"，并认为这样才能孤寂。与此相对的便是使用茶几的正式的书院造式品茶室。"草の小座敷"是利休做功夫的地方，故利休称之为"露地草庵，风茶功夫"（《南坊录》）。露地是为了保证心之清净。利休所追求的露地、茶室等，实质上是茶禅一致的境界。用利休的话说，就是相当于赵州和尚的公案[1]以及"无"。从一定意义上说,这是彻底贯彻孤寂的必然结果,并且是与从"无"中求佛的赵州一脉相承的。

利休的孤寂茶,不仅有四叠半大小的茶室,甚至有更小的二叠茶室。在这样的小座敷茶室里放置花饰,当然要放弃华美豪华。所以利休说:

小座敷的花,必须为一种颜色,并要一枝一枝地摆放。当然,这样做的本意其实是对华贵之心的厌弃。(《南坊录》)

利休的孤寂茶尽管来源于对书院式茶道的修正和超越,但据他自己说,是受了禅学启迪的缘故。所以利休又说:"小座敷之品茶会,以修行得佛法至道也。"(《南坊录·觉书》)

在利休看来,品茶会之悟与禅之悟乃同一境界。他所谓茶禅一致的理由,便在于此。他还明确认为,茶室的根本在于心。在这一点上,利休的茶道与日本的武道是一致的。于是,利休把茶道比作"形外之孤寂"。孤寂必归根于心,而心又必为禅之心。当人们通过品味一杯茶来静心宁神,从眺望一株花来感受那深邃的、雄浑的天地自然之美时,整个身心将会完全陶醉在茶道的意境之中。所以利休认为,能使枝叶归根于心者,并非别的奇特之地,而应是像茶室这样非常自然的环境。因此,茶室的仪式也应当以自然平常为宗。

---

1 赵州和尚即唐代高僧从谂,因他主持赵州观音寺而得名,简称赵州。相传赵州与诸和尚对话均以"吃茶去"一语来引导弟子领悟禅的奥义,遂用为公案,并以"赵州茶"指寺院招待的茶水。

草庵风茶室如庵
织田信长的弟弟、大茶匠织田有乐斋 1618 年创建，1972 年移至现址

　　到了晚年，利休在草庵孤寂茶方面更趋彻底，并且更看重三叠、二叠、一叠半及一叠大小的茶室。山崎合战[1]结束后，他立刻建造了二叠草庵妙幸庵，并简化了点前[2]的礼仪，使之更加简素。利休认为："茶几在数奇屋里是无用之装饰。"在他传给门人桑山宗祐的《一叠半秘事》中，记载着以下秘传：挂物是用纸张装裱的，茶罐是用黑色涂抹的，茶碗是被摔破的。利休喜欢用朝鲜民家用过的食器，而日本的陶瓷器则只用适合孤寂茶的部分。他还要长次郎烧制黑乐烧供自己使用。据《宗湛日记》记载，利休曾有"黑者古

1　天正十年（1582）六月二日，织田信长在京都本能寺遭部下明智光秀（1526~1582）袭击，被迫自杀。11天后，信长的另一部下羽柴秀吉（丰臣秀吉）在山崎（兵库县西南）大败光秀，光秀在逃亡近江途中遭农民袭击而自杀身亡。

2　也写成"手前"，指茶道中一边烧茶一边往炉子里加炭的手法、姿势等仪规。

心也，赤者杂心也"之说。总之，由于利休的关系，使得真正的日本式抹茶茶碗变成了功夫。

4. 利休之后的茶道

利休侍于织田信长（1534~1582）、丰臣秀吉，且备受秀吉看重，食禄三千，身居要职，但终因抗拒秀吉而被赐死罪。

利休的茶道传于子孙"三千家"。明治以前，其门人弟子中数远州流和石州流最具势力。利休死后，茶道与封建势力相结合演变为大名茶，从而使得利休的风体也随之变异而趋向大名风的豪华。大名风的代表茶人是古田织部与其弟子小堀远州，以及远州的弟子片桐石州（1605~1673）。三人分别为二代将军秀忠[1]（1579~1632）、三代将军家光（1604~1651）和四代将军家纲（1641~1680）的茶道师范，故世称将军家的三代师范。

织部在利休死后，即奉秀吉之命，把利休的"町人风"茶道改造成"武家风"茶道，而且吸收桃山时代的风格气质，使茶道趋向豪华。例如利休称茶庭为露地，以表现深山幽谷之景致，而织部则认为这样过于孤寂，主张布置得华丽些。

远州的茶道要比织部实在纤细，这也许与远州是书法家有关。远

---

1 即德川幕府的第二代将军德川秀忠，第一代将军是德川家康。幕府经二代、三代（家光）将军统治后，才确立起江户时代政治经济的基本体制，从而保持了260年中央集权的安定局面。

州使茶室的书院造特色更趋鲜明，并建造了被称作"漂亮孤寂"式的茶室。他还用苑路连接数寄屋的露地，建成"王朝风"式的大庭园，而且喜欢孤寂而华贵的茶器。

石州继远州之后，把茶道普及到将军家以及所谓大名旗本御家人[1]的武士阶层中，并创立了适合上流社会的品茶会。《石州三百条》详细记载了这些事情。至于石州把利休的孤寂茶作为自己之理想的具体情况，只要读一下他的《孤寂文》就清楚了。

大名茶流行于德川时代的早期至中期，后来随着武士阶层的没落而趋向衰微，代之而起的是继承了利休孤寂茶的千家流茶道。因利休在晚年得罪了秀吉，所以千家流虽有再兴之机会，但结果还是为大名茶的隆盛所淹没。利休的茶道谱系，经其子安道（1546~1607）及养子少庵（1546~1614），再至少庵之子宗旦（1578~1659）而开始复兴。秀吉把曾经没收的利休的茶具还给宗旦，并允许千家流再度兴盛。无论少庵还是宗旦，都不侍于幕府，而是一心传承利休的孤寂茶，故到宗旦时，利休的孤寂茶已趋完善。宗旦被称作"乞食宗旦"和"肮脏宗旦"，说明他甘于极贫，矢志钻研"茶禅一味"的孤寂茶。利休的孤寂茶由此彻底完成。从利休的爱好即可看到宗旦的爱好，可见两人的前后承继关系非同一般。经利休的门人宗仙传至石州手中的《一叠半秘事》中，记载着石州对宗旦孤寂茶的批判：

---

1 "旗本"指军队中大将所在的阵营，"御家人"指俸禄一万石以下、江户幕府的直属武士。

孤寂的仪式烦琐，实乃人为之孤寂而非天然之孤寂也。天然之孤寂方为真孤寂，先达茶人者是也。

《茶道六百年》的著者桑田忠亲指出：

所谓孤寂，是指什么都不充分的风姿，故外在表现形式上也是什么都不完全。全都做完的东西，是最没有价值的东西。故书画者，余白也；音乐者，余韵也。其结果，皆相当于茶之孤寂也。日本艺术的着眼点，在于用东洋风的精神，表现没做好的不完全的形与姿。它来源于认为神佛是全能的而人是不完全的、人的世界也是不完全的这样一种观念。这种世界观和人生观，又是建立在佛教的"诸行无常，会者定离"这样的世界观之上的。孤寂也好，幽静也好，都是指不完全的风姿与形态。

我对桑田关于孤寂精神之源流的看法，虽有不能苟同之处，但同意其对孤寂精神的诠释。

宗旦的茶道后被其子女继承。但孤寂茶此后便流于形式，而且随着家元 [1] 制度的产生而趋向堕落。

---

1 指在某种技艺上拥有祖传正统地位的家庭和个人，又叫"宗家"。

能　乐 [1]

1. 二阿弥与禅竹

"能"是一种在有屋顶的专用舞台上表演，使用面具，并在剧本、音乐、演技上都有独特样式的歌舞剧。它出现于南北朝至室町时代。原先被称作田乐能、延年能，后来由于猿乐能 [2] 发达而其他能衰落，所以就叫作猿乐能，其样式的固定是在江户时代中叶。

"能"一开始不过是素朴而土气的民间艺能，将其升华并纯化到艺术高度的集大成者，是活跃于南北朝末期至室町初期的观阿弥清次（1333~1384）和世阿弥元清（1364？~1444？）父子。在他们的努力下，产生了能的幽玄体。当然，"能"是以"物真似"（对事物的模仿）为基本特征的，但"能"并不拘泥于模仿，而是以幽玄的艺风为最高目标。

世阿弥说过：

各种各样的艺道都以幽玄为最上境地，故吾能道也把幽玄之艺作

---

1 "能"在日语里指技艺表演。"能乐"是能与狂言的总称，狭义上指能，据说与中国古代的"散乐"有密切关系。它是从平安时代的猿乐演变而来的，其中从猿乐中衍生出的音乐歌舞剧被称作能，而猿乐中原有的笑话部分则演化为科白剧而被称作狂言。能以唱为主，狂言都是通俗白话。演出时，能是正式节目，狂言只是加演的小节目，类似现在的幕间短喜剧。明治以后狂言才从能中独立出来，取得了与能同时演出的资格。

2 猿乐能盛行时，主要有大和猿乐与近江猿乐两大支脉。当时大和地方有观世、宝生、金刚、金春四座，号称大和猿乐四大流派，其中成绩最大的是以观阿弥和世阿弥父子为代表的观世座。

为第一。首先，幽玄之艺被大致地表现在眼前，观众也专心致志地欣赏它。不过能表现幽玄之艺的演员并不多见，因为一般人很难体会真正的幽玄之味。因此，能抵达幽玄之境的演员是没有的。无论模仿什么类型，都不能脱离幽玄。

但动不动就模仿一个个人物，以为这就是最上境地，那就会忘记艺，并永远达不到幽玄之境，也不可能进入至极的艺域。由于不能抵达理想的境地，所以也就不可能成为名人。(《花镜·幽玄之入境事》)

世阿弥所说的幽玄，指的是伴随歌舞的余韵余情，亦可称之为"花"[1]。所谓"花"，不外乎艺中之魅力。于是，"花"被视为"能之命"(《风姿花传》)。那么，怎么做才能获得"花"呢？这就要求抑制表现。一般来说，越抑制表现，"花"也就越多。所以世阿弥在《风姿花传》"五十有余"条里说道：

当时，除了磨炼大致的技能之外，别的手段一无所有。……其实，对于已掌握奥义的能乐演员来说，其所表演的曲目都是有失误的。不管怎么说，值得看的地方很少，而花也只留存着那么一点。

接着，世阿弥又描述了亡父观阿弥52岁时的演技：

1　"花"就是要求演员永远保持新鲜感。世阿弥说："所谓花这种东西，就是观众心中感到的新鲜感。"

当时，父亲把观众所接受的能全都让给了年轻演员，而自己则慎之又慎地对待乐曲的演出，从而更增添了花（艺中的魅力）的含量。由于这是真实体验过的花，所以使能减少了各种枝叶，令父亲到了那样老朽的年龄，花仍留存而不散。这是老骨尚存有花的明证。

据此，可以很好地理解"能"究竟如何抑制表现的问题。

那么，世阿弥为什么要强调抑制表现呢？这是因为，在他看来，"无艺之艺"才是真艺。若用世阿弥自己的话说就是，非"技"之艺，乃"心"之艺也。"技"之极不在于"技"之磨炼而在于"心"之体验，这便是世阿弥的立场。这个"心"大概与禅的"心"是相通的。在世阿弥看来，这个"心"也肯定不会被观众所领悟。因此，这样的"心"绝不是有心体而必须是无心体。从这种无心体中生出妙技的情形，应当是老子所谓的"无中生有"吧！对此，世阿弥在《花镜·万能绾一心事》中曾作过如下阐述：

观众批评"能"说："毫无技艺可言，只不过动不动有些好笑。"如此等等。其实这是能的表演者内心深藏着的功夫。先是以二曲开头，从演员的表情到各种操作，都属于身体动作的范畴。所谓"不练技能处"，说的是技与技之间的空白处。为什么这种空白会产生有趣的感觉呢？原因就在于演员专心致志地演出，并用心把技之空隙衔接起来的气质根底。停止舞蹈的空白，不唱歌谣的空白，以及讲话、表演等所有场合的空白，都存有全神贯注、一心一意的心。这种心的紧张感被外在显现后，使人顿觉趣味盎然。

但是，此心被外在显现后，却并不见得要被观众认同。若显现出来的话，那就已经成了技能化的演技，而绝非"不练处"了。无心无我之境地，是要做到自己的心不让自己发觉那样的心定，而且必须把技之间的空白衔接起来。这就是以一心衔接众多技艺的内心之感的效果。

世阿弥所说的"不练技能处"，即演技的空白，相当于武艺中的"间合"与文人画中的"余白空间"。

世阿弥所说的"幽玄"，指的是"美丽柔和体"，即"优艳"，他称之为"花"，为"能之命"。但是，世阿弥并不限于此，较之"花"，他更进一步追求"枯萎"的能。这是穷尽了"花"之后的人能够自得的更高层次的艺术形式，也是美丽的"花"所具有的沉静之趣。这或许可以说是"沉静而雅致"的能吧！至此，世阿弥仍不止步，他又进一步把"冷曲""心之曲""无心之能"和"无文之能"作为最高目标。他又说：

所谓"心里成功的能"，是指最高的名角，能够把各种类型的能完全究明。除此之外，无论歌谣、舞蹈，还是演技、曲调，所表演的都是不太为观众所喜欢的能。在寂静幽玄的情趣中，找不到可让人心感动的东西，此即所谓"冷能"。这种艺之境界，即使对相当有眼力的人来说也难以领会，更何况普通的乡下人了，简直是对牛弹琴。应该说，这是只有最高名角才具有的天成的舞台表现。于是，

既可以称之为"心里成功的能"，也可以称之为"无心之能"或者
"无文之能"。

由此可见，世阿弥以简素枯淡的能为最高的艺术追求。

继承世阿弥能之传统的是其女婿金春禅竹（1405~1470）。禅竹
把世阿弥的能乐论与歌论、禅学等知识结合在一起，向前推进了一大
步，提出了自己独到的能乐论。禅竹曰：

物皆枯尽，略微幼稚，一音一舞，最初萌动之所归。(《六论一露
之记注》)

悟悟同未悟。……空空而迹绝，湛湛不言亡。遣遣而重返，遣处
即无有。空空犹见物。（同上）

这里论述的是绝对无的艺术，也是向简素回归的艺术。

2. 能　面[1]

画家使用的白纸虽不具有什么精神性的意义，但画家却在白纸上
画出了抑制表现的作品，这就赋予了空间以各种各样的精神性。

1　能的面具，其中既有妇女、老人的，又有灵魂、鬼神的；从演出效果考虑，既有木雕原色的，又有
彩色的。每个面具都有其对应的喜怒哀乐之变化。如今各流派使用的面具约有100种，而且各有各的
名称。

能乐里使用的"能面"也类似于这种白纸。歌舞伎里的演员是化装表演，能乐里的演员则是戴着能面表演。人若化了装表演，其表现就会变得过于露骨生硬，因而也就会缺少余韵余情。能乐演员因戴着能面表演，其表现也就不得不受到抑制，故反而成了充满余韵余情的复杂的精神具象。文乐[1]也一样，因而文乐也比歌舞伎更富有余韵余情。不过，能是以暗示为主的艺能，所以它在这方面比文乐更加丰富。

能面必须表现人各种各样的精神内涵，所以它是最集约、最单纯的，但考虑到动的效果，为了呈现面部神经的变化，最细微的部分它都要精雕细琢。若仅从能面来看，那不过是件死物，但若被优秀的能乐演员戴着表演，那么在面具固有的表情之外，任何一点肢体的活动和

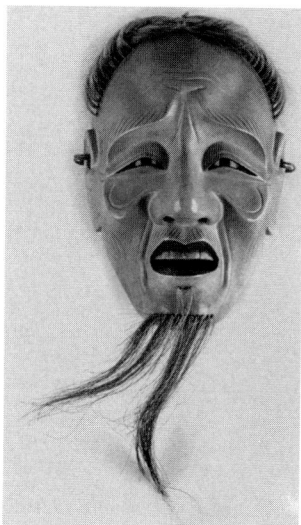

能　面

能面般若

1　一种木偶戏（傀儡戏）。

倾斜都会产生各种表情变化，进而表现出复杂的人的感情和思想。这又可以说是《老子》里所说的"无中生有"吧！

而且能无论在舞台上还是在装置中都是极其简素的，在可使人全部联想到实物的基础上，其单纯化和简素化已达到了可能达到的最大限度。这样的能所贯彻的完全是简素的精神。

能够与能作比较的是日本的歌舞伎和中国的京剧，前者是表现抑制的艺能，后两者是表现夸张的艺能。日本拥有能与歌舞伎这样完全相反的艺能。这与日本既有伊势神宫那样简素明洁的建筑，又有城郭类的豪华建筑；既有简素枯淡的水墨画，又有大和绘和浮世绘那样色彩丰富的绘画是一样的。然而不可否认的是，简素之精神是日本艺术艺能的根本特色，而且这种精神特质贯穿了日本文化各处。伊势神宫、能、茶道、俳句、神道等，无不显示出贯穿了简素之精神的日本文化和日本人世界观的特有内涵，而且毫无疑问，这种精神是具有世界性意义的。

日本音乐

1. 对大陆音乐的受容与日本音乐的发展

我的挚友柴田治夫有一次把他的作品《音乐入门》赠予我，书中有一句德国籍的美国世界级大指挥家布鲁诺·瓦尔特（Bruno Walter,

1876~1962）的名言："伟大的都是单纯的这一格言，是艺术的精髓。"也许在瓦尔特看来，音乐中最重要的艺术要素是单纯性。不过我想，如果把西方音乐与日本音乐比较，那么可以说前者是具有复杂之构造的，而后者则一直保持着单纯性。

历史上日本文化长期受到中国大陆文化的影响，明治以后又主要受欧美文化的影响，当然这期间也有与外部不太交流、大力发展特有的本土传统文化的时期。这种倾向存在于日本文化的各个分野当中，即使日本音乐也不例外。

古代的日本民族明快率直而大大咧咧，这只要读一下《古事记》的歌谣和《万叶集》的和歌就清楚了。因此，在古代的日本音乐中也强烈地折射出这样的民族性：歌者毫无拘束地把自己的感情唱出，听者无不受其感染。据专家说，无论什么地方的民族音乐，一般在古代都有以下特色：

即兴创作歌词、旋律，旋律忠实于语言的抑扬顿挫；在日常生活的各种场合演唱，深入生活；大多数场合有舞蹈相伴；有简单构造的乐器伴奏。

只是由于民族性的不同，上述内容才发生了一些差异。（参见星旭《日本音乐的历史与鉴赏》）

总之，古代人的音乐是与生活直接连在一起的，并具有舞蹈相伴、旋律比较自由等特征。因此，当时的音乐还未能独立地表现音乐特有的世界，还未能从其他艺术中分化出来走上独立的发展道路。不过，任何时代都有素朴而通俗易懂的音乐，都有展现素朴信条的音乐。日本音乐的特色，大概就在于发展过程中仍保持了这种素朴的形式吧！也就是说，以简素精神为本是日本音乐的特色之一。可以说，这是一种未与其他艺术分化前就使自身进化了的音乐。于是，相对应地在日本也产生了各种独特的音乐艺术。

日本古代的传统音乐[1]是神乐歌、大和歌、久米乐和东游歌等。到了飞鸟、奈良时代，随着中国隋唐文化的输入，日本开始受到外来音乐的影响。唐代的中国是国际性的大国，所以不仅唐的音乐传入了日本，朝鲜、印度、越南、泰国等国的音乐也经由唐传到日本。比如雅乐、伎乐、三韩乐、声明[2]、盲僧琵琶等都传了进来。这个时代产生了丰富多彩的音乐，连宫廷里也设立了"雅乐寮"，在学习传统和乐的同时还学习外来音乐。外来音乐以器乐为中心，由于这种抽象的音乐适应不了日本人的喜好，所以并没有出现压过以声乐为中心的和乐的现象。特别是由于平民没有接受外来音乐的机会，所以只钟情于和乐。

据星旭说，这时的日本人喜爱的是寂静而沉稳的音乐，不喜欢对比性强的有个性的动感音乐，这是由于受到了传入的儒教礼乐文化的影响。其实，日本的音乐不仅受到过儒教的影响，而且还与不同于基督教、伊斯兰教等狂热性宗教而强调追求心之安静的佛教的流行有一定

---

1 即日语中的"雅乐"，意指"雅正之乐"，是兴盛于平安时代的一种传统音乐，也是以大规模合奏形态演奏的音乐，乐曲以器乐曲为多，至今仍是日本的宫廷音乐，是世界现存最古老的音乐形式之一，包括神乐歌（庭火、榊）、久米歌、东游歌（一歌、二歌、骏河歌）、大和歌（大歌、倭歌）等。

2 原为印度佛教的五明（声明、工巧明、医方明、因明、内明）之一，属音韵、文法、训诂之学，后在日本佛教中演变为僧侣举行仪式、诵经时所唱的声乐之总称。

关系。我想，这不就是"不善言举"的日本民族性在音乐上的某种折射吗?

2. 新日本音乐的诞生

飞鸟、奈良时代的音乐，几乎都是在外来音乐未被消化的情形下形成发展起来的。但到了平安时代，由于与大陆交流的中断，使得外来音乐在得到整理、融合和消化的同时，逐渐为和乐所吸收而出现了新的形式。此外还产生了日本独特的音乐，比如宫廷里演奏的雅乐就是由外来音乐整理、融合而成的，日本和乐所使用的乐器也是从域外传入的，声乐歌词中则有许多佛教内容，并产生了运用催马乐[1]、朗咏（朗诵汉文诗）、披讲（朗诵和歌）和今样歌[2]这类外来音乐形式的新的声乐曲目，甚至用日语吟唱的赞歌（和赞）也从"声明"这种宗教音乐中诞生了，在民众中间还兴起了田乐、风流、猿乐即所谓的民众艺能。到了镰仓、南北朝时代，新兴佛教开始盛行，并逐渐在武士和民众之中普及，给当时的文化以极大的影响。这种佛教普及运动也涉及音乐，从而产生了佛教色彩很浓的音乐。诞生于平安时代的天台、真言两派的声明，便是在这种新兴宗教的作用下而渐渐被各宗派所吸纳的。

1　原为奈良时代的民谣，据说是马车夫哼唱的小调，后在平安时代雅乐管弦的影响下，经过改编而成为雅乐歌曲之一。

2　平安中期开始流行的新样式歌曲，受到和赞和雅乐的明显影响，曾深受宫廷贵族的喜爱。

当时还出现了带有浓厚佛教色彩的为武家社会所钟爱的历史书和军记物语[1]，其中的《平家物语》就是由盲人琵琶师演唱的所谓平曲。平曲的兴起受到了声明的极大影响，它也分为音乐旋律和朗诵两部分，后面的谣曲、净琉璃[2]等则受声明的影响最大。那个时代，从平安时代开始兴起于农民中间的田植歌逐渐成了田乐法师的专业，并演变为一种发达的舞蹈剧，即田乐能。猿乐则成了丧失曲艺之要素的剧种之一，它属于一人或二人以表演模仿为主的滑稽艺能。猿乐后与田乐一起演变成社寺艺能，并且各自产生了专业化的艺能团体，展开竞争。到了南北朝时代，两者又发展为更高层次的剧种，即猿乐能，而其中的滑稽部分则变成了狂言。

三味线

---

1 12世纪末至13世纪动乱时代，产生了独特的史论书《愚管抄》与新的历史文学体裁军记物语。军记物语严格地说不是历史书而是故事，其内容有大量文饰、附会、夸张和造假，尽管其根本意图仍是围绕历史事迹进行讲述。当时著名的军记物语有《平家物语》《源平盛衰记》《保元物语》《平治物语》等，其中以《平家物语》最具代表性。

2 一种源于平曲、谣曲等的曲艺。室町末期主要是指用琵琶和扇拍子演奏的曲艺剧目，因其代表作《净琉璃姬物语》而得名，后随着三味线的输入以及木偶剧的发展，逐步从古净琉璃过渡到人形净琉璃，并派生出诸多流派。

到了室町时代，随着民众文化的兴盛和中国宋元文化的传播，日本逐渐形成了富有独特民族性的音乐，其典型形态便是能乐。与此同时，普化尺八和一节切[1]之音乐以及室町小歌、净琉璃等在当时也有了很大发展；而三味线[2]的传入给日本音乐带来的巨大影响更是难以估量。那个时代的音乐能够引起人们注意的是平曲的隆盛和能乐的集大成。为平曲伴奏的琵琶的艺术性极高，其辞章亦与《平家物语》的文学性相结合而流传于当时的民众、武士中间。能乐则在室町初期成为极致洗练的综合性艺术，从以模仿为中心的猿乐能，演进到重视音乐要素的艺术性很高的艺能。总之，能乐是日本独有的优美的综合艺术。也就是说，有美的要素、戏剧的要素以及音乐的要素，并具体有动作、舞蹈和乐器等分工，然后将它们综合起来演出的就是能乐。因此，可以对能乐形成限制的东西很少，它总是以不失艺术优雅之美的花、幽玄为宗旨，因而可以说是日本式艺能的精粹。

冈仓天心在《东洋的理想》一书中对能乐曾作过如下阐述：

构成能的短的叙事诗剧，充满着不完全、不明了的声音。风吹

1　一种长一尺一寸一分的笔直的竹长笛，据说室町时代从中国传入日本，当时统称为"尺八"，后称"一节切"。
2　日本传统弦乐器，与中国的三弦相近，都由细长的琴杆和方形的音箱两部分组成。只不过三弦的音箱一般以蛇皮包覆，而三味线的音箱则多以猫皮或狗皮制成。三味线一般用丝做弦，现代也有用尼龙材料的。在演奏时，演奏者用由象牙、犀牛角、乌龟壳等材料制成的拨子拨动琴弦。三味线也是歌舞伎的主要伴奏乐器。以三味线伴奏的"长呗"，在日本已经有400年历史，有着浓厚的江户文化风情，如今已成为日本传统文化的重要标识。

松枝的飒飒声，滴水之声，远处的撞钟声，抑忍呜咽之声，叮叮嘎嘎的战斗声，回响的捣衣声，蟋蟀的鸣叫声等，声调从高扬到休止，其意蕴越发深刻。能乐里，夜色和自然界的各种声音无所不有，其音乐犹如从久远的声音和旋律中发出的回响，暧昧而模糊，对不熟悉的人来说，也许会产生奇异或者野蛮的遐想。不过毫无疑问，能乐是一种烙有伟大艺术印记的音乐。能乐是从能直接诉诸心，其不用语言表达的思想，从演员的身后移动到听者内心的不闻不见的悟性当中。能乐的这种表现形式虽瞬息即逝，但很难被听者遗忘。

说起来，贝多芬不是也在他的乐谱手稿（作品123号《D大调庄严弥撒》）中，写下了"出自心灵，来到心灵"吗？

安土、桃山时代虽只有30年时间，但却构筑起了封建制度的基石，并使武士成了统治阶级。特别是基督教传入后，西方文化开始渐渐流传开来。这一时期是近世音乐，如地歌、净琉璃、长呗等三味线音乐和筝曲音乐振兴前的准备时期。与此同时，基督教的音乐也被带了进来。三味线在该时期的音乐中扮演了十分重要的角色，产生了像《净琉璃姬物语》那样的用三味线伴奏演唱的净琉璃，以及把多首当时的流行歌曲的歌词组合在一起，然后用三味线伴奏演唱的三味线组歌即地歌。另外还兴起了不用三味线伴奏，而用扇拍子和一节切合唱的、主要内容是描写男女爱情的小歌，以及新式的筝曲。但据说小歌很快就消亡了。随着基督教的传入，欧洲的乐器也与基督教音乐一起传到了日本。当时的日本人虽然也学习了欧洲乐器，但由于在织田信长之后，诸大名对基督教采取禁止政策，使得基督教音乐对当时的传统音乐几乎没有产生什么影响。

江户时代是武士阶级占支配地位的时代，也是锁国的时代。因为锁国，使得日本自己的文化趋于繁荣。由于和平的时间延续较长，带来了产业经济的发达和城市的兴盛，从而使町人文化进一步繁荣，就连这个时代的音乐也成了町人的音乐。不过由于阶级分化的加剧，音乐也呈现雅乐为贵族音乐、能乐为武士音乐、三味线音乐和筝曲为平民音乐这样的固定倾向。再加上家元制度的确立，导致音乐各流派出现分层和对立。此外，当时的音乐一般都是与戏剧、舞蹈等艺术相结合而同步发展的。

江户时代盛行用三味线伴奏的净琉璃和长呗，同时木偶剧和歌舞伎也开始出现，音乐完全成了平民的音乐。净琉璃中有彼此交流并展开竞争的义太夫节、河东节、一中节、丰后节、常磐津节、富本节、清元节、新内节、宫园节、繁太夫节等流派。伴随着歌舞伎的繁荣，作为其伴奏音乐的长呗也日趋发达。长呗的全盛期是在文化、文政年间。

筝曲和地歌也像净琉璃和长呗一样，不与其他艺术结合而只在各自的范围里发展。两者在江户时代主要是盲人的专长。筝曲（俗筝）由八桥检校（1614~1685）所创，有生田流、山田流和替手式筝曲等，所演奏的曲目亦各具特色。至于江户时代同样较为流行的地歌，也产生了各种流派。此外，像广为流传的他端呗和小呗、三味线伴奏的说经、木偶剧中的节句等，即所谓"说经节"的内容，也在此时应运而生了。

明治时代是文明开化的时代，外来音乐的洋乐与传统音乐的和乐并存于世。传统音乐逐渐为外来音乐所取代，而洋乐则进入充分日本化的过程。

新的洋乐的输入起于幕末，明治时代才真正得到普及。作为传统音乐的和乐也受到了西方合理性音乐的影响，开始了音乐理论的调查与研究。

到了大正、昭和时代（1912~1989），日本人对洋乐的理解渐趋深入，洋乐亦渐渐浸透到大众层面。与此同时，和乐植根于传统音乐而摄取西方音乐精神的嬗变过程也开始了。但当时的一般情形是，传统音乐受到轻视，而西方音乐则受到过度赞美。这一过程中值得注意的是出现了像山田耕筰（1886~1965）这样以表现日本民族性为创作己任的作曲家。不管怎么说，近年来仍一直存在一批不拘泥洋乐和乐之争而全力弘扬日本民族精神的创作群体。应该说这是一种十分可喜的现象。

以上只是借助专家的研究成果对日本音乐的历史进行了简要的说明。那么，日本音乐的特质又是什么呢？

3. 日本音乐的特质

要想搞清楚日本音乐即和乐的特质，那只要从和乐与洋乐比较的角度思考一下就行了。洋乐具有从其他艺术如戏剧、舞蹈及文学等中分化出来而获得独自发展的机遇，和乐则不仅没有从其他艺术中分化出来，甚至还与其他艺术形式形成了很深的关联，因而和乐根本谈不上有独自发展的机遇。可以说，和乐继承了古人的素朴音乐并使之深化发展。古人的音乐与歌谣、舞蹈密切相连，与生活不可分离，音乐不过发挥了伴奏的作用，而器乐则几乎谈不上独自发展的权利。和乐尚未脱离这种带有古人具象性的综合艺术的领域。它以对外来音乐的摄取、消化和使之蜕变等手段改造古人的音乐，令其发展为日本风格的音乐艺术。也就是说，对古人素朴音乐的继承和发展是和乐的重要特征。其中虽然也受容了以器乐为中心的外来的抽象音乐，但并非让其独自发展，而是超越并使之成为综合艺术，完成了对旧音乐的扬弃。

和乐与洋乐相比较，概括地说，是洋乐以器乐为中心，和乐以声乐为中心。说到日本的声乐，其与洋乐不同的领域相当广泛，从古代的神乐歌、大和歌、久米歌，到催马乐、朗咏、披讲、今样歌，再到小歌、一节切、地歌、田乐、猿乐、平曲、谣曲、声明等，种类繁多。但作大致划分的话，则是歌谣、物语、朗咏和说经四项。从这四项中不难看出，和乐的中心在于声乐。与舞蹈、戏剧结合的有雅乐、能乐、净琉璃和长呗等。

正因为和乐是综合的艺术，所以它必然会随着与其息息相关的文艺形式的变迁发展而发生变异。这就是说，和乐的特色还与日本文艺的特色相呼应。日本人原本就有"不善言举"的民族性，故带有忌讳和嫌弃自作主张以及对事物进行逻辑化和抽象之表现的倾向。因此，即使在音乐中，日本人也不喜欢有逻辑的、抽象的和对比的表现形式。如果说洋乐的特征是对比鲜明、辩证强烈的话，那么和乐的特征便是缺乏华变、抑制外露。此外，和乐在演奏技巧上也有更多的余地让演奏者独自发挥。和乐在表现上受到抑制的结果，就如同日本画里不作描绘的"空间"被赋予特殊意义那样，呈现出追寻"间断"之深刻意义的特征。当然，洋乐也有"间断"，但它在意义上达不到和乐那样的深刻程度。"间断"可以说是无表现的表现技术，相当于日本画的"空间"。将"间断"之特征表现得最为突出的便是三味线曲。三味线的乐器构造十分简单，因而很容易使用，其琴弦只有三根，弹奏后便会发出悦耳的音乐。由此可见，三味线不仅是单纯的乐器，也许还可以说是适合日本人抑制自我、抑制表现、呈现内在精神的最佳乐器。和乐里使用的乐器多种多样，但在适于表现日本民族精神方面却都达不到三味线那样的程度。不过一般来说，三味线与其他文艺形式相结合时所达到的效果，远比用三味线单独演奏曲目时来得淋漓尽致。

和乐中还有一个需特别留意的事情，就是有关和乐学习的问题。一般来说，和乐的学习与人之修炼密切相关。所以和乐的学习不仅限于音乐范畴，其他艺术实践也同样重要。这可以说与武术的归本于心相一致，是日本特有的思考方式。

总之，日本的音乐可以说也是根植于简素之精神的。

日本武道

1. 技与心

中国的《庄子》中有不少关于技艺通神的传说，讲述的都是有关技能之妙用，也就是神技归根结底是凭借心之修行即心法才获得的故事。不过这些传说在《庄子》里不过是用来解读超越性思想的寓言，而在日本的武道中则是用来实施武技的手段。技能不仅仅局限于技术，究其极乃彻头彻尾的精神性之存在。因而磨炼技能，也并不单单是为了习得技术，而是为了体会伟大的精神。由此可见，从一开始技能就已成了绝对的东西即神技。结果就像通常所认为的那样，武道等同于哲学，成了把握人生世界之极致理念的工具。何以见得？因为武道领悟到技能的习得在于实践，它在性质上虽不同于哲学的实践修行，但却在根本上相通于道家、佛家的哲学"心术"（心法）。武道家甚至把武术称为武道的理由也在于此。

当我们说武道是精神性的技能之前，其实已经在前面所述的能乐、茶道等日本技艺里展示了这种观点，并且切论了"心术"的必要性。那么，这种"心术"又是什么呢？这就是一般所说的无心、无我、忘我和物我两忘等，由此所获得的理念，一言以蔽之，即"绝对的无"，也可以说是超越有无的"无无"。这样的"无"，在东洋思想里是宗教、哲学、技艺等寻求的终极理念。下面用分类的方法表述一下三者的关系：

基于心座的 ┬ 老庄、佛教（特别是禅宗）┐
　　　　　└ 儒教（特别是宋明儒学）┘─ 学

基于物座的 ── 茶道 ┐
基于身座的 ┬ 能乐 ┤─ 技艺
　　　　　└ 武道 ┘

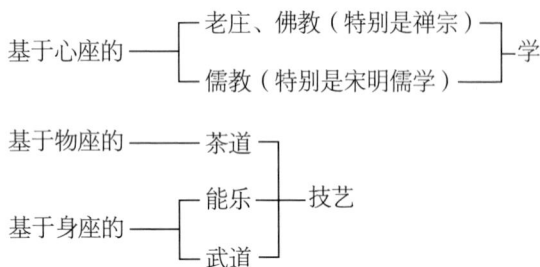

这种理念若从人的行动和生活的方向上来分类，便是如下各项：

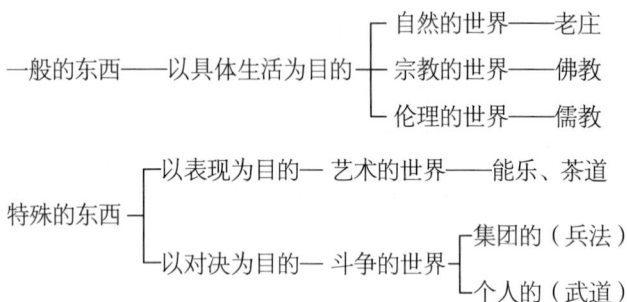

一般的东西 ── 以具体生活为目的 ┬ 自然的世界 ── 老庄
　　　　　　　　　　　　　　　├ 宗教的世界 ── 佛教
　　　　　　　　　　　　　　　└ 伦理的世界 ── 儒教

特殊的东西 ┬ 以表现为目的 ─ 艺术的世界 ── 能乐、茶道
　　　　　　└ 以对决为目的 ─ 斗争的世界 ┬ 集团的（兵法）
　　　　　　　　　　　　　　　　　　　　└ 个人的（武道）

以艺术表现为目的的茶道和能乐，在体得"无"之理念后，便将其还原为技能，并在其中求得极致。所以对于茶道曾有这样的看法：

由茶道而成物之静趣者吉也，由技能而成物之静趣者恶也。（《茶道全集·宗关公自笔家词之写》）

成自然之风流者，谓之真风流也。（《茶道全集·田中中纳言斋

匡·松月茶会》)

　　其他还有无宾主之茶和无茶之茶等说法。

　　总之，在茶道看来，技能之妙用乃无之发用也，茶道只有在无为、自然、忘我、无我、物我两忘等境界中才能求得。同样，能乐亦有这样的看法。世阿弥把"没什么了不起的'能'"与"在静处被给予的难以用语言形容的有趣之感觉"置于最上乘位置，把重点是给予他人感觉的无心无风之"能"当作名人之"能"，而并不以使人获得有趣之感觉为善。

　　武道既可以说是基于以身体为基础的心之道而达到的绝对无的理念，又可以说是将这种理念还原为以在对抗中取得绝对胜利为目的的技能。因此，武道不能不说在根本上是精神性的技能。

　　日本的武道从近世开始便成为精神性的技能，而且其中的弓道也许更早一点就有了这样的自觉。这是因为，弓道之技能指的是"我"与"的"的对决或"人"与"物"的对决，即所谓静止的技能，故而自我的精神专一乃其必不可少的条件。这种对决的结果，又很容易理解为自己与自己的对决，也就是以自我为目标的对决。对此，德国哲学家奥根·赫立格尔说过如下饶有趣味的话：

　　在日本人看来，射箭是彻头彻尾的精神过程。……其技能就是在精神的提炼中追求源头，在精神的目标中射中标的。射手实际上是将自身当作靶子，而且在拉弓之际恐怕已意识到，射中的乃其自

身。……这种射箭术所特有的精神就是，虽说是射箭，但对血腥对抗的场面却没有必要去考虑有无的问题。(《弓与禅》)

武道从近世开始便在日本精神史上占据了极高的位置。在和平时代，曾产生过在沉静中内省技能本质的冲动，因为当时具有把完全精神性的东西作为根本技能的强烈意向。武道中的这种自觉，大概又与禅宗、道学（宋学）、茶道以及能乐等的影响有着密切关系。

曾经给武道之技能以直接影响，并对其世界观的产生也有过重大影响的是禅宗和道学。例如山冈铁舟（1836~1888）把自己的剑术视为"见性悟道"（《武道丛书》），并阐述了剑术与禅的关系；柳生宗矩则借助禅来修炼剑之心。禅僧泽庵宗彭是著名的武道哲学家，他为帮助宗矩悟道，曾把自己所撰的从禅之心解明剑士应具备的精神的书《不动智神妙录》赠予宗矩，宗矩则根据此书，撰写了以禅之道解说剑术的《兵法家传书》。在近世剑客当中，由参禅而达剑术之极致者占了绝大多数，所以有"剑禅一味"说流行于世。

据《天狗艺术论》说：

技能之极，非惟修技能、炼气韵者也，达不到无心之境者，不可谓之极也。万法者惟心之所变也，此知开悟，方能得无心自然妙用之根本矣。禅者，乃求此开悟之心学也。

故而武道家认为，不仅要致力于习得技能，而且还要致力于参禅悟心，如此方可达神技之妙用。

与禅一样对武道产生过影响的是道学。据《天狗艺术论》说，道学乃"合极天道之本源，求辩天道之用法"，因此剑客当中也有不少人是不借助禅而借助道学去修心以求技能之妙用的，甚至有凭武道而成就道学者。于是便有了"学艺一致论"的主张，认为武道既可通过学习求得，也可通过技能求得。这是因为，学可助艺，艺可助学，两者都共同追求心体天理之妙用，这已成了武道家的共识。

2. 剑之"心术"

用来解决人与人之间对抗的剑道技能及剑心，不同于用来解决人与物之间对抗的弓道技能（即用矢射中的之技能），呈现复杂多样的特征。为什么这么说呢？因为剑道是用剑杀人的技能，所以它不像弓道那样固定不变，而且其所附带的条件也是相当复杂的。因此我认为，弓道之技能是静止的、单一的，而剑道之技能是运动的、多样的。剑道不仅是自己与对手之间技能的对决，还涉及自己之心与对手之心、自己之气与对手之气的对决，所以其心亦是玄妙而不可思议的。

但是，剑道对决的结果却无不将其极致原理归于无心之心，这点与弓道并无二致。两者的区别类似禅学与宋学。之所以这么说，是因为禅学专务于自身的验证，而宋学则是在自他一体中求得自身的验证。简言之，禅学是修己之学，故为静、为单纯，而宋学是修己治人之学，故为动、为复杂。两者虽都以心为根本，但由修心之道体得的无之理念的发用，前者是以解脱烦恼为目的，后者则是以经世济民为目的，所以相对于前者的单一而静，后者更倾向于复杂多样的流动变化。弓道与剑道的差异也与此相似。

关于日本的武道与兵法的关系，江户时代的剑术家曾提出过自己的看法。他们认为，像《孙子兵法》那样的是大兵法，而剑道是小兵法，为何会有这样的看法呢？因为他们意识到，无论孙子兵法还是剑道，其根本原理都是相同的。孙子兵法是无的兵法，而剑道也以无为道，两者都从无出发而发挥了神妙的作用。由此可见，孙子兵法也许对剑道产生过一定影响。

幕末时代的日本剑道

以上所谓的剑法，最终都是通过心和无心达到了极致。若述其理由，则大体上可从形、气、心三个方面来说明。

剑法的形即所谓的"构"[1]，但剑法的至极则为"无构"。据宫本武藏的《兵法三十五条》和宗矩的《兵法家传书》记载，"构"也有上、中、下三段，但真正的"构"若不是某段将其余二段包含在内，就会变成固定不变的死法。所以绝不能把心置于已变成死法的"构"内。换句话说，就是放在"构"内的应是无心。把无心放在"构"内，并不是要舍弃"构"，而是要武道家特别注意心不被执。因此，"构"不是固定不变的，而是对应于时、事、处而不断发生变化的。所谓"无构"，意指"构"由无心所发。这样的"构"常常变化，因此一个"构"内必然包含着其他的"构"，并且始终保持着有无一体之调和。在这样的场合，"构"是"用"，而无心之心则可称为"体"。真体者，体中有用也；真用者，用中有体也。于是乎，"构"者，有而无也；心者，无而有也。这就是所谓的"有构无构论"。

技能是气之发用，而剑法中所讲的对决，也可以说就是气与气的对决。"气"其实是玄妙而不可思议的东西，这只要观察一下基于"气合"的对决就可以明白了。这是一种根据气而一举洞察彼我之虚实并倚之制胜的技能。在对决时要获得全胜，当然必须依靠气的绝对神妙之动。只有在这种神妙之动的基础上，才能发挥虚虚实实之妙用，从而使某个瞬间出现有利于我方的态势。

---

1 又叫"身构"，即身体的姿势，在此特指习武时摆出的架势。

但是，这种感应之妙用若做不到无心之心即绝对的心之境，那就不可能达到预期的目的。总之，心若是绝对的，气也就是绝对的，才可以发挥其万手之妙用。武道家习惯于把这样的气称作"大机"，而称其发用、成万手者为"大用"。不过，气虽常被称作"机"，但那只是因为"机"乃技能的直接根源。养护"机"，需要常用丹田呼吸、数息等整气法。在以动之技能为本的剑道里，"机"被认为是充实缜密之心的东西，而"气合"之技能则可以说就是在这种缜密之心中获得的。

不过，若过度思虑这种"机"（气）的话，便反而会被"机"所束缚而导致心的不自由，故而也就称不上什么"大机"了。但要是成熟的"机"，就会自然解开这种凝滞，进而产生自由自在的"大用"。这就是所谓的"大机大用论"。（《兵法家传书·无刀之卷》）

总之，"大机"也来自无心之心。若达到了无心之心，则"气合"便能发挥感应之妙用而成大功。

培养"机"，在对决中是理所当然的。即使在日常行为当中，也要运用缜密之心来培养"机"。这就是宗矩所说的"见机"。

这样的"机"，仍可谓"未发之技能"。盖剑道之"击打"，既有对应于已发之技能而击打者，也有对应于未发之技能而击打者。当然，这种击打不应有什么束缚，而应是自由自在地进行。因而宗矩论述了剑之有无，并强调"有者针对有而击打也，无者针对无而击打也"。（《兵法家传书·活人剑之卷》）

这种技能的未发已发，亦即对应于技能之有无而实施击打的过程，若非心气涵养达到成熟的高手是不可能做到的。因此，能够感应有无而使自在无碍之技自由发挥的，不外乎无心之心。剑道把击打未发之技能称为"未发之打"，又称为"打空"或"机前之兵法"，并认为这种技能是最宝贵的技能。此外，剑道还认为，发于"大机"的技能是变化中无凝自在、无所不入的技能，故称之为"石火之机"而珍重备至。

盖用气者心也，故为治技能而练气，亦必同时治心也。但是，由于剑道是人与人对决的技能，所以其治心的方法自然也是多种多样的。下面只举一二例以说明这种心法的微妙复杂性。

在剑道的"心术"中有一个相当重要的概念叫"残心"[1]，与其相反的概念叫"放心"。对此，武藏曰：

> 残心、放心者，应事时之物也。我拿太刀，当放意之心而留心之心；击打敌人，则应放心之心而留意之心也。残心、放心之见立，有色之物也。（《兵法三十五条》）

由此可见，所谓残心、放心，论述的是有关心之体用的修行。所谓"体"者，"心之心"也，所谓"用"者，"意之心"也。那么，何谓"心之心"、何谓"意之心"呢？这大概相当于武藏所说的"锻炼心意二心，磨练观见二眼"（《五轮书·空之卷》）的心意二心、观见二眼吧！然而，所谓"意之心"和"见之眼"，其实都是很难理解的

---

1 也可译作"留心"。

概念。我想，两者恐怕指的是用意而不局限于意、用眼而不局限于眼那样的心吧！由此可见，残心、放心之修行都是相当微妙的。两者均是得心之体用、内外和阴阳之调和的修行。而且其调和即使在气与技能、心气与技能之间也无疑是必要的，甚至可以说是不可欠缺的。只有得到调和，才能使技能获得内在之生命，不然的话，就成了死法。

剑道之心是复杂的，所以对它的解说也要极为详细。比如关于无心之心就作了以下详细说明，认为在真正成了无心后，就必须去除意思的相对性；又认为无心并非使心虚无，而是使心复归其本来等。而且还认为使心专一的功夫就是至无心的最初功夫。至于这种功夫，宗矩则借用了宋儒之语而将其称作"敬"：

心定于一处而不散他处，所有技能均被一心所掌握，此之谓敬也。（《兵法家传书·无刀之卷》）

不过在宗矩看来，用意之心是有心。故他告诫说：若一味地把心留在一处，那也会产生"执着"，而一旦产生了"执着"，技能也就会固定不变。宗矩认为，在残心中也能产生执着之心，因此这个残心乃生死之羁绊。在这里，宗矩是用禅宗所谓的"应无所住而生其心"、"前后裁断"或者"不住心"等概念来诠释剑法。对如何把禅宗概念转换成剑术心法的过程进行说明的是泽庵禅师，他在送给宗矩的《不动智神妙录》里就详细说明过这一点。

所谓"残心"大概就是宋儒所谓的"外驰之心"，而"敬"则是去其病之心法。但是，去病之心仍不免于执着，所以宗矩以敬为初心之位，强调心的无无之要。这种思想便来源于泽庵禅师。泽庵认为："佛法中无如敬字至极处。"（《不动智神妙录》）最后他还强调："不要残心（留心）于空。"这显然是无学祖元（1226~1286）的"电光影里斩春风"[1]之心。泽庵又说：

> 击打太刀者，无心也；吾之身者，无我也；斩我者，无心也；斩人者，空也；打我者，空也；击打人者，非人也；击打太刀者，非太刀也；击打我者，非我也。（同上）

这就是无心之心，也即去除了执着之心而把全部归于无的心。宗矩把这种心称为"本心"，而把执着于有的心称为"妄心"，并列举了由妄心过渡到本心的和歌：

> 惟心之心，迷惑之心，心里心心，信赖之心。（《兵法家传书·无刀之卷》）

在以上所述的无心之心里，已开始体悟到无的理念，而且这种无心之心必然会还原至技能而使之成为神技。

---

1 无学祖元面对元军念出的四句偈诗是："乾坤无地卓孤笻，且喜人空法亦空。珍重大元三尺剑，电光影里斩春风！"意思是说，这天地间已经没有我无学祖元的存身之处了，但是我并不怕死。你们还是爱惜一下手中的刀剑吧！你们想用它来对付我吗？那简直是在电光影里砍斫春风一样徒费气力。

在此我们应当注意的是，就像武道所提倡的"事理一体论""心气形一体论"那样，心到何处才能修得技能，以及怎样才能达到基于技能而治心气的高度？对此，无论宗矩的《兵法家传书》还是武藏的《五轮书》都已作过阐释。

那么，剑道中绝对之无的理念是怎样经过形、气、心的磨炼后才完成的呢？并且又是怎样作为实在的本体而被把握住的呢？这只要读一下既不局限于儒教，也不局限于佛教，专注武道而体得其极意的武藏的兵法之书《五轮书》中的《空之卷》就能明白了。在武藏的印可秘传[1]中记载着"春风桃李花开日，秋风梧桐叶落时"之诗句，读后就能知道武藏在武道中所体悟的境界，以及这种境界是怎样与日本人的自然观相通的。还有，只要读一下据说是武藏喜欢写的诗句"寒流带月澄如镜"后，也就能清楚这是一种多么透彻的境界了！

总之，技能之本在于心，因此可以说，日本武道也是以简素之精神为最高的。

---

1 剑道的一种等级证明。

四 日本的宗教与思想

日本儒教

1. 神儒一体论

据说应神天皇十六年（285），王仁把《论语》10 卷、《千字文》1 卷 [1] 从朝鲜半岛的百济带到了日本。不过，或许在王仁之前儒学就已传入日本，因为皇太子菟道稚郎子此前已拜熟悉儒家经典的百济学者阿直岐为师。因此可以说，是王仁和阿直岐的弟子们开启了日本的教育。

1　此条根据的是《古事记》之记载（但王仁之名来自《日本书纪》），但《千字文》系南朝梁武帝（502~549 在位）命周兴嗣所作，3 世纪不可能有《千字文》，故此记载并非信史。一般认为，5 世纪儒家思想才正式传入日本。

日本自古以来就有神道，然而外来的儒教如此完美地被日本所受容，是有多种原因的。主要原因是儒教的基本精神与作为日本传统思想的神道具有一致性。近世初期，由于德川幕府的政策，儒学趋于繁荣，从而导致"神佛合一"开始向"神儒合一"转变。近世儒学鼻祖藤原惺窝在《千代本草》中指出：尧舜之道与神道是一致的。其门人林罗山著有《本朝神社考》，认为日本乃神国也，王道乃天神授予也；并且强调神道与《周易》的一致性，认为神道无不学于《易》，因而称自己所倡导的神道流派是"理当心地神道"[1]。这种与儒教合一的神道流派的存在逐渐成了当时有识之士的一种共识。

接着出现的贝原益轩，在《神祇训》《神儒并行不相悖论》中又进一步诠释了"神儒一体论"。他认为，神道虽为无言之教而无教学，但儒教则能使神道之教教学化，两者之教是并行不悖的。下面就择其文中之要而概略述之：

夫我神道乃清净诚明、平易正直之理，人伦日用之常道也；顺方俗，合土宜。其为教也，易简而不烦不巧；易则易知，简则易从。其为体也，淳朴而不华不繁，故常不失其诚。其说虽似浅近，然其中有深妙之理存焉。以是正心术、厚人伦，则天下平和，而灾害不生，祸乱不起。非如彼方外之流，绝灭伦理，遗弃纲常，说妙说空，炫奇夸

---

1 即以儒学特别是宋学的合理主义理论为神道之哲学基础的神道流派。林罗山认为，神道应以儒学的"理"为基础，建立起以儒学思想为框架的神道理论体系。他把自己的神儒思想体系称为"理当心地神道"。

怪之比也。是我邦上世以来所传之要道，而不待借乎外矣。

中世以来，圣人之典籍流入我邦，其正心术、厚人伦之道，与吾神道无异。其为教也，广大悉备，精微深至，以可辅翼于邦教，发明于神道。故学神道者，亦不可不学圣人之道也。

盖神道固以易简为要诀，得其要者一言而尽矣。故虽不待求乎外，然得儒教之辅翼，而其理益明备矣。

夫以本邦与中国同道而异俗，故虽圣人所作之礼法，不宜于我邦者亦多矣。学儒者顺其道而不泥其法，择其礼宜于本邦者行之，不宜者置之不行，何不可之有？神儒并行而不相悖，不亦善乎！

最后，益轩认为：神道乃"神人合一"，儒教乃"天人合一"，是故神道即天道，天道即神道，两者一体也。

那么，神道与儒教为什么是一致的呢？也许可以这么说：因为两者都是建立在以肉身性思考方式为本的情爱主义立场之上的。

其实，这里的根本问题是益轩对中国礼法的受容。益轩有所谓"时宜论"和"土宜论"。在他看来，即使中国文化也应适应日本的土宜和时宜。由此出发，便可以说，对中国礼法的受容也必须有取舍。

因在神道那里无教学可言，故神道家为树立神道权威而主张与佛教和儒教合一。反之，佛教徒和儒教徒也为了迎合日本传统思想的神道，而主张佛儒与神道的合一。但是，儒教一直到中世都未能像佛教那样发挥作用，只是作为公家、武家和僧侣们学习的对象罢了；直到近世开始出现儒者，才有了儒教的兴盛。

与益轩同时代的儒者山崎闇斋所提出的神儒论，也是我们了解日本儒教特征的相当重要的思想资源。众所周知，闇斋晚年是"垂加神道"[1]的倡导者。所谓"垂加神道"，不过是以儒学特别是朱子学为本的镰仓时代的"伊势神道"[2]和室町时代的"吉田神道"[3]的集大成。因此，在闇斋门下形成了神道派、儒学派和神儒兼用派三大流派。

闇斋认为，神道的精髓包含在《中臣祓》和《神代卷》两部书里，因这两部书只在日本流传，故据此不仅可辩驳异教之说，而且还可把握神道的根本精神。所以，即使要用宋儒之说解释神道，那也不应标榜神儒合一、神佛合一。

总之，闇斋的结论是：

盖宇宙唯一理，故神圣之生，虽有日出处、日没处之异，然其道自有妙契者存焉，是我人所当敬以致思也。(《山崎闇斋全集上》，《垂加草第十·洪范全书序》)

他因此提出了"神儒一体论"，并认为儒教的"天人合一"与神道的"神人理一"在伦理上是一致的。但是，具有民族主义思想的闇

1　"垂加"来源于伊势神道的秘书《宝基本记》中的"神垂以祈祷为先，冥加（保佑）以正直为本"。1671年闇斋师从吉川惟足学习"唯一神道"，并获"垂加"之神号，故其所创立的神道流派被称为"垂加神道"。

2　由日本地位最高的国家神社伊势神宫的神官们开创的神道流派，最早从神道家的立场提出神佛儒三教一致说的神道论。

3　由吉田兼俱（1435~1511）创立的神道流派，又叫"唯一神道"。兼俱提出了有名的"根叶花实"说来说明神儒佛的关系，认为神道是根本，而儒佛不过是神道分化出来的枝叶和花实。

斋，其基本倾向却是要在神儒之间设立主宾之别。

那么，闇斋"神儒一体"论的根据又是什么呢？据闇斋说，神道的本源在于土和金，而土和金又在于宋儒所谓的"敬"："夫神者天地之心，人者天地之神物，然天人唯一，则其道之要唯在土金之敬矣。"（《先哲丛谈》第三卷）

若林强斋（1679~1732）系闇斋的再传弟子，其门人松冈仲良（1701~1783）继承了闇斋土金说的正脉，并且对闇斋土金说的思想内核进行了明确规定。下面摘录几段以作说明：

> 土之训为续，为五；金之训为兼，为炼。
>
> 凡有土，则必有金。金兼于土而不相离。故土缩，即生金，此为金土之道也。土金全备则生人物，是故人道即敬成矣。……盖人体即土。人若能敬吾体，则气自立；至其熟，则天道归一矣。此之教，即所谓敬维持天人之际也。（《增补山崎闇斋及其门人》引）

关于神道，闇斋还发表了一些值得注意的言论，这可以视为日本神道是建立在简素精神之上的明证，比如：

> 闇斋认为，神道若立理屈，则失却本质也。是故读神道之书当读其本根，所谓借婴儿为大要也。（《强斋先生杂话笔记》卷五）

由此可见，闇斋对待神道书，只以淳古、质朴、至诚的心态读之，认为这样才能得感应之妙。然而，闇斋的这种思考方式，不得不说会使神道陷入虚学之类的批判。

明治以后，日本由于文明开化而使得国民在思想上出现混乱。明治天皇出于对这种现象的忧虑，命当时的儒者、枢密院顾问元田永孚（1818~1891）制定教育敕语草案，明治23年（1890）10月30日颁布了所谓《教育敕语》。这大概可以说是最纯正的神儒一体之教化。现将全文抄录于下：

朕惟我皇祖皇宗，肇国宏远，树德深厚。我臣民，克忠克孝，亿兆一心，世济厥美。此我国体之精华，而教育之渊源亦实存乎此。尔臣民，孝于父母，友于兄弟，夫妇相和，朋友相信，恭俭持己，博爱及众，修学习业，以启发智能，成就德器。进广公益，开世务，常重国宪，遵国法。一旦缓急，则义勇奉公，以扶翼天壤无穷之皇运。如是，不独为朕之忠良臣民，亦足以显彰尔祖先之遗风矣。

斯道也，实我皇祖皇宗之遗训，而子孙臣民所宜俱遵守焉。通之古今不谬，施之中外不悖。朕与尔臣民，拳拳服膺，庶几咸一其德。（《明治大正昭和三代诏敕集》）

日本人之所以能够直接受容外来的儒教教化，就是因为认识到神儒之间有以下共通点：

第一、祖先崇拜；

第二、以情爱基础上的人伦道德为宗；

第三、立足于以繁衍为宗的积极而明快的世界观。

这三条需稍加说明。神道有"产灵"的思想，说的是生命的连续性；而被儒教视为最高之德的仁，正如宋儒所言，"仁者生之理也"，视仁为生己而又生人的理。《周易》中也有"生天地之大德"之说，认为生物发育乃天地之道，所谓"生生者天地神人之大道也"。

相对于儒教以"生"为天地之道的看法，还有以"杀"为天地之道的现实主义思想家[1]。佛教以"死"为最要紧，故以死后解脱为追求目标。这些均属于阴性而灰暗的思想。神儒的"生"之说，则属于阳性而光明的思想。在儒教传入后 265 年，佛教也跟着传进了日本。但与儒教传入时不同，当时就是否受容佛教的问题，信奉神道的物部氏与信奉佛教的苏我氏曾展开过一场激战[2]，后来还引发了一起围绕政治斗争发生的重大历史事件[3]。到圣德太子时日本才开始信奉佛教，于是才有了使佛教彻底日本化而与儒教相互统合的过程。这也许正是神道的功劳，因为神道就是以不断追求和接受新事物进而使自身得以发展为目标的。

---

1 意指法家、兵家、纵横家等。

2 物部氏是朝廷掌握军事的名门贵族，系维护原有统治方式的守旧势力。苏我氏是葛城氏的支族，与大陆移民有密切关系，从 5 世纪后半叶起在朝中掌管财政。钦明天皇在位时期（539~571），苏我稻目主张崇佛，以便统一全国的思想，加强皇权，而物部尾舆则坚决反对，主张信奉原来的氏神，以维护氏姓制和部民制。于是稻目与尾舆围绕崇佛与排佛展开了激烈斗争。

3 作者此处可能指 587 年，用明天皇死后，以皇位继承问题为契机，苏我稻目之子苏我马子与物部尾舆之子物部守屋间进行的殊死搏斗。同年七月，马子取得胜利，讨灭守屋，物部氏从此灭亡。

2. 日本儒学的特质

如上所述，因为儒教与神道有一致之处，所以很快就得到了普及，并被吸纳为日本的政教。圣德太子信奉的虽是佛教，但据说由其编纂的《十七条宪法》，却有明显的儒教痕迹。至于推行大化改新[1]的7世纪前后，儒教的影响就更加明显了，当时的教育制度得到改革，儒教教育得以实施。但是，自进入中世以后，佛教逐渐处于支配地位，因而使儒教在渐渐失去活力的同时，也避免了陷入像隋唐时期陈腐训诂学那样的泥潭。

到了镰仓初期，新儒学亦即朱子学被禅僧带进日本，并首先在禅僧内部开始传播。这种风潮一直持续到江户初期。随后兴起的便是儒教脱离寺院而独自树立权威的风潮，同时趋于隆盛的还有幕末的儒学教育。这是因为，朱子学这样的儒教，不仅具有排斥佛教和老庄思想的立场，而且还以经世致用为教学目的，因而其教学对保持政治体制的秩序是最适合不过的。

由于文禄庆长之役的关系，有许多朝鲜朱子学的书籍被传入日本，从而使朝鲜朱子学者也进入日本儒学的视野。于是，日本的藤原惺窝及其门人林罗山等对朱子学进行了广泛研究，最终脱去禅僧的外衣，穿上了儒士的服装。罗山的门人中不仅大儒辈出，而且其学问还成了

1　645年孝德天皇宣布改年号为大化，于次年正月初一颁布《改新之诏》，推行一系列政治经济改革措施，史称"大化改新"或"革新"。

幕府的官方教材，其子孙皆学习朱子学，服务于幕府的教学机构。

但是，江户初期不仅盛行着林家的朱子学，还兴起了山崎闇斋的朱子学和反对朱子学的中江藤树（1608~1648）的阳明学，以及用佛老思想污染朱子、陆象山和王阳明之儒学并主张向古典复归的伊藤仁斋（1627~1705）的古学派，并且继仁斋之后，还出现了比古学派更为强调复古之要的荻生徂徕（1666~1728）的古文辞学派。在此期间，对朱子学持修正立场的贝原益轩也十分活跃，此后又兴起过折中学派、独立派等儒学派别。

江户幕府虽然把朱子学作为官学，但与中国、朝鲜不同，它没有设立科举制度，并对各藩的教学采取了宽大态度，而且也不排斥朱子学以外的学问。宽政年间（1789~1800），针对古文辞学流行于全国所产生的极大弊害，幕府采取了禁止异学、独尊朱子学的措施，但即使是该项措施，也是相当宽松的。

因此，中国以及朝鲜由于严格维护科举制度，且以举业为朱子学之要，故而使朱子学以外的学说都受到了严厉取缔，国家教学呈现一边倒的态势。这点在朝鲜表现得尤为显著，所以朝鲜除朱子学以外几乎未曾兴起过其他学派。

日本则由于其特殊原因，幕府对各藩的教学极为宽容，使得各派儒学都有发展之机会，尤其到后来，还出现了阳明学广泛流行的局面。这是因为，阳明学属易简之学，能够适应日本的民族性，而且随着时代的变迁，对社会变革的要求愈加炽烈，阳明学则能提供这种思想武器。自江户时代起，阳明学便逐渐受到日本各阶层人士的喜爱，直至现在。

日本儒学的特色，大概在于较少的门户之见以及重视体认和实践这些方面。日本儒学虽不能说全然不持门户之见，但的确不像中国、朝鲜的儒者那样有很深的门户之见和激烈的派别之争，这也许与日本的民族性有关。另外，与重视理论的民族相比，日本人也许更重视体认与实践。

日本儒学家之所以重视体认与实践，是因为日本人不太喜欢精密的思考和玄妙的理论。这只要看看日本的朱子学就一目了然了。

朱子学不同于阳明学的地方，就在于前者长于思辨、重视理论，而日本的朱子学特别是江户时代趋于顶峰的山崎闇斋及其学派的朱子学，则以深切的体认和实践为宗。闇斋把朱子所说的"敬"贯穿于致知力行的全过程，并主张以基于深潜、缜密之静坐而来的心为宗旨。所以他对同样看重体认和实践的朝鲜第一朱子学者李退溪（1501~1570）之学亦十分推崇。他们两人虽都以朱子的"敬"为学问之关键，但是后者更看重"思"，而前者则更看重"行"。因此，闇斋说"敬"，不言"敬心"，而言"敬身"。若把两人的学说加以比较，则可以说退溪的学问重视的是思索，闇斋的学问重视的是行动。

概而言之，中国、朝鲜的儒学擅长理论，而日本的儒学擅长实践。因此，日本的儒学可以说是以简素之精神为宗的。因此日本人自然会喜欢上阳明学。

神　道

1. 神道与佛教、儒教的合一

神道是日本固有的民族宗教。之所以称之为神道，是因为自佛教传入后，日本人对于本民族传统宗教的意识有了明确的自觉，并且是在一定的政治背景下被使用的，比如《日本书纪》中的《用明天皇纪》和《孝德天皇纪》里就有针对佛法而论述神道的记载。

所谓神道的"神"，自古以来就有各种解释，一般来说，大致意思指的是"贤明者"和"敬畏者"。在古代的日本人看来，自然物是与人一样的精灵，即具有灵性，因而视其为神圣之物而顶礼膜拜。但由于农耕生产劳动和集体定居生活的缘故，使其宗教信仰表现出了比个人性强烈得多的地域性和血缘性的特征。因此，其信仰也以对部落神和氏族神的崇拜为中心，而且最终发展成民族宗教和国家宗教。所以神道仍保留着多神教的性格。

佛教传入日本时，关于信仰问题曾在以朝廷为中心的氏族中间产生过争论。正如前述，这种争论还与政治斗争绞在一起，并在日本历史上留下了很深的痕迹。这点与儒教传入时朝野上下一致受容的状况正好相反。究其原因，一言以蔽之，就是神道与儒教一样，具有阳性和现实性，而佛教则是阴性的和非现实性的。结果，自然是佛教受容派在朝中占据了上风，从而使佛教也同样出现了日本化的倾向。

但是，随着国家的发展和民族意识的高扬，佛教作为外来的宗教，也必然会遭遇被否定的命运。于是佛教试图与作为日本民族信仰对象的原生态神道合一。例如，在奈良时代末期，神只是众生中的一员，得到佛的救济；但到了平安时代末期，则盛行起"本地垂迹"[1]说，神以佛之代言者的姿态登场，亦即神被视为佛的显现。到了镰仓时代末期，却出现了"反本地垂迹"说，认为佛才是神的显现。至于室町时代末期的一般看法，则认为日本的神才是根本，而中国、印度的圣和佛则不过是其枝叶花实罢了。

于是，原本不具备理论的神道也被迫使自己理论化，以显示自身的权威，所谓伊势神道、两部神道[2]、山王神道[3]都是在这种背景下兴起的。两部神道和山王神道分别利用了真言宗与天台宗的理论而使神道理论化，并赋予神以清净、正直和慈悲的性格。但到了江户时代，由于儒学的兴盛，使得对神之性格的解释有了更强烈的儒教色彩，"诚"与"德"成了神的本性，而具备了"诚"与"德"的人则被视为神，并且出现了祭祀这些人格神的灵社。山崎闇斋的垂加神道就是借用儒学来解释神道的，因而其学说是具有深刻体认性的精巧学说。

山崎闇斋的学说在江户时代流传得相当广泛，但到了后期，随着

---

1 原是大乘佛教的思想，意指作为本源的佛，为了救助众生而垂迹四方，以其他神的姿态出现。但在神道学说里，则是指诸神皆为佛与菩萨之化身，如平安时代后期，各神社纷纷为所供奉的神设立"本地"佛。这种日本式的"本地垂迹"说，其实是以佛教为根本、以神道为附庸的神佛调和理论。

2 日本佛教真言宗所提出的神道理论。该理论把神道诸神视为诸佛与菩萨的垂迹，并将它们分别配置在金刚界和胎藏界两部曼陀罗中。两部之称即由此而来。

3 日本佛教天台宗所提出的神道理论。该理论认为日本的山王神是释迦如来的垂迹，因而应是日本诸神中的最高神，并据此将日本诸神重新组织化。

世界遗产熊野那智神社的拜殿。熊野的三座神社曾是体现神佛合一思想的重要场所
图片来源：wikipedia

该学说对古学关心程度的加强，主张一切都得符合古语的要求，从而使儒学界也掀起了古语运动。在这种背景下，神道也矢志古语，提出要以古道为学，结果使神道等同于古道，认为古史里记载的神话蕴涵着神道的精髓，而信奉这些神话则是神道不可欠缺的要旨。以本居宣长（1730~1801）为核心的复古神道[1]就是这样的神道。复古神道在神道理论上排斥佛教、儒教的影响而强调日本文化所固有的古道。

到了近世，随着平民文化的勃兴，广泛流传于民众中的神道，也是在以神道为中心的基础上，结合了佛教修悟及儒教伦理，呈现出平

1　以本居宣长、平田笃胤（1776~1843）为代表的国学者，主张恢复日本神道古来的真面目，这些人所倡导的神道理论，被称为"古学神道""复古神道""古道""真教"。

易的三教一致的形态，并且成了民众生活的支柱。所谓"心学道话"[1]之类即是如此。"心学道话"理论具有完整的道德教的特性，它除了在平民中提倡信仰国家神道或氏神之外，还主张追求对个人实际生活及处世有直接作用的神道。这种神道同样也吸收了佛教、儒教的思想，并且成为像佛教那样的宗派性组织。这就是所谓的教派神道[2]或宗派神道。

2. 神道的特色

日本人是敏锐、感性、直观的民族，而神道就是一种几乎是在无意识当中出现的直观的日本独特的民族宗教。

神道的独特性，与佛教、基督教等宗教比一下便可一目了然。神道甚至可以说是不像宗教的宗教。因其为自然产生的宗教，故没有创教者，没有教理；既无布教运动，又无祭祀之神体，更谈不上偶像崇拜等宗教教义。神道不是为死的宗教，也不是超现世的宗教，而是为生的宗教，现世的宗教。神道中的所谓"神"，不是全知全能的唯一绝对的神，而是也会犯错误的神。因此神道既非一神教，亦非一般所言的多神教。

1　又称"道话"。江户时代由石田梅岩（1685~1744）开创的心学流派即所谓"石门心学"的道德说教。

2　成立于幕末维新时期各种新兴神道教派的总称。大致有三种流派：神社神道、教派神道和民俗神道。教派神道分为13个教派，每派有自己的创始人，故又名"教派神道十三派"；民俗神道无严密组织，是农民自己祭祀农事和路神的神道。

神道是信仰那种能生出东西的灵妙生命力，即"产灵"的宗教。在神道看来，不仅人，从天地万物中都可发现值得敬畏的神灵，因而都可成为神。所以，一般来说，神不是存在之上或者存在之中的绝对者，而是存在本身，是不断寻求创造更新从而使自身得到发展的灵力。正因为在神道那里存在是创造的主体，所以神道并非永恒不变的真理，亦非理想的世界，而只是永不停息地追求自我创造、自我发展的生命之延续。

神道没有非情有情之别。因万物皆为神，故神道既无基督教那样的原罪说，也没有视日本民族为选民的观念。而且神道还不像儒教那样从严格的道德律出发规定恶。在神道看来，无论罪神还是恶神都是平等的神，但这并不等于没有善恶的观念。神道不过是把罪与恶视为妨碍生命之创造力的东西，并认为罪与恶是对纯粹清净之神的污染。然而，与其说神道考虑的是如何清除这种污染，倒不如说是想使创造的激发作用成为现实。

关于死，较之把死视为生之断绝而使死与生对立的观念，神道不仅把死视为生的一部分，而且把死作为生的条件。因为神道无条件地肯定存在本身，所以即使在罪恶观上也可以说具有通融性。因此，在神道那里看不到宿命观，有的只有乐观的柔软性和宽容性。

如上所述，神道信仰的是常常能自我创造和自我发展的神灵，并具有柔软性与宽容性，因而神道能够不断吸收有用的优秀的外来文化，甚至将其作为自家原生文化的一部分，促进自我发展。

所以，神道所谓的"神"，如前述，非指超自然的存在，而是事物本身。而且这种"物"是一方面自己努力（功夫）、一方面自己向上（本体）的实在。从一定意义上说，"物"就是本体功夫之物。这点对日本人来说是应当铭记的。

所以我说：切不要忘记敷岛大和国的物皆神也。

如上所述，神道之称呼产生于佛教传入以后。日本神话的原典《古事记》和《日本书纪》也是在佛教传入以后才出现的。但这些只不过是作为神话而被记载下来的，因而都是些没有理论的不言之教。这正是神道的特色之一。后来便有了神道与佛教、儒教的合一，而且还产生了不把神话依附于佛教修行教理，而基于本位精神解明的运动。若通观整个历史，可以说，神道即使在外来思想流行的过程中，也潜在地维系着日本人的生活，而且还发挥了使外来文化日本化的有益作用。

对于这样的神道，虽然日本人似乎还没有达到明确自觉的程度，但可以肯定地说，直至今日它还潜在地活跃于日本人的生活当中。日本人须首先对此有明确的自觉。

3. 日本文化和神道

神佛、神儒的合一，若就思想方法而言，其实也就是佛教、儒教的日本化现象。那么，何谓日本化现象呢？我想不外是把分析的、思辨的和理论的东西简素化、现实化和实践化罢了。这恐怕只要把印度、中国的佛教与日本的佛教比较一下，或者把中国的儒学与日本的儒教比较一下，就自然清楚了。可以说，神道实际上是把外来的佛教和儒教变换模样后又将其融入自己的文化之中。比如，一般认为，亲鸾（1173~1262）的"恶人正机"理论对神道的善恶观有明显的影响。神道经常会在受容外来思想后使自身得到启迪和发展。

安城御影亲鸾圣人像
西本愿寺藏

关于日本人对印度思想和中国思想的受容问题，冈仓天心说过一段意味深长的话：

日本人就其整体而言，不是适应深邃的形而上学思索的民族。……日本人也接受过中国、印度等国深远思想的教育，但他们却从不用自己的思维习惯对这些外来思想作一番彻底的讨论和修正。……而是直接将其一般化，继而把实际的效用转化为某种行为原则。那些在发祥地被视为理想的东西，到了岛国日本就变得不是理想了。这些理想在日本已变为与人们的日常生活有直接关系的现实的真理。我们日本人在内心深处是喜欢眼前有形的能触摸到的东西，并喜爱看得见的晨曦和光明的民族，表现为决意断行，并具有与熟虑、平稳相反的性格。……纯粹的思索等，对我们来说不太有什么价值。与其把漂浮的思想停靠在附近的港湾，与激浪、深海进行无益的斗争，那还不如在思想的平台上从事平和的工作。（转引自 J. W. T. 梅森著，今冈信一良译《神来之道》）

神道的影响不仅限于宗教思想，它对日本的文学、艺术、工艺、技术等也产生过影响，在此试举一例。

芭蕉有所谓"松之事则习松，竹之事则习竹"的名句，这是因为他把松和竹均视为神灵去直接感受的结果。因此可以想象，神道思想也潜在地影响过芭蕉的俳句。

在这里不可能对日本文化作全面阐述，但从神道的观点出发，再一次审视日本文化的特质，则是日本人在发觉自身同一性上的最重要的课题，特别是在目前的情况下，其必要性显得尤为突出。重要的是，日本人应当对神道暗中存在于全部日本文化之根底的现象有所自觉。

4. 神道的自觉

研究了 30 年神道，对神道情有独钟并专念于神道之修行的美国记者J．W．T．梅森（1879~1941），于昭和8年（1933）出版了《神来之道》一书，书中在深刻阐述神道中潜在意识的生命观和创造精神的同时，还对日本人发出了以下警告：

日本人的过度克己心与对自觉的压抑，妨碍了其对自身潜在意识中独创性的理解。这不仅表现在社会活动方面，而且表现在日常生活的各个方面。日本人过于作践自己，过于压抑感情。他们在活动中常常干脆利落并追求新的活动之道，但他们误把自我压抑作为社会理想，并基于这样的认识而抑制自我。因此，他们只对神道的创造发展性进行了潜在意识的主观性理解。他们并不知道，神道在精神原理层面要远比佛教来得优越，因而更适合现代生活，在内在哲学的见解方面也远比儒教来得深远，在调和物质进步与精神理想主义方面则远比西方文化来得全面。

如今，日本的学会应更多地关注日本文化的固有创造力。现代日本在中国的理智主义（intellectualism）、印度的哲学思维以及西方的唯物主义的支配下止步不前，似乎没有机会自觉地了解日本精神与神道的关系。对外国文化的精华当然不能放弃，但也要对固有文化的发展作独创性分析，并自觉地理解其活力，唯如此，才能求得日本将来之发展的根本源泉。

与日本相比，西方有一个长处，这就是西方人了解自己，能自觉地分析自己的过去，并努力使自己的表现力不断得到发展。因此，西方人会从精神的表面提炼出新思想，并能基于对客观的体味和意见的交换而使知识得以扩展。相比较，日本则是在直观的潜在意识的生命观层面上优于西方；另外，神道的普遍创造的精神观也比西方的精神主义显得更为现实。

不过在现代社会，促进人的幸福，自觉、自我表现和自我分析的活动比内面感情显得更为有力。如果日本能保持其潜在意识的直观力，同时能自觉地使自我表现的分析力趋于发达，那么日本文化就能达到别的民族从未有过的高度。但是，若日本人不能使自己内在的独创性得到发展，而仅仅向海外寻求自觉的灵感，那么日本精神与神道的创造精神就会埋没在潜在意识的沼泽地里，从而失去促进日本将来之发展的动力。

我们都应倾听一下梅森的警告。但如今的日本人其实已渐渐丧失了神道潜在的直观力和创造的精神观。我们必须振作精神，加深对神道的理解。

日本佛教

唐宋佛教传到日本后，曾在日本遍地开花。但奈良时代的佛教基本上都依托于中国佛教，到平安时代以后才渐渐显示出日本的特色。要说显著的日本化，则是镰仓时代以后的事了。

平安时代曾兴起过最澄（767~822）的天台宗和空海（774~835）

法然像
藤原隆信作

的真言宗，这两个佛教宗派后来都成了日本佛教的发展方向，其特色就在于两者在混融了别的宗派的基础上树立起自己的旗帜。这点真言宗表现得尤为突出。空海把儒教、道教、婆罗门教以及印度的大乘、小乘佛教融合在一块，建立起真言宗。随着这种融合，佛教渐渐趋于民众化，戒律也变得简单多了。

到了法然（1133~1212）的净土宗、亲鸾的净土真宗[1]和日莲（1222~1282）的日莲宗[2]兴盛时，大众化和简易化的趋势就更为明显了。可以说，佛教在当时已成为日本民众的宗教，这是佛教简素化的结

---

1 简称真宗。曾因提倡"一向专念无量寿佛"而被称为"一向宗"，又因亲鸾称信徒为"御门徒众"而被称为"门徒宗"。

2 日莲在自己的著作里称创立的教派为妙法莲华宗，简称法华宗，后世用其名字通称日莲宗。

果。法然极力宣扬他力佛教[1]，认为无论愚者还是无知者，即使罪再深、恶再重，只要口称阿弥陀佛的名号，就能往生极乐净土世界。故他主张停止一切"杂行"而专修念佛。

亲鸾使法然的他力佛教更加彻底。在他看来，极乐净土就是现世的事物，包括现世的食肉娶妻。故他主张佛教的在家主义，认为在污秽的现实世界中也能往生极乐。亲鸾把法然的他力佛教推向极端，强调对弥陀本愿"他力"的绝对信仰，把念佛消罪的做法也视为"自力"修行而予以否定。他认为，念佛者即使是不可救药的凡夫乃至恶人，也能成为阿弥陀佛的拯救对象，所以必须舍弃一切"自力之心"而依赖弥陀的慈悲他力。恶人若能坚定对弥陀本愿他力的不可动摇的信心，就能往生而成佛。这就是所谓的"恶人正机"说。不过最先提出"恶人正机"的还是法然。

亲鸾在《叹异抄》[2]中说过：

烦恼具足之我人，作何种修行皆不能脱离生死。弥陀悯此所发宏愿之本意，正为使恶人成佛。既然如此，信赖他力之恶人，本为往生之正因。故谓善人尚能往生，何况恶人乎？

1　佛教中有所谓"自力"与"他力"说。佛教认为，要去除杂念、得证菩提，全仗自力。但佛教中也有以"他力法门"为主的净土宗，而净土宗所谓的"他力"，主要就是阿弥陀佛的"愿力"。净土宗信徒主张依据阿弥陀佛的愿力，以念阿弥陀佛名号的方式，往生净土。

2　亲鸾死后，其弟子唯圆见信徒间多有异说，慨叹之余，根据记忆把亲鸾当年面授的内容写为《叹异抄》，遂成为净土真宗的重要教典之一。

于是，亲鸾主张彻底否定"自力"而树立"本愿他力"。按照亲鸾的说法，南无阿弥陀佛的名号对极乐往生并不重要，重要的不过是信奉者的喜悦之声。这样一来，佛教就从彻底地否定现实变成了彻底地肯定现实。这大概可以说是佛教思想简素化的极致，是对佛教本愿的完全回归。

日莲坚信《法华经》是佛教的根本经典，并基于这一立场而激烈批判其他宗派。他还把"南无妙法莲华经"称为《法华经》的题目，认为由此方能合理成佛。但他认为，这并不只是个人信仰便能做到的，还必须实现于社会，因而他又强调实践的必要性。

法然的称名、亲鸾的信仰之心以及日莲的唱题，都是日本佛教简素化的真实写照。相对于中国佛教，三者均凸显了日本佛教的鲜明特色。

日莲上人像
京都妙传寺

道元像

一休像

禅宗虽由入宋的荣西（1141~1215）传到日本，但自道元（1200~1253）开启曹洞宗后，日本的禅宗才有所发展。

道元反对各立宗派、相互争斗。他致力于传播正确全一的佛法，重视不退转的佛法，强调修与证、修与悟为一体的实践禅，并以"只管打坐"为根本，因而其修行方法是极其简素的。日本的禅虽不无中国禅那样的奇行狂态，但一般来说很少有，甚至可以说是相当稳健的。

禅宗到了一休和盘珪（1622~1693）的时候，掀起了一股新的风潮。禅宗从禅堂的禅演变为街头的禅，从戒律清规的禅演变为自由奔放的禅，从玩弄言辞的禅演变为天真烂漫的禅，渐趋大众化。这种自由奔放和大众化的禅风在中国的禅宗那里难以见到。如果要问谁是这种日本禅的代表者，那也许会首先提到良宽。

良宽虽巧于诗歌并把悟境假托于诗，但他拥有童心的生活本身显然是揭示其悟境的。他喜欢与小孩拍球玩，这在旁人看来就像一个"痴人"。即使旁人问其悟境，他也只回答"只这是"。其诗云：

青阳二月初，物色稍新鲜。此时持钵盂，腾腾入市里。儿童忽见我，欣然相将来。要我寺门前，携我步迟迟。放盂白石上，挂囊青松枝。于此斗百草，于此打毬子。我打渠且歌，我歌渠打之。打去又打来，不知时节移。行人顾我问，曷由其如此。低头不应他，道得亦何似。要知个中意，原来只这是。

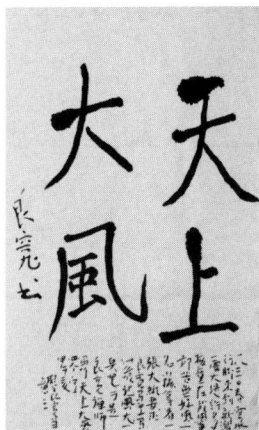

良宽的书法作品《天上大风》

另有其他诗云：

可中意旨若相问，一二三四五六七。

就是说，旁人若问起拍球的心境，他只回答"一二三四五六七"。这大概是想揭示悟境之本源吧！轻妙洒脱，这就是良宽的禅风。

一般来说，中国的禅具有厚重感，而日本的禅则具有良宽那样的明快感。所以即使是轻妙洒脱的境地，日本也不能不落

良宽坐像

脚在完全粗糙的洒脱之境界里。这样一来，便几乎丧失了佛教解脱生死苦海的本来目的，甚至以为宗教性就是洒落性。但若从另一角度考虑，这也许正是日本宗教的特色。相关例子可参见前面曾讲过的狂歌。

读一下狂歌便可以知道，日本的宗教已完全融化在明快而乐天的日本民族性之中了，从中能够感受到对潜藏于日本人心底的生命之延续性和永远性确信不疑的神道力量。

日本佛教的另一个特色就是如前所述的与神道的合一。

五 简素的精神
及其意义

通观日本文化的发展历程，其中既有积极受容外国文化的风潮，又有继承和发扬本国传统文化的风潮。两种风潮虽然都有，但或者是主从关系，或者是融合关系。外国的东西豪壮绚烂、宏大华丽，具有强烈的自我表现倾向，而日本的东西则简素枯淡、孤寂幽玄，具有强烈的自我抑制倾向。在日本的传统文化遗产里，这两种倾向的东西都有，所以只把后者当作日本文化的特色也许并不妥当。然而，后者的纯粹表现形式若只能在日本找到，那么将其定为日本文化的特色，大概没有人会反对。

问题在于，这样的日本文化最终是否具有世界性？换言之，就是是否具有世界价值？我本人对日本文化这一长处坚信不疑。其实这已为明治以来到过日本的外国有识之士所认同。

在上面各章节里，我对日本文化的特色在于简素精神这一问题，从各个领域进行了说明。下面我想再以中国的《周易》思想为例做些补充。

正如莫赖斯所言，西方文化具有与日本文化恰好相反的关系。如果把这种相反的关系想象成价值层面的高低关系，那就不对了。比如日本的和歌、俳句以及艺能等清净幽玄之美，为日本文艺赢得了世界性的赞誉，这点日本人无论谁都是承认的。细细观察，其实这不仅表现在文艺上，即使在思想上也是如此。何以见得？因为一般认为，就思想方法而言，包括日本在内的东洋哲学思想具有比西方哲学思想更高的水准。西方人所谓的真的存在即实在，由于他们只相信理性是绝对的东西，故而把实在作为理性的对象，分析其内容并认识其本质。东洋人则纯化了知、情、意之浑然的潜在意识，并凭借直观而寻求全体的自得。以东洋思想的立场而言，西方的哲学思想是尚未脱离科学思想领域的哲学。因此，在东洋的哲学思想看来，西方的哲学思想还只处于低层次的水平。

总之，西方文化与日本文化的关系即使是相反的关系，那也不是价值层面的高低关系，而至少应视为对等的关系，即同层次的关系。从一定意义上说，两者是矛盾的。正因为是矛盾的，所以即使有质的差异，在价值上也是同等的。这点在《易》中"睽卦"的《象传》里有明确显示：

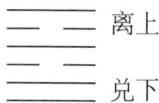

　　　　　　　══ ══　离上
　　　　　　　══ ══
　　　　　　　══════　兑下

所谓"睽"即背离之意。该卦的上卦"离"为火，火升得老高；下卦"兑"为泽，泽降得很低。睽卦象征着火与泽相互背离。另外，离暗指中女，兑暗指小女，中女与小女同居，有违婚嫁情理，故相互间的志向不同、意见不合。就是说，相互间表现的是背离之意。因此可以说，睽卦是反映矛盾存在的卦。所以《彖传》曰：

天地睽而其事同也，男女睽而其志通也，万物睽而其事类也，睽之时用大矣哉。

由此可见，矛盾之存在对于生成发展具有多么巨大的作用啊！西方与日本是一对相反的文化，即具有矛盾关系的文化，但显而易见的是，这对矛盾对于推动人类文化向前发展是有很大作用的。

本书所叙述的日本之简素，不是原始性的素朴，尽管它在表现形式上与原始性相同，但在精神上却有着天壤之别。

我在前面贲卦上九白贲之爻辞的解释中曾说过，文化的极致就是向简素的回归。因此，如果说西方文化的志向在于发展，那么可以说日本文化的志向在于回归。两者都在不停地循环往复。因此，日本的回归若不去受容西方的发展，就会停滞不前。不过，日本人所拥有的是希望通过潜在地、经常性地受容新事物从而自我创造、自我启发的民族性，尽管这是很难做到的事情。但若过分强调日本本民族的东西而拒绝接受西方的东西，那么日本人所能夸耀的简素之精神以及以此为根本的颇具特色的世界观，就会萎缩、衰退。这一点作为日本人是应当铭记在心的。

日本人的这种世界观，虽然自古以来就潜存着，但至今还未被自身认识到。今后日本人应该对此有明确的自觉，并使之成为显存的意识，进而为构建辉煌的世界文化做出贡献。

后 记

　　本书的叙述虽涉及日本文化的各个领域，引用了不少资料，并对此进行了解释和评论，但这些都少不了参考各学科专家的著作，甚至直接引用了各学科专家的解说和评论。只是由于阐明日本文化贯穿着简素之精神是本书的写作目的，所以我才对这一问题格外用心。希望读者能够很好地理解这一点。

　　本书的出版，不仅得到了致知出版社社长藤尾秀昭和同社编辑部的泉岩的热心关照，而且得到了编辑部诸位的鼎力支持，另外还得到了自由撰稿人佐藤荣子、筑紫女子大学教授秋田义昭、福冈女学院大学教授难波征男和音乐家柴田治夫的大力协助。对以上各位我谨表示深切的谢意。

冈田武彦

1998 年 6 月

下　篇

崇物的精神

就像很多人在年轻时经历过的那样，我青年时对人生及时世抱有苦恼与疑惑，于是转向西方哲学中去寻求解决的方法，试着阅读了一些有关西方哲学、伦理学的译著，同时又沉迷于日本哲学家和伦理学家的著作。后来由于对禅也产生了兴趣，便去拜访禅僧，学习禅学。再后来又把兴趣转向了对日本近代文学以及和歌、俳句的学习和研究。进入九州大学后，除了听西方哲学、伦理学和日本文学的课之外，我还参加了一些研究会，并担负其中的一些日常工作。但即使如此，仍不能使我得到满足，解除无穷的苦恼。到了大学一年级的下学期，因为常去旁听从德国留学回国的中国哲学教授楠本正继先生的课，并深受感动，于是我决心攻读中国哲学。大学毕业后，更是把主要精力放在中国哲学上，尤其是对其中的宋明理学兴趣倍增，于是便埋头于这一领域的研究工作。随着研究的深入，我逐渐对宋明理学中的体认之学有了浓厚的兴趣，觉得正是体认之学才使得东方哲学有了西方哲学所没有的思想特色。因此，我便去试着体验宋明儒学家体验过的生活，从而逐渐自觉到这才是真正的东方学的研究方法。后来我还意识到，这样的研究方法已不在印度和中国，而主要存于日本。出现这种情况其实并不突兀，它与源于宋明时代精神文化的日本传统密切相关。古语曰"游骑无归"，我却可以幸运地回归自己的精神故里了。宋尼《悟道》诗云："尽日寻春不见春，芒鞋踏遍陇头云。归来笑拈梅花嗅，春在枝头已十分。"（罗大经《鹤林玉露》）这首诗大概可以充分表达我向日本传统也就是体认之学回归的心境了。

这里所谓的"回归日本"，其实就是"简素的精神"。"简素"并不是显示精神内容的词，而是凸显表现形式的词。对此，我已在《简素的精神》中进行了详细论述，恕不赘述。《简素的精神》中对日本思想文化的各个分野作了概述，并以西方思想文化为参照系，对日本

冈田先生自制茶碗

思想文化的特点进行了简要归纳，揭示出其中所具有的世界性价值。如果可以把这种研究称作"反思"，那么相对于西方的"制物"文化，日本文化就是一种"崇物"文化。在我看来，"崇物"是贯穿于"日本思考"的终极理念，"崇物"二字是神与人代代相传的真正秘诀。因此，凡有志于了解日本思想文化的人，都需要从崇物论入手，同时做到兀坐正身以培养根本。这也是本文所希望达到的目的。

冈田武彦

2003 年

出云大社，日本最古老的神社之一。据说每年的 10 月，全国八百万神灵都聚集到此进行"神议"，会举行盛大的"神在祭"

一　特殊性
　　与
　　普遍性

　　我年轻时曾读过托尔斯泰写给印度圣雄的书信，记得其中有这样一段话："拥有悠久历史的民族文化，必有其自身的价值，但我们不应该在与其他民族文化的比较中谈论其价值。"这话说得很精辟，值得倾听。特别是像日本这样具有悠久历史的民族所拥有的思想文化，与西方思想文化的差异肯定很多，其特殊性是显而易见的。我认为，日本思想文化是一种具有较高价值的极特殊的文化。也许今天的日本人并没有自觉地意识到这一点。要想真正有所自觉，就必须确立日本人的主体精神观。在我看来，除了自然科学，其他所有思想文化，越是具有特殊性的东西，越具有普遍性，离开了特殊性就谈不上什么普遍性。但是，这并不是说只要具有特殊性，就一定会有普遍性；而是唯有最优秀的东西，才能有资格说普遍性。比如梵高（1853~1890）和雷诺阿（1841~1919）的油画，即使日本人也会感受到它们的美，这就是它们所隐含的普遍价值。反之，雪舟等杨和狩野派的绘画，在西方人眼里也一样具有它们的普遍价值。再比如，日本的禅为西方人所喜爱，亦表明了它的特殊性与普遍性的统一。英国的莎士比亚戏剧与日本的能乐，也无不具有它们的世界性意义。这些都是很容易理解的。

"二战"以后，随着美国占领政策的推行，日本人自己也对战前进行了全面批判。于是，轻视日本传统思想文化的风潮逐渐占据了上风，导致日本传统的淳厚风俗丧失殆尽，被欧美人誉为"东洋君子国"的日本民族的特性也随之消失。日本人原本就有自我抑制的民族性，在这种民族性的驱使下，日本人在向海外宣传日本传统思想文化方面，也处于不作为的懈怠状况，这是非常可惜的。因此，日本人自然也对自己这种潜在的、但却实实在在存在着的、独特的思想文化不屑一顾，更不用说去表现它了。

且不说日本国内外有识之士的相关评论，就看日本的民族语言和文字，也可大致了解以上所说的道理。这是因为，一个民族的传统思想文化特色，都会通过其民族语言和文字被清晰地表现出来。如果要问究竟是一个民族的传统思想文化决定了其语言文字，还是一个民族的语言文字决定了其传统思想文化？那么我只能回答：二者是互为因果的关系，或者说是相互催生的关系。

因此，凡是重视本国传统思想文化的民族，就必然会把本国的语言文字当作宝贵财富来对待。在这方面，极为重视本国语言文字的法国人，似乎最为引人注目。法国人常说，法语是世界上最美的语言，

日本街头穿和服的少女　　孙元明　摄

这就反映了法国人的民族自豪感。在我接触过的各国人士中，好像再没有比法国人更珍视本国语言文字的了。

京都大学日本文学教授、已故的泽写久孝博士刚从法国留学回国时，便在他的讲演中声称：日语是比法语还要美的语言。原来，日语只有母音（元音）能单独使用，而子音（辅音）是不能单独使用的。因此日语的声调便显得较为温和，不激扬，无棱角。对这样优美的语言，今天的日本人应该有所了解。前几天收听日本广播协会（NHK）广播，得知一位日本民歌歌手在法国某剧场演唱日语歌曲时，听众中有一位法国女性由衷地赞叹："日语太美了！"其实，只有在日本的传统思想文化中，才能产生这样优美的语言。

然而近年来，年轻的日本女性讲话时都喜欢用"翘舌音"[1]的语调，而且还觉得很时髦，这种讲话方式很快便在女性中流行开来。其实这种语调是在用甜美的方式表达自己的主张和内心倾向，这或许也可从一个侧面反映现代日本社会的状况。

1　日语原文为"尻上がり"，意思为越往后越好。这里似译为"翘舌音"比较合适。

二 日本语 的 特色

　　因此，在论述日本人的思维方式及其终极理念之前，我想先讲一讲普通人容易理解的日语语法问题。然而，为了讲清楚日语语法的特色，又不能不将其与其他国家的语法作一比较。由于我不是语言学家，因而不可能对此问题作学究式的论证，只能从普通人容易理解的日语语法之特色的角度，来论证日本的思考即日本的思想世界。

　　我们不妨先把日语语法与西方语言作番比较，来看看它的特色。因为西方语言种类繁多，不可能面面俱到，所以只选择其中有代表性的语言（英语、法语、德语等）来进行比较。

　　第一，就语法结构来讲，西方语言是主语主动型，而日语是客语（宾语）主动型。举例来说，西方语言通常是：我／去／学校；日语则是：我／学校／去。比较而言，主语主动型就是自我主张型，客语主动型则是自我抑制型。主语主动型是试图说服他者的，因而必然是逻辑性的，表达方式也是明晰的。客语主动型由于与他者是同调的，因而必然是无逻辑性的，在表达自我意向时也是暧昧的。

第二，若与具有逻辑性和缜密学术叙述方式的西方语言相比较，日语有时确实缺乏逻辑性表达，所以显得不如西方语言严谨。但日语却适合表达丰富纤细的情感，这又是优于西方语言的地方。西方语言因人称不同而动词也不同，名词前有冠词，还有单数和复数之别，这确实适合逻辑性表达。因此在所谓学术思想的表达上，不能不说西方语言要比日语有优势。这也是为什么一涉及逻辑性叙述，日语就显得暧昧的重要原因。

关于这一点，其实在日常对话中也能感受到。例如某人到朋友家去做客，在经过挂有肖像的房间时，客人通常会问："あの絵は誰の絵ですか？"（这是谁的画像）朋友回答："あれは父の絵です。"（这是我父亲的画像）然而这样回答其实是极其暧昧的，因为若把这一日语译成西方语言的话，可以有几种意思：这是父亲的画像；这是父亲收藏的画像；这是父亲所画的画像。答案却只有一个，所以只能从中选一个。但这在日本人之间，答者的意思是完全可以理解的。

再比如说，某个家庭来了客人，家庭主妇想用日本茶或咖啡来款待客人，会问："您是要茶还是要咖啡？"在这种情况下，日本人常会说："什么都行。"然而在西方人看来，这一回答是非常暧昧的。西方人一般会明确说出茶或者咖啡。

在西方人眼里，日本人这样的表达方式是非常暧昧的。但日本人在进行这样的暧昧表达时，其实是为了抑制自我意志而尊重他人意志。一般来说，日本人的这种抑制自我、尊重他人的民族性，在表现自我时，确实不太有逻辑性的清晰和明确。所以可以说，"敷岛的大和国是不擅言举的国度"，这是由其自我抑制的民族性决定的。不过需要说明的是，尽管日本人在逻辑上的表达显得很暧昧，但多数情况下说话人的意思是可以理解的。

正是由于日本人这种暧昧的表达方式，才使得西方人误认为日本人的思想文化是相当令人费解的。由于西方人一般是以逻辑性的方式来传达自己的意向，并且通过逻辑性的方式去理解对方的意向，而日本人的表达方式却是无逻辑性的，所以显得暧昧，也因此被西方人误认为没有主见。以交换学者的身份来日本进行访问研究的（中国）吉林大学教授、日本文学专家宿久高先生，曾对我讲过一番话，就颇能证明刚才讲的道理。他说：

中国人之间是通过讲道理来了解对方的意向，而日本人则不太去讲道理。刚来日本的时候，日本人在想什么，我全然不知。但在日本待了大约一年后，才知道日本人表达的深处整体上是不矛盾的，也知道了日本人还是有特定意向的。

这是因为，汉语同西方语言一样是主语主动型的，所以中国人也同西方人一样，具有借助逻辑表达来互相理解对方意图的民族性。故而中国人从总体上说也属于自我主张型。

第三，西方语言适合严密的逻辑性叙述，而日语则适合丰富细腻的情感描述。日语中有动词活用，表现情感的助动词、助词也非常发达。已故的长崎大学医学部教授、热带医学研究所所长渡边丰辅博士就曾举过一个例子，说英语的 "This is a dog"（这是一只狗），译成日语可有 130 种左右的表达。当然，这不仅指现代日语，还包括古代日语。

如前所述，汉语与西方语言相同，是主语主动型。若将汉语与汉文[1] 作番比较，则不仅能弄清这个问题，而且还可以理解为什么说日语是适于表达纤细情感的语言。例如，中国话说 "登山"，如果用日语的汉文训读法，便有 9 种读法之多。

第四，汉字与西方语言不同，基本上是绘画文字，汉字的表达与横写文字恰好形成对照。我曾把汉字称为绘画文字，西方语言称为音乐文字。由于是绘画文字，所以思考问题时就会像观赏绘画一样，需要演绎的空间；因为是音乐文字，所以思考问题时就会像欣赏音乐一样，需要归纳的时间。于是，汉字的思维方式就像观赏绘画，以空间为中介，先用整体的思考来直观地理解对象之意义，然后再围绕其构图、色彩等细部来考量其价值；但西方语言就像是听音乐，先提示一个旋律，然后对其进行分析，并随着节奏的变化而一气呵成，否则无从知晓这首曲子的价值。所以说，西方式的思考方式是以时间为媒介的，具有归纳的特性。

日本人很早就从中国输入了汉字文化，这不仅使日本人的感情更加纤细，而且由于从汉字那里发明了假名，又使得日本人的感性表达

---

1 这里是指日语中的 "汉文训读"。

能力变得更加丰富起来。根据史料记载，应神天皇时代，百济的王仁把《论语》和《千字文》带到了日本，皇室首先开始学习，然后进一步扩散，而汉字也许此前就已传入了日本。到了奈良时代，《古事记》《日本书纪》《万叶集》已编纂完成。《古事记》是用汉字的音训配以汉字撰成的；《日本书纪》是用纯汉文写成的；到了《万叶集》时，就已能巧妙驾驭汉字音训来创作和歌了。平安时代日本人又借助汉字发明了假名，并用假名来书写和叙述当时发生的事情。最初用假名记录的大都是女子的事情，这是因为，大多数男子已习惯用汉文来写作。一直到后来，才是男女不分地用假名夹杂汉字来进行写作。这样就使得日本人纤细微妙的情感思维，有了更加丰富的表达手段。

同时，从平安时代开始，又发明了一种叫作"をこと点"[1]的话语系统，这就把汉语也日本化了，其实也就是把汉语的主语主动型变成了日语的客语主动型。所谓"をこと点"，最初是由一些专家以家学的形式传承下来的，它也可以说是现代汉文即"返り点"和"送り仮名"的起源。[1]这说明，日本人在汲取中国思想文化的同时，就已经把汉语变为汉文使其日本化了。日本人把汉文表达方式，以及将汉文与假名交织在一起的写作方法保存至今。直到江户时代，日本人仍经常用汉文来记录和表达自己的思想。所以要想了解日本的传统思想文化，就必然要阅读这些用汉文记载的文献。

---

1 日本人在读汉文的过程中，使用训点即"训读符号"，在文中添加"ヲ（を）"与"コト（こと）"等助字，以"返り点"（返点）表示词语的阅读顺序，以"送り仮名"（送假名）、句读、片假名等为阅读的辅助手段，发展出训读法。这种训读法称作"ヲコト（をこと）点"或"乎古止点"。

第五，一般来说，西方语言是完全没有敬语的，而日语的敬语在世界诸多语言中绝对是最发达的。比如英语的第二人称"you"，在日语中因时间、场合、职业贵贱或身份的高下而有各种不同的表达方式。如果了解了日语这种不同的人称表达方式，也就会对日语的敬语系统肃然起敬。对日本人来说，即使再普通的人，一说起敬语，也大致知道尊敬语、谦让语、郑重语等，只不过要想掌握尊敬语、谦让语、郑重语之间的区别，在多数情况下是很难做到的。当然，日语的敬语系统随着时代的变迁，也在发生着变化。现如今，可以说已进入逐渐放弃使用敬语的时代了。

第六，西方语言的音节、音调有抑扬顿挫之感，而日语大体上是平缓温和、变化不大的。另外，西方语言中的辅音和元音是分开来使用的，而日语中除了"ん"之外，所有的辅音和元音都是黏合在一起使用的，这就必然会对日语的音节、音调产生影响。

总之，西方语言是主语主动型的，因而具有自我主张的倾向；日语则是客语主动型的，因而具有自我抑制即谦让的倾向。

至于与日本传统思想文化有着密切关系的汉语和韩语 / 朝鲜语，情况则比较复杂。汉语的语言结构与西方语言差不多，基本上属于主语主动型，并且也是把辅音与元音分开来使用的。若按照日本语法学家鹤久的说法，不但北京话，包括山东话、上海话、广东话、四川话、福建话等在内的中国各地方言，无不具有把有气音与无气音区别开来的特点。或许是同属大陆文化的关系吧，这种把有气音与无气音区别开来的特点，在韩 / 朝汉字发音和越南汉字发音中也一样存在，唯有属于海岛文化的日本，在汉字发音中，是不存在这种区别的。

由此可见，汉语与西方语言一样，也是自我主张型的。了解了这一点，对我们理解中国的民族性无疑是有帮助的。因此，如果要说中国人与西方人在性格上有些相似毫不为过。一般都认为，汉民族和大和民族是具有同源性的两个民族，不过这两个民族之间的基本差异，却并不为人所知。我曾在京都见过著名的李泽厚教授，当时曾与他谈起日中文化的异同问题。李教授虽然对日本的事情不甚了解，但还是坦言二者基本上属于不同类型的文化形态。后来我请李教授到一家有名的日本料理店吃饭时，曾顺口说："日中文化的差异，比较一下日本料理和中国饮食就一目了然了。"李教授的看法比起一般的中国人和日本人，有个很大的不同点，就是在他看来日中文化属于两种完全不同性质的文化。之所以他会这么看，也许是因为他是美学方面的著名专家吧！日中两个民族在艺术美学、生活美学等领域，的确存在质的差别。当然，我不清楚李教授是否也意识到，相对于中国文化较为明显的理知性、逻辑性倾向，日本文化基本上属于感性的、情绪性的。不过需要指出的是，尽管汉语与西方语言一样属于主语主动型，故而在文化性格上也表现出自我主张的倾向，但由于中国文字是绘画文字，而西方文字属音乐文字，所以也不能忘记中西文化之间也是存在很大差异的。至于韩语/朝鲜语，虽与日语同属乌拉尔－阿尔泰语系，在构成上也与日语一样，属客语主动型，但与日语不同的是，它也是把辅音与元音分开使用的，这就使得它与日语也多少有些不同。所以，比起日本人来，韩国人的性格也属于自我主张型。日、中、韩三国语言中为何会出现这种差异性，我想这应该到三国不同的风土环境和历史环境中去寻找答案。

三 制物
与
崇物

由于西方语言与日语之间存在上述差异，才导致了不同的民族性格。简言之，即西方的民族性因自我主张型而趋于理知化，日本的民族性因自我抑制型而趋于情绪化。若从自者与他者的关系来看，则可以说，西方人具有与他者对立、制御他者的民族性，日本人具有与他者调和、尊崇他者的民族性。一言以蔽之，西方人具有制物的思维方式，而日本人具有崇物的思维方式。

为什么会有这样的差异呢？或者说，为什么会产生这种对立的思维方式呢？原因大致可以到两者不同的自然与历史环境中去寻找。举例来说，西方的房屋对自然是防御式的，窗小壁厚，为的是将人与自然分离开。相比之下，日本的房屋是开放式的，能使人与自然融为一体。这大概是因为，西方的自然环境对人类生活来说比较严酷，而日本的自然环境对人类生活来说则相对比较滋润。

若对日本人的自然观作稍微细致的观察就会发现，日本人自古便崇拜自然，而这些均与日本的风土条件密切相关。具有绵长海岸线的、锯齿形的日本列岛，本来与大陆是相连的，后来由于地壳运动而断裂，从此气候变得温暖多雨，森林繁茂旺盛。这些都是大自然给予日本人的恩惠。日本的国土，春夏秋冬四季分明，极富雅趣。所以，日本人对大自然的恩惠怀有深切的感激和崇敬之心，于是便产生了崇拜自然和崇拜万物的民族性。

　　然而，能够形成这样的民族性，除了自然条件，还不能忘记历史环境的作用。日本人属同一民族，且使用相同的语言，人与人之间的想法容易相通，没有必要特意用具有逻辑性的方式来表达自己的意志。甚至可以说，在沉默时也会通过"阿吽"[1]的起伏呼吸来了解对方的意思。这种情绪式的表达方式，世界各民族恐怕没有比得上日本人的。此外，日本民族与欧洲大陆民族不同，没有经历过与其他民族的殊死斗争，甚至可以说完全没有受到过来自亚洲大陆的异民族的侵略。这种特有的被恩赐的自然人文环境，对保持日本的民族性无疑具有极大的帮助。反观中华民族，其生存环境与西方民族很相似。朝鲜民族由于居住在与中国大陆相连的半岛上，自然也不能免于来自亚洲大陆的异民族的频繁入侵。正是由于这样的自然环境和历史环境，才导致上述民族自我主张型的文化特征。这些民族往往是通过讲道理来

1　梵语 a hum 的音译。"阿"是开口时首先发出的声音，为一切字、一切声的本源；"吽"是闭口时所发出的最后字音，此二字在密教中象征诸法的本初与终极。日语里"阿吽的呼吸"，是指两人或者两人以上行动一致、配合默契。

沟通彼此间的感情，因此理性思维相对发达。

正因为此，日本人往往视自然与人为一体，西方人则往往把它们看成是对立的关系。他们是为了控制自然才去探求自然的法则和原理的，由此产生了使自然为人类服务的思维定式。这大概就是西方文化中理性的、理知的科学文明相对发达的原因吧！

中国人与日本人相比较，也属于理知的民族。为使彼此间的意志相通，就需要有强烈的逻辑思维。韩国人也与此相近。因此，清初以来的中国思想家们经常说，中国人长于理论，日本人长于实践。这样的情形，可以说也主要是由自然环境和历史环境的差异造成的。

总之，西方人的思维方式是制物的，而日本人的思维方式是崇物的。在日本人的自然崇拜中，对自然万物所给予的恩惠抱有很深的感恩之情，由此方引申出崇物的观念。尽管这种观念在当下的日本人中有日渐衰减的趋势，但毕竟它是自古以来就流淌在日本人血脉中的根深蒂固的思维定式。举例来说，一直到近些年都在进行的"笔供养"、"针供养"[1]、"放生会"和太宰府附近的古老寺院武藏寺的"紫藤花供养"，以及近年来较为流行的"人形供养"[2]等，都无不证明了这种思维定式的存在。再有，日本人曾在日本海捕过鲸鱼，于是便在各个海岸为"供养"鲸鱼而建立了"鲸冢"，也是这种思维定式的某种反映。

但这样的话，是否就可以认为日本人的自然崇拜是原始民族的泛

---

[1] 供养即上供、祭祀、祭奠的意思。所谓"针供养"，即妇女把断了的针收集起来，插在豆腐上，拿到神社上供。

[2] "人形"即用纸、木、泥等做成的人偶，古时用于附着灾厄邪秽后放入水中流走或作为神灵的化身，也当作诅咒的对象等，后成为儿童喜爱的玩具，做成各种样式。

灵论呢？果真如此，就很容易遭到蔑视。其实，日本人的自然崇拜并没有停留在泛灵论的阶段，因此说它具有与人类理性思考同样的价值，也并不为过。法国大文豪保罗·克洛岱尔，于大正年间当了 5 年驻日大使，下面是他在日光演讲时说的话，相信会帮助我们加深对日本文化的理解：

要说日本人的心理或传统性格，那就是崇敬。当面对着所崇敬的对象时，自身的个性就变得弱小，谦恭地关注于各种舍弃自我的事和物。这些对我来说并不难理解。直到现在，他们的宗教也不是崇拜某种超越性的存在，而是与自然力量和社会存在紧密地结合在一起的。日本的宗教，就其不具备从彼岸来造就此岸世界的明确"启示"这一点来看，确实与印度、中国的宗教没什么不同。但即使如此，两者在深层仍有差异。印度人从本质上说是冥想主义者，他们总是凝视同样的东西，这是因为他们所注视的东西永远是一种假象和隐喻。中国人居住在世界上最大的冲积土地带，他们最关心的是如何调整与自己同胞的关系，故制定法律，以便在暴力和诉讼当中解决兄弟间如何分配土地、水等财产这样兼具道德性和实践性的问题。日本人则不同，他们显然归属于一个被割裂出去的完整世界。这个世界在相当长的时间里与地球上的其他地域没有过任何接触。国土被整个建立成了一座神殿，日本人在那里只关心一年当中的始与终，即从大雪纷飞的一月，到入梅后的阴雨绵绵、大地复苏；从早春的蔷薇色雾霭，到晚秋的袅袅炊烟；庆丰收的典礼在色彩斑斓中逐次展开。日本人的生活，正如

日本神社里的"人形供养"

旧家子弟参加古老家族的祭祀仪式一样，缜密有序。日本人倾向于服从自然，甚至使自己成为其中的一员，并参加为自然举行的各种各样的祭祀仪式。他们关注自然，使自己与自然同化，使用自然的语言，尝试自然的服装。日本人的生命与自然同在。人类与自然之间达到如此亲密的关系，如此相互理解和磨合，恐怕还没有哪一个国家做到过。两个世纪以来（大概是指锁国期），日本人只做与自然彼此关照的事情。

正如克洛岱尔所言，西方人服从神的启示，印度人徜徉于神秘的世界，而中国人则严格遵守现实的道德律令，只有日本人像西方人对待希腊帕特农神庙一样尊崇自然。克洛岱尔最后是这样结束他此次演讲的：

人类与大地已结成了和平共处的关系。正像大家在国歌里唱的那样，愿整个世界的岩石上都长满青苔。

如果再了解一下日本人的日常生活，那么其中所隐含的崇物心理就更加清楚了。比方在家里吃饭，饭前要说"頂きます"，饭后要说"ご馳走さま"，[1] 这些都可以看作日本人自然崇拜、物之崇拜理念的某

---

1 "頂きます"真正的意思是"あなたの命を私の命としていただきます"（以你之命续我之命）。"頂く"是在吃供奉神明的食物时，或从位高者那里接受馈赠时，用"頂"（头上）来表现的崇敬之情。"馳走"有奔走的意思，表现出为了请客吃饭而四处奔走的样子。所以"ご馳走さま"（多谢款待）的真正意思是表示对准备食物的人的敬意。

种表现。这时要感谢的是谁呢？是从孩子的立场出发感谢双亲和祖先赐予食物的恩惠吗？或者是出于对食物本身的感谢而这样说的吗？虽然没有明白地说出来，但上述意思无疑都包含其中。过去吃完饭后，如果有饭粒剩在碗里，或者落在了榻榻米上，父母都会说："饭不能剩下，全吃掉！""不要浪费，把榻榻米上的饭粒捡起来吃掉！浪费是要受惩罚的！"这不能不说是对万物抱有感恩心理的日本传统教育的某种反映，从中也可窥见日本人日常生活中崇物心理的一个侧面。当然，近年来这种崇物心理已越来越少见了。再比如说，日本人自古以来就有山岳信仰，把对神灵的寄托移至奇岩古树上顶礼膜拜，这也可以说是日本人自然崇拜和崇物思维的某种反映。

四　物为灵之存在

　　那么，日本人为什么会有崇物心理呢？对此我想稍费些口舌。日本人自古以来就认为物是有尊严的、有灵的，就像人有人格一样，物也是有物格的。同样，如果把人格视为有尊严的，那么也就不能不说物格也是有尊严的。而且日本人还把这种尊严称为神。所谓神，当然不是西方文化那样的一神教之神，也不是多神教之神。这是因为，物本身是有灵的，所以物本身即是神。而且日本人尤其尊崇灵性这一纯粹之物、伟大之物，将它作为极其可敬的东西来崇拜，并把它作为祭祀的对象。

　　佛教说"一木一草，皆有佛性"。如果按照这样的说法，那就可以把"一木一草皆为神"当作日本式的观念。在我看来，日本被称为"神国"的原因就在于此。

　　在万物中，人是最为卓越的"灵"。这是因为，在人身上存在着与他物不同的人格。"人格"一词是被翻译过来的在西方哲学和伦理学中广泛应用的概念。依我之见，人应该是男女、老幼无差别之存在，是具有绝对尊严的"灵"，其表现方式，就是所谓"人格"。只不过我们平时都把人格一词限定在有卓越人伦道德的人即有德者的意义上使用。

如前所述，"物"其实就包含了"人"，但若把人与物分开来思考，则人有人格，物有物格，并且两者被认为有本质的区别。日本人基于对自然的崇拜而产生了对物的崇拜与崇敬，而这种崇物精神，又成为贯穿于日本的宗教、哲学等所有思想文化领域的最基本的思维方式。对物的崇拜似乎具有宗教的意味，但又不同于宗教，而是一种思维方式或心理定式。

那么，究竟什么是"物"呢？要说清楚这个问题，并非易事。概括地说，物有有形、无形之分。用一句传统术语，亦即有形而下之物与形而上之物之分。形而下之物是可以触摸到或感觉到的，形而上之物是触摸不到或感觉不到的。依我之见，从本质上说，无论形而下之物还是形而上之物，均属于中国传统思想中所说的"气"。"气"可以说既是物质的，又是精神的。因此又可以说，"气"就是"灵"。既然"物"皆为"气"，那么"物"亦即"灵"。

不过这种灵性既不受制于物，也不凌驾于物，而是等同于物本身。既然物是灵之物，那么我们既可以说物是有灵的，也可以说物是有"生命"的，甚至可以说物是有"心"的。前一种说法也许更容易让人理解。若按日本的方式，则可以说万物不论是生物还是非生物，都是有"心"的。万物的"心"，也就是灵性，只是物的这种"心"与人类还是有本质区别的。换言之，灵性因物种不同而异质，而且即使是同种之物，也存在各自不同的质。因此，必须承认，万物都是具有主体性的独自的存在，这便是物为尊严之物的原因之所在。

那么，非生物的东西为什么有"灵"、有"心"呢？从这样的角度看问题，也许会认为这是泛灵论而断定其缺少客观性。但依我拙见，虽然万物是异质的，但因都具备气之"灵"或"心"，因而彼此都是相感而通的。而且正因为万物皆具备气之灵，是有尊严的存在，所以它并非固定之物，而是经常处于生发变化之中的。那种认为崇物论缺乏客观性的观点，在我看来，是一种先入之见。因为所谓"客观性"，其前提不过是人们所说的科学的思维方式。若基于此，则以万物为灵之存在的崇物的日本式思维方式，自然就会被视为缺少客观性了。但我想说的，是先要把所谓的科学思维方式放在一边，唯如此，才不会因主观的先入之见而把特殊的思维方式说成普遍的思维方式。事实上，所谓主观的、特殊的东西，即使最优秀的，也不能把它当作客观的、普遍的东西。无论科学的思维方式还是崇物的思维方式，都有其特殊性；又正因为有特殊性，才具有了普遍意义。

如上所述，日本人情感丰富、颇为情绪化，一言以蔽之，即感性之存在。这样的感性之存在与崇物论的思维方式是完全吻合的。对此，不妨再举点例子说明。日本人在赏月时会说："见月千千物尤悲。"其实这就是基于崇物的思维方式，亦即感性的思维方式。如果按照制物的思维方式或所谓科学的、理性的思维方式，月光充其量不过是太阳光的折射罢了。再比如，日本人看到千年杉树，通常会感知到其充满生命力的灵气。若按理性的思维方式，则充其量不过是植物（杉树）

细胞的生命力之表现。更有甚者，日本人若听到秋虫鸣叫，往往会从中感知它的"哀怨"，而西方人或许只能听到其中的杂音而已。我们还可以到京都的龙安寺石庭去看一下，大概很少会有日本人认为这只是岩石的罗列，相反，倒会认为它是某种心志的体现。当然，西方也有人会这样思考，但日本人也许更普遍、更直观。日本人常说"一木一草皆有心"，甚至会感受到天上行云的灵性，其因概在于此。

那么，"心"又意味着什么呢？本来在东方人看来，人皆有"心"，而"心"又是气之妙动，所以"心"也可称为气灵，"心"即"灵"也。我强调"物为灵"的目的就在于此。这样的思考方式其实来源于对物的崇拜，所以又可称为崇物的思维方式。

东京大学里的特色建筑：底层为老建筑，上层为新建筑，为避免老建筑被破坏，而采用了特别的"加盖"方式，也是日本人"崇物"的一种体现
孙元明　摄

五　崇物与感性
　　的
　　思考

　　制物的思维方式是由自我主张产生的，故有自我与他者的对立。自我要设法说服他者，就不能不采用制驭的手段，于是便产生了探究他者本质的需要。其结果，就必然会导致将自己的理性、理知当作绝对物，而把他者当作对象来分析，以探究其本质、利用其价值的思维倾向。西方的思维方式之所以被视为合理主义，其主要原因就在于此。当然，近世非常发达的合理主义倾向，早在古希腊时期就产生了。这是因为，那个时代是重理性、重理知的时代。到了近世，却把自我理性绝对化，合理主义由此日益深入人心，带来了科学文明的极大繁荣。

　　相对于合理主义，崇物的思维方式不能不说是神秘主义的。之所以这样说，是因为崇物的思维方式崇尚自我抑制和谦让，所以是自我与他者一体的思考方式；同时又是因为崇物的思维方式不是把他者的本质只当作"心"的功能对象之一去进行理性的分析与认知，而是依据"心"之全体即全一的思考方式去感知其本质。如果说，制物的思考方式是理性的、理知的思维方式，那么崇物的思考方式就必然是情绪的、感性的思维方式。前者应该说是局部的思维方式，而后者才是全一的思维方式。因此，在崇物论的思维方式下，对物的本质把握必然是直观的，亦即神秘主义的。相反的，制物论基于合理主义的思维方式，而主张自我与他者的对立性，并强调以自我的理性去认识他者，进而去揭示其存在的本质，以达到驾驭他者的目的。

如前所述，西方的理性主义起源很早，到了近世又获得了膨胀式的发展，使得自我理性思维占据了绝对性地位。正是在这样的背景下，哲学的合理主义兴盛起来。在哲学思想领域，康德（Immanuel Kant，1724~1804）、费希特（Johann Gottlieb Fichte，1762~1814）、黑格尔（G.W.F.Hegel，1770~1831）等大家辈出。但与此同时，批判合理主义的神秘主义者也大有人在，尼采（Friedrich Wilhelm Nietzsche，1844~1900）、柏格森（Henri Bergson，1859~1941）等就是其中的代表，而雅斯贝斯（Karl Jaspers，1883~1969）、海德格尔（Martin Heidegger，1889~1976）等也可以说是同类的哲学家。提起神秘主义，西方中世纪的爱克哈特（Eckhart，Meister Johannes，约1260~1327）、伯麦（Jakob Böhme，1575~1624）等人，虽是基督教式的，但也可称为神秘主义者。

若对东西方的哲学思想作番比较，则完全可以用神秘主义与合理主义来加以概括。总体而言，印度和中国的哲学思想虽属于神秘主义，但与日本相比，则不能不说后者的神秘主义色彩更加浓厚。为什么这么说呢？因为印度哲学和中国哲学在强调神秘主义的同时，并不排除理论思考、理性诠释。日本哲学则不同，它几乎不需要任何理论或理性。对于崇物的思维方式来说，只要实践而不需逻辑是理所当然的，而这在印度哲学和中国哲学那里是不存在的。

而且必须承认，即使同样属于神秘主义，西方与东方、中国与日本也有明显的差异。真正彻底的神秘主义，恐怕非日本的崇物精神莫属。因为西方的神秘主义者，尽管彻底批判了合理主义，但与基督教神秘主义不同，它仍以记叙为主，而几乎不屑于实践之功夫亦即实修。东方哲学尤其是日本哲学，却是非常强调实践、实修的。

说起崇物，还有个对"崇"字的理解问题。所谓"崇"，即崇拜、崇敬之意。若说崇拜，就带有了宗教的性质，而崇敬则只是用来形容某种言行举止，它不像理性思维那样把"心"的某一功能当作根本，

日本大德寺大仙院庭园南端的空间。一片白沙、两座沙山，呈现一种"无"的神秘感

而是把"心"的全一功能包含其中。所以说,"崇"是放弃自我、服从他者的"心"之修行,并且采取了以无心即无我之心与他者一体的立场。此外,相对于知性之物,"崇"的对象也可以说是感性之物。日本思想文化就是把感性直观作为根本的,它同样是对物之本质的认识,表现在技艺方面,则可以说是无心、无我之心。例如武道,若用西方合理主义来解释,其本质就是磨炼技的极致,而若从日本崇物论的观点来看,其本质就是无心之心、无我之心。故而日本武道的立足点就是神秘主义。

总之,从西方合理主义的思维方式出发,在认识事物时就会止步于对事物特色的论证,而从东方神秘主义的思维方式出发,在认识事物时就必须做到实践修行。这只要比较一下尼采、柏格森的神秘主义学说与禅学的神秘主义学说,即可一目了然。西方的神秘主义虽与基督教的神秘主义略有区别,但却没有像禅学中坐禅那样的切至实修,而日本在崇物精神的支配下,就连坐禅那样的严格而系统的实修都没有,只强调在日常生活中的切身体验。神道中虽然也有清身[1]的行为,但那也只是从身心中消除我欲和我执的实修。这说明,日本的神秘主义也不同于禅学的神秘主义。禅学以坐禅为根本,它不仅有经典,而且不反对教与学,并且主张对开山始祖的崇拜。所有这些,在日本人的崇物精神那里,概不存在。

---

1 在参拜神社或佛寺时,进门前都会有个名叫"手水舍"的地方,意在神或佛的面前清洁尘世污浊,此即所谓"清身"。具体步骤是:右手拿起盛水的竹筒、清洗左手;换手、清洗右手;最后用左手盛水,漱口并吐出。

手水舎

六 "崇"之意蕴

　　对"崇"字的意思，我们已在前面稍作解释，下面再从中国哲学的角度做些说明。"崇"若被解为崇敬，则类似中国宋代程朱学派所谓的"居敬"。按照朱子的说法，"敬"有以下三层意义：一是"心中不容一物"，此为尹和靖（1071~1142）之说；二是"整齐严肃"，此为程伊川之说；三是"常惺惺"，此为谢上蔡（1050~1103）之说。所谓"心中不容一物"，是说心中不能有丝毫物欲；所谓"整齐严肃"，是说身心根据现状，端正其行为和心境，并作严格的自我反省；所谓"常惺惺"，则是指使心明智觉悟，并去掉笼罩在心上的阴霾。

　　在上述三种意义中，朱子重视的是程伊川之说。这是因为，朱子是志向高远的理想主义者，所以为了达到伊川之"敬"那样的境界，他便视物之理为整齐严肃的存在。而且朱子还把"敬"贯穿于动静之全过程，并以静坐为入手之功夫。

对"居敬"说论述得最为详尽的是明初的朱子学者胡敬斋。但"崇物"与"居敬"，却是貌合实不合。朱子学所谓的"居敬"，是为了探求物理，强调的是穷理之学，所以以知之学问为先，以居敬实修为后。因此，在朱子学那里，作为物质要素的气与理是被分开的，理即气之法或说原理，穷理就是要究明知性之理，而"居敬"不过是对理的实修。因此，知行关系在朱子学那里，也是被分隔开的，朱子的"知先行后"说即源于此。

崇物论由于是直接对物本身的崇敬，所以不同于朱子学的"居敬"说。具体地说，也就是与朱子学把气与理分开，把敬作为理之敬的理知型做法不同，崇物论是对物本身即物之灵的崇拜和崇敬，故而属于宗教式和情绪式的。

崇物之"崇"，如前所述是"心"的全一之修行。如果说，西方传统思想文化求的是"真"，那么崇物论求的便是"真"之根本。"真"固然需要寻求，但不能忘记其中的本末之分。崇物的全一实修就是求其根本之功夫，而其他各种知性之学不过是求其枝叶罢了。况且，本与末虽不可分割，但其中必有个"立宗旨"的问题。在我看来，崇物即是学问之宗旨。

然而，要立崇物之宗旨亦并非易事。它要求在崇物的实修过程中，不能陷于主观。要做到这点，就必须学习东方的传统。日本的神道自不必说，佛教、老庄和儒教都要学。尤其是儒教，更是不能不学的东方传统的代表。举一个佛教的例子，禅宗讲的"放下"，就是崇物论的入手处。即使是"崇"，若执着于此，也难免失其真。在这种情况下，就必须将它"放下"。在我看来，"崇"之修行，必须消除或放下"我欲、我见、我执"，舍此"三我"，即所谓"三无我"。而且崇物之修行，还必须是发自本性的自然之流露。因为物本身就是灵，它不是绝对唯一的不动的东西，而是生生不息、不断变化的。

如此说来，崇物论就真有点类似禅宗所说的"退步思量"[1]了。其实"退步思量"这句话，儒、释、道皆用，反映的是消极的处世态度和生活方式。不过比较而言，崇物论与儒、释、道相比，对物的态度既有积极面，又有消极面。之所以这样说，是由于佛、道皆主张超脱，故而对物的态度是消极的，儒教以经世为目的，故而对物的态度是积极的；而崇物论所强调的自我抑制型的修行功夫，虽亦可称作"退步思量"，但较之佛、道，崇物论对物的态度要明显积极得多。真正的崇物论，是主张物各得其所的，用儒教的话讲，就是使其"物各付物"。但与儒教带有明显的理知倾向不同，崇物论所凸显的乃是活泼和情意。

因此，孟子所说的"必有事焉而勿正，心勿忘，勿助长也"（《孟子·公孙丑上》），对崇物论来讲是非常重要的教诲。当然，最容易理解也最容易在崇物的修行功夫中发挥作用的，还是像孔子所说的"己所不欲，勿施于人"（《论语·卫灵公》）及"己欲立而立人，己欲达而达人"（《论语·雍也》）这样的教诲。

其实，儒教原本就有许多适合日本民族的思想资源。因为日本民

1　语出《三世因果经》："思量无被苦，有盖便是福；莫谓我身不如人，退步思量活神仙。"

京都鹿苑寺，又名金阁寺，始建于 1397 年　　孙元明　摄

族属于同一民族，所以特别重视人伦，而儒教正是像孔子所说的"吾非斯人之徒与而谁与"（《论语·微子》）那样重视人伦的学说。另外，日、中两国都主张现实的人间生活之道，一如贝原益轩所言："日本主张神人合一，中国主张天人合一，其道同也。"（《神儒并行不相悖论》）这里的神之道和天之道，其实均为现实之道，与佛教所说的超越之道不同。

　　由于儒教与日本传统的神道有很多相同之处，所以《论语》经由百济传来时，便很快被日本人接受并融入日本本土文化中。后来，当佛教传入日本时，便受到了奉行神道的部族的坚决排斥，进而引发了排佛与崇佛的激烈纷争。因为神道主张光明的生的世界，而佛教主张黑暗的死的世界，并把超越现世的黑暗世界作为佛教之根本。因此，相对于主张此世光明的现实之道的神道来说，佛教所主张的超越之道显然不符合日本的民族性。然而，即使如此，日本人还是接受了佛教，并且创立了颇具本土文化特色的日本佛教。类似的情况，还发生在基督教传入日本的过程中。之所以出现这种现象，概在于日本传统中崇物的思维方式。

七 人类的本性

如前所述，崇物之物是万物之意。万物之中自然包含人类。因此，人类与其他生物、非生物也都是同气相通的，人类与他物的区别在于，人类是具有特殊灵妙之气及功能的生物。由于人类本身就是生物，故而其肉体不仅包含动物之要素，也包含植物之要素；又由于人类的肉体本身也是物体，故而人类又包含了一般物质之要素。人类与他物所不同的只在于其超绝性和优秀性。

那么，人类性与物质性的区别又在哪里呢？对此，自古以来东西方学者之议论可谓不绝于耳，其中德国著名基督教思想家、现代哲学人类学奠基人马克斯·舍勒（Max Scheler, 1874~1928）的论述是较有代表性的。下面就简要对比一下东西方的不同解释。

近些年我曾读过一些人类学者和考古学者关于东非早期人类遗迹的调查报告，比如北原隆的《人类生存的条件——人类学者的考察》

（《文化会议》卷215，昭和62年5月日本文化会议发行）一文就有如下记载：长期以来，在讲到人类与类人猿的区别时都会说是"有智慧之人"和"工作之人"。这是基于达尔文进化论的解释。然而，通过对东非早期人类遗迹的调查，却又增加了"共生之人"。过去从未注意到这一点，今后应多加关注并对其进行哲学的思考。

实际上，关于第三点，古代儒教尤其是宋明时代的儒学家们早就有过论述，只是上述报告的撰稿人没有注意到了罢了。儒教以人伦道德为根本，主张修己治人。"共生之人"使社会生活得以延续，因为人类本来就不可能只顾及自己，还要经常用心体谅他人的存在。儒学家们正是出于其所强调的人伦道德性，才将此作为人类本性来加以论证的。如孟子所说的"老吾老以及人之老，幼吾幼以及人之幼"（《孟子·梁惠王上》），就很明确地指出了这一点。儒教的修己治人之道之所以被称作"道"也在于此。最能清晰展示修己治人之道的，应是《大学》中有关"正心、诚意、致知、格物、修身、齐家、治国、平天下"所谓"八条目"的教诲。

但是，人类的特性不只是人伦道德的本性，对此，只要观察一下中国古代思想及其历史便很清楚了。大致来说，还应有这样几方面的特性：现实主义即基于功利的人性论；超越主义即基于宗教的人性论；理想主义即基于道义的人性论；艺术主义即基于审美的人性论。这些特性可以说每一个都是根深蒂固的人之本性的体现。之所以这样说，因为它们都是发自人类生命中的最真切笃实的存在。

上述第四点，因其与社会性没有直接关系，可暂且不论。另外三点只要仔细思考一下就可知道，人类首先是追求一己之私的功利性存在，且因这一特性根深蒂固，而被主张现实主义的思想家视为人类之本性。正因为此，基于个人之私利的社会、民族、国家之间的关系也必然是对立、相克、斗争的关系，也必然是支配与被支配、控制与被控制的关系，而各种计谋、欺诈等手段也都是由此产生的。主张现实主义的思想家有孙子等兵家、韩非子等法家以及纵横家（外交家）等。

与这种冷酷残忍的非人情的现实主义思想相对立的，是基于人类本来就有的宗教性的人性论，超越主义的思想便是由此产生的。超越主义认为，人类是相对的存在，他们背负着难以逃脱种种矛盾、纠葛和苦恼的命运，只有服从凌驾于人类之上的超越之物，才能摆脱命运的束缚，从而恬居于绝对安逸的世界。因此，超越主义者追寻无为之境界，否定人为之努力。主张超越主义的思想家是以老子、庄子为代表的道家，被中国化的佛教亦在其列。

然而，在现实生活中，尽管人确实生活在功利性的人际关系中，各种矛盾、纠葛和冲突在所难免，但理想主义者认为，人的本性是善良的，人与人之间是因情义（人情与义理）而结合在一起的，这便是理想主义思想产生的根源。在理想主义者那里，自我与他者在本质上是血脉相通、一心同体的存在。而且这样的自他同体观，不仅限于人与人之间、人与社会之间，而且还被扩展到人与宇宙万物之间。主张理想主义的思想家是以孔子、孟子、朱子还有王阳明为代表的儒家。

八　相克
　　与
　　相生

　　除了思考人类的本性，我们更重要的是还要思考动植物等地球上其他生命的存在，看看它们是怎样保存自己的种系及生命体的。因为人类本身也是它们中的一分子。

　　近年来，随着生物科学以及传媒业的高度发展，人类对本来无法知道的地球上其他生命体的生存方式有了更深的了解。原来，地球上的生物都各有各的生存环境，它们不仅努力保全自己的生命，而且还在努力保全后代的生命，而这些可以说都是生命的本能状态。通过仔细观察，我们看到，所有生命体都会在不知不觉中通过相克相生而达到共存共生的状态。

　　说到相克，动物世界的生存法则无疑是弱肉强食，但除此之外，它们还彼此相生。如蜜蜂采花蜜，花粉可带给雌蕊而使植物结果。再比如，鲸鱼、大象等大型动物，老虎、狮子、云豹等猛兽，产仔量都非常少，而沙丁鱼、青蛙等弱小动物则产仔量很高，从而使动物界达到某种平衡。这样的事情，在植物界也很常见。总之，生物都是通过相克相生而达到共存共生的。也就是说，各种生物体为达到生存的目的，都须在共存共生中维系自己的生命乃至种系。

以上例子说明，动物相克既是对立型的，又是循环型的，这就如同刚与柔、阴与阳一样。正因为是矛盾的存在，所以会因斗争而消亡，也会因斗争而调和。对此，《易》中的"睽卦"揭示得非常清楚。睽卦，概括地说，就是矛盾的卦，其《象传》云："天地睽而其事同也，男女睽而其志通也，万物睽而其事类也，睽之时用大矣哉。"

仔细想来，相克与相生也是矛盾的存在，所以两者的关系既是对立的，又是调和的。也就是说，当我们说相克的时候，其实已包含了相生，反之亦然。总之，地球上的生命体之间或者生命体之内，都是既相克又相生的关系，由此才能达到共存共生的目的。从这一立场来思考问题，我认为，较之相克面，我们似乎更应重视相生面。不过不要忘记，这一相生其实是超越了相克相生之后的相生。由于人类也是地球上的生命体之一，所以也必然要遵循这一自然法则。换言之，人类也与其他生物一样，具有共生共存的本性。所不同的，是人类有自觉性，并会在此基础上，以主体的自主行动来实现人类的理想。

九 万物一体的思考

　　我们知道，人的社会性是人性的本质，是人类生存的根本之道，这也就像孔子所说的"吾非斯人之徒与而谁与"和孟子所说的"不若与人（乐）"那样，是己非一人而"与人"的理念。只是由于为私利私欲所驱使，"与人相克""与人相对"的功利心才应时而生，使得人类的共存共生心以及对此的自觉性丧失殆尽。正因为此，才产生了从人类家庭生活关系出发来思考问题的人伦之道。人伦之道的核心，就是基于人类家族道德之上的共存共生的社会道德。应该说，这是人之本性的彰显。

　　无论家族道德还是社会道德，都不过是人伦道德的组成部分，亦是人类共存共生之道的反映。如果把这种人伦之道扩展到自然界，则成为共存共生的自然之道。也就是说，人伦之道不仅是就家族道德、社会道德而言的，也是就自然界而言的，它使人类所具有的宗教性和道德性扩展到自然界，从而使世界万物也有了人伦情感。建立以这样的人伦道德为目标的理想世界，应是中国宋明时代儒学家的共同追求。所以，他们所倡导的"万物一体"论，应当被视为孔子"仁"学思想发展的终极之道。

"万物一体"论的集大成者是明代的王阳明。王阳明把良知作为"万物一体"论的根本。良知即道德的感知，亦即道德的法则。他以达到"万物一体之仁"为目标，以实现良知之体的"真诚恻怛"为手段。在王阳明看来，以良知为本体的"万物一体"论，就是把家族生活扩展到社会生活，进而扩展到自然万物，其实质乃孔子所说的"吾非斯人之徒与而谁与"的仁的极境。这样的"万物一体"论，其实可以说是对庄子《齐物论》的超越。功利的思考方式则是"万物一体"论的阻碍。尽管功利主义也讲人伦道德，也持有超越之立场，但人性为恶乃其本质之规定。因此，"万物一体"论若不能切实克服功利性的思考方式，就不可能达到理想之目标，更无法实现现实性与理想性的结合。

与宋明儒学家所倡导的"万物一体"论相比较，我认为，崇物的思考方式也许更加简易直接。这是因为，崇物的思考方式因其宗教性而变得更为自他一体，从而使弃绝功利心也变得更加容易。但是，即便是崇物的思考方式，如果不能做到"物各付物"，使物各得其所的话，那么"万物一体"论的理想目标也是不可能实现的。

"万物一体"论或者"崇物"论的前提是"观物"，亦即对"物"的深刻观察和思考。"观物"有三法："一曰大观，二曰小观，三曰深观。"所谓"大观",就是把"物"置于悠久时间和广阔空间中加以观察;所谓"小观",就是精细观察事物的法则及其原理;所谓"深观",就是洞察事物的本质。若无此"三观","万物一体"或者"崇物"恐怕就会流于空谈。

如此说来,崇物若不接受基于制物的科学思维方法,似乎就不能实现其理想世界了。这里有必要对崇物思维方式与科学思维方式的关系问题稍作阐释。我认为,崇物的思维方式既产生于科学思维方法之前,又产生于科学思维方法之后。也就是说,崇物的思维方式贯穿人类思考的全过程。一般来说,具有全一之心的崇物的思维方式,需要深浅精粗的各个思考层面。如果说素朴之思考是粗浅的,那么要想探究事物之属性,就需要科学之思考。换句话说,只有通过科学思考,才能透彻了解事物之属性,也才能把握物质的三维空间及物质与其他事物的联系,从而探究其存在的法则和原理。非如此,崇物就不能发展和进化。然而,任何事物皆非静止固定之存在,而是多种层面、多种属性生生变化不息的,因而仅仅依靠科学思考又是不够的。若无崇物之思考,就会使人的认识失之简单和片面。科学思考与崇物思考的关系,犹如树木的枝叶与根本,前者是枝叶,而后者才是根本。科学思考虽具备了解事物某一特定属性的理知型功能,但缺乏把握事物全体及其根本的直观型功能。因此,科学思考若脱离了崇物思考,就会成为"无根之草",或谓"游骑无归",从而失去自(我)他(者)之灵性。

中国人讲的"万物一体"论,是把人类的社会生活作为中心的,很少涉及山川草木等自然物。日本人讲的崇物论，则是由自然崇拜而来，所以是把山川草木等自然物作为中心的。近年来，随着环境问题的日益严峻，生态学的思考显得越来越重要了。这些问题，若基于崇物的理念，就容易解决多了。然其前提是须对传统的"万物一体"论尤其是崇物论有充分的自觉。这就是日本人的崇物的思维方式所显示的世界性意义。换言之，西方的制物思想只有与日本的崇物思想合二为一，才能真正成为具有世界价值的思想库，从而推进人类思想文化的大发展。

应当承认，我所说的崇物的思维方式与日本远古的神道思想密切相关。但正如 J. W. T. 梅森所言，日本人过于自我抑制的文化性格，使之对自身传统的神道资源缺乏充分的自觉。梅森在其名著《神来之道》中，对神道思想曾进行过详尽论述。[1]

1　详见上篇《简素的精神》第四章《日本的宗教与思想》中"神道"一节。——编者注

日本伏见稲荷大社（主祀稲荷大神）的千本鸟居

十　自我抑制性
　　　与
　　　自我主体性

　　从表面上看，自我主张型的人似乎都会坚持自我主体性，自我抑制型的人就自然属于缺乏自我主体性的人了。其实不然。之所以这样说，其理由就在于日本人的自我抑制是崇物型的。

　　自我抑制与所谓"退步思量"有相通之处，究其至极，便可达到"无我"的境地。依我之见，所谓"无我"不外乎弃绝"三私三我"，即"私欲、私情、私见"这三私和"我欲、我见、我执"这三我，其中最关键的是要避免执着。也就是说，即便追求无我，也不能刻意地去想无我，不然就会陷于"我执"。所以道家主张"无无"，佛家主张"空空"。

　　若要崇物，自然就会自我抑制，自然就会达到无我，也自然会达到弃绝无我的境界。如此一来，"崇"也自然变成了"无崇"。不仅如此，最后就连"无崇"也在弃绝之列了。因此可以说，到了"无崇"之"崇"，就到达了"崇"的极致。这也就是苏东坡对程子所说的"敬而无敬"的境界，亦类似泽庵禅师在教给柳生宗矩剑道时所主张的"无敬之敬"的境界。

这里需要特别指出的是，"崇"并非盲目地崇拜物和崇敬物，问题的实质，是希望回归物的本来生活方式和存在方式，使物得其所，即所谓"物各付物"，若不是这样，就不能称为真正的崇物。要做到这一点，就必须努力感知万事万物的本质，从"无我"入手，通过全一之心来实现。

这样一来，关于"崇物"的自我抑制就成为向实现真我的过渡，而真我的实现，就必须发扬活泼的主体性。因此，日本人的崇物及自我抑制，不仅不是压抑了自我主体性，反而是积极坚持了自我主体性。

对于日本人的自我抑制性，外国人往往会把它误解为日本人不擅长通过讲道理表达自己的意愿，呈现一种暧昧、模糊和带有欺瞒感觉的民族特性。其实，这种误解，是因为他们不了解日本人传统中潜在的崇物之本性。

总之，所谓物即宇宙万象。无一物是固定不变的。一切可称为物质的或精神的东西，都是由"气"组成的。"气"并不具有同质性，"气"中存在着无限异质的成分。物无非是由"气"组成的一个主体，其主体性亦因质或量的不同而呈现差异。非生物与生物、植物与动物、动物与人……天下万事万物，概莫如此。而且即使是同质的东西，其内部之"气"亦有优劣、多寡等差异。不过，既然都是一"气"所生，那么宇宙万象便都属于一个共同体，人类也只是这一共同体中的一分子，而非万物中拥有特殊权利的存在。因此，其他事物也与人类一样，是有尊严的，只不过人类被赋予了特殊的优秀的品质，所以才具备了超越的特性。相比宇宙万物，人类之心不能不说是非常精妙的，这是人类创造丰富多彩的物质文明和精神文明的根本之所在。

主要参考文献

「縄文人と日本列島の自然」鈴木公雄

『日本美術の特質 図録』『日本美術の再検討』矢代幸雄 岩波書店

『日本精神』モラエス／花野富蔵訳　講談社学術文庫

『老子』『荘子』岩波文庫

『古事記』『日本書紀』岩波日本思想大系

『新版 日本人の発想』神島二郎　講談社学術文庫

『清貧の思想』中野孝次　草思社

『朝日の中の黒い鳥』ポール・クローデル／内藤高訳　講談社学術文庫

『勇気と挑戦の人生：明日を担う若人のために』熊谷八州男

『論語』『周易』漢文大系　富山房

『訳註 陶淵明詩解』鈴木虎雄 弘文堂

『陶淵明—世俗と超俗』岡村繁　NHKブックス

『良寛＝魂の美食家』藤井宗哲 講談社現代新書

《王文成公全书》国学基本丛书 王守仁 商务印书馆

『日本語の構造』中島文雄 岩波新書

『音楽の入門』柴田治夫

『南画への道程』橋本関雪　中央美術社

『東洋画概論』金原省吾 古今書院

『東洋美術論』金原省吾 講談社

『宋明哲学の本質』岡田武彦 木耳社

『江戸期の儒学』岡田武彦 木耳社

『中国思想における理想と現実』岡田武彦 木耳社

『東洋の道』岡田武彦 明徳出版社

『新訂新訓 万葉集』『新訂 新古今和歌集』佐佐木信綱 岩波文庫

『万葉の伝統』小田切秀雄 講談社学術文庫

『校註 古今和歌集』西下経一 朝日新聞社

『校訂 枕草子』池田亀鑑 岩波文庫

『訳註 方丈記』簗瀬一雄 角川文庫

『校註新訂 方丈記』市古貞治 岩波文庫

『校註新訂 徒然草』『古今和歌集』『新古今和歌集』西尾実・安良岡康作鑑賞 日本古典文学

『芭蕉の世界』尾形仂　講談社学術文庫

『芭蕉俳句16のキーワード』復本一郎　NHKブックス

『芭蕉講座』三省堂

『芭蕉講座』有精堂

『評釈 芭蕉七部集』幸田露伴 中央公論社

『完本うづら衣新講』岩田九郎 大修館書店

『芭蕉文集』『小林一茶集』日本古典全集

『風姿花伝』世阿弥 / 野上豊一郎・西尾実校訂 岩波文庫

『近世芸道論』日本思想大系 岩波書店

『茶の本』岡倉天心 / 村岡博訳 岩波文庫

『茶道の歴史』桑田忠親 講談社学術文庫

『お茶の話』江守奈比古 海南書房

『仙厓』衛藤吉則・石上敏・村中哲夫 西日本人物誌 西日本新聞社

『浮世絵』菊地貞夫 現代教養文庫 現代社会思想研究会出版部

『ニッポン』ブルーノ・タウト / 森儁郎訳 講談社学術文庫

『新訂 陶磁用語辞典』雄山閣編

『日本音楽の歴史と鑑賞』星旭 音楽之友社

『弓と禅』オイゲン・ヘリゲル / 稲富栄次郎・上田武訳 協同出版

『教行信証』親鸞 / 金子大榮校訂 岩波文庫

『神ながらの道』J.W.T. メーソン / 今岡信一良訳 たま出版

『神道のこころ』佐伯彰一 日本教文社

「瑞垣」一七三号 神宮庁

『神道のちから』上田賢治 橘出版

『世界百科大事典』平凡社

『日本古典文学大辞典』岩波書店

译后记

　　本书的上篇《简素的精神》译自冈田先生 20 年前撰写的《简素的精神》（日本致知出版社 1998 年初版，后以同名收入《冈田武彦全集》第 30 卷，即将由日本明德出版社出版）。该书的中译本，曾以《简素的精神——日本文化的根本》为题（书名由冈田先生的挚友张岱年先生题写），于 2000 年由杭州西泠印社出版社刊行过。记得当时只印了 800 册，由作者和译者作为赠书，用于内部交流，几乎没有真正在市场上公开销售。因此，该书的中译本出版后，在社会上并未引起任何反响，这其实与书的实际价值是很不相称的。

　　我曾在原中译本的后记中说："要说译过的日文，不能说很多，但也可谓不少了。但像本书这般面广意深之作，倒还是第一次碰上。且本书涉及的对象，大都为我以前闻所未闻或仅略知一二者，故原想十七八万字的东西，弄个半年足够了，却未料折腾了近一年。其中之甘苦，只有天晓得了。好在边干边学、边学边译，也算补了日本文化史这一课，尽管仍只是一知半解。"这段话至今仍然有效。换言之，我至今仍属日本文化的初学者。正因为此，这次在对书稿进行重新校译的过程中，对许多问题仍有力不从心之感。尤其是翻译书中所引用的随笔、和歌、长歌、俳谐、俳文等日本古文献时，远非不以日本文学为研究对象的我所能胜任的。好在原中文版出版后的十余年间，有关日本古代文献的翻译作品问世了不少，从而给我提供了选择、参照的较大余地。这是必须向被参考书籍的译者表示感谢的。但即使有所参照，对于这部分内容的翻译，仍存在较大的不确定性，因而难免会引起读者的质疑和不满，对此也是需要读者给予谅解和指教的。

下篇《崇物的精神》译自冈田先生晚年的"收官之作"《崇物论》。记得译者 2000 年年初在九州大学访学时，先生曾多次向我述及此文的基本思路和大致内容。但由于当时的冈田先生已是重病缠身，双目几近失明，于是我便根据先生的口述，做了些笔录。唯因所述内容涉及诸多东西方的哲学问题，这对于日语听力尚处在初级水平的我来说，难度是相当大的，故所记内容非常零碎，可谓错误百出。于是只好由冈田先生的弟子森山文彦先生再作续录、增补，并整理加工。2002 年下半年，该文总算基本完成，当时的字数约有日文 3 万余字，因冈田先生自认尚不成熟，所以并未立刻发表。2002 年 10 月我去福冈访问时，曾专门去先生府上拜访，先生遂将用于"内部交流"的该文铅印本赠予我。在 2003 年 8 月举行的"《冈田武彦全集》发刊祝贺会"上，先生又把该文作为纪念品赠送给与会者。2004 年 10 月 17 日，先生仙逝后，在告别仪式上，该文又一次被作为纪念品之一分发给参加葬礼者。由此可见，冈田先生本人及其弟子们对该文的重视之程度。

虽然有关"崇物"思想的系统性论述，冈田先生生前并未最终完成，但与"崇物论"之内容相关联的论文，在先生生前则已陆续问世。比如 1988 年发表在《北九州高专通讯》第 51 号上的《日本人の考え方とその意義（日本人的思考方式及其意义）》；2002 年 2 月刊载于《関西师友》上的《観物箴（观物箴）》；2004 年 6 月发表在东洋之心学会会报《朋》第 1 号上的《日本への回帰——崇物（日本的回归——崇物）》；2004 年 3 月刊载于《活水日文》第 45 号上的《崇物论——日本的思考》等。此次收入本书的中译本，最早是由我在九大时的同学李凤全先生完成初译的，因达不到发表要求，才由我对全文进行了重译，并以《崇物论——日本人的思维方式》为题，发表在王中江先生主编的《新哲学》第 6 期上。正因为此，《冈田武彦全集》的编纂者，才决定把先生有关"崇物"思想的上述论文辑为一册，以《崇物论——日本的思考》为题，收入《冈田武彦全集》第 31 卷，并预定于 2016 年由明德出版社出版。该册之内容，除《崇物论》这篇重要论文外，还增加了与该论题相关联的论文。

比较而言，《简素的精神》可以说是冈田先生在思想成熟期的力作，而《崇物论》则是先生晚年在病中完成的"未尽之作"。因此就思想内容的完整性而言，《简素的精神》内容完备、自成体系，而

《崇物论》则是提纲挈领、线条粗犷，从而给读者留下了意犹未尽之憾。其实，仅仅从《崇物论》的小标题即能看出，文章所论述的十部分内容，如果造物主能让冈田先生的生命延续得更长一些，或者能让先生晚年的身体和精力略微充沛一些，内容肯定要比现在更加充实、完整，篇幅也肯定不会只有区区 3 万字。

尽管《崇物论》是冈田先生晚年的"未竟之作"，体量只有《简素的精神》的六分之一，编在一起，有失平衡，但是我依然认为，"崇物论"在冈田先生的思想体系中占有非常重要的地位，其重要性甚至要超过"简素论""体认论""兀坐论"等先生的其他一系列学术观点，甚至可作为贯穿这些学术观点的思想主轴和终极理念。正因为此，杜维明先生才一直希望能把这篇《崇物论》用日、中、英三种文字出版单行本，而我执意要把《崇物论》与《简素的精神》合为一体，其因也在于此。

需要说明的是，在不影响本书内容完整性及读者理解的前提下，我在翻译时对文中一些日、英语例证进行了删节。同时，为便于读者阅读，增加了不少注解，并提供了部分插图。

还要特别强调的是，为使本次中译本更加丰富生动，社会科学文献出版社的编辑给出了百余幅插图的配图建议，书中所用的日本陶瓷相关的图片由清华大学美术学院的郑宁先生授权使用，日本建筑的相关图片大都是社会科学文献出版社的孙元明先生拍摄的，书画作品图片则来自设计师蔡长海先生和编辑杨轩女士的私人藏书。此外，还有其他的图片提供者，在此一并表示感谢。这些图片的加入，使作品增色许多。

但愿冈田先生的在天之灵，能对这部重新校译、精心制作的作品感到满意。是为后记。

钱明

2016 年 3 月

于杭州寓所心闲斋

图书在版编目（CIP）数据

简素：日本文化的底色 / （日）冈田武彦著；钱明
译. -- 北京：社会科学文献出版社, 2022.7
（樱花书馆）
ISBN 978-7-5228-0118-6

Ⅰ. ①简… Ⅱ. ①冈… ②钱… Ⅲ. ①文化研究－日
本 Ⅳ. ①G131.3

中国版本图书馆CIP数据核字（2022）第085990号

· 樱花书馆 ·

简素：日本文化的底色

著　　者 / 〔日〕冈田武彦
译　　者 / 钱　明

出 版 人 / 王利民
责任编辑 / 杨　轩　胡圣楠
责任印制 / 王京美

出　　版 / 社会科学文献出版社　（010）59367069
　　　　　　地址：北京市北三环中路甲29号院华龙大厦　邮编：100029
　　　　　　网址：www.ssap.com.cn
发　　行 / 社会科学文献出版社（010）59367028
印　　装 / 三河市东方印刷有限公司

规　　格 / 开　本：889mm×1194mm 1/32
　　　　　　印　张：14.25　插　页：0.5　字　数：293千字
版　　次 / 2022年7月第1版　2022年7月第1次印刷
书　　号 / ISBN 978-7-5228-0118-6
著作权合同
登 记 号 / 图字01-2022-3347号
定　　价 / 89.00元

读者服务电话：4008918866

冈田武彦（1908~2004）

当代著名思想家，儒学家，日本"九州学派"代表人物之一。1934年毕业于九州大学法文学部，1958年受聘九州大学教养部教授，1960年获文学博士学位，1966年受聘为美国哥伦比亚大学客座教授，1972年荣退后为九州大学名誉教授。曾任日本中国学会理事、评议员，东方学会名誉会员、评议员等重要学术职务。

主要论著有《王阳明与明末儒学》《江户时期的儒学》《中国思想的理想与现实》《宋明哲学的本质》《贝原益轩》《山崎闇斋》等。曾与他人合作主编《朱子学大系》《阳明学大系》《近代汉籍丛刊》《日本思想家丛书》《王阳明全集》（译注本）等丛书和多卷本文集。2007年起，《冈田武彦全集》（36卷）由日本明德出版社陆续出版。

钱　明

1956年生，日本九州大学文学博士，师从冈田武彦。浙江省社会科学院哲学所研究员，浙江国际阳明学研究中心主任，绍兴文理学院"鉴湖学者"讲座教授，浙江省儒学学会副会长，贵州大学、韩国岭南大学特聘研究员，台湾"中研院"、台湾大学、台湾清华大学、日本九州大学、东洋大学、福冈女学院大学、韩国忠南大学客座研究员，国家社科基金重大项目"阳明后学文献整理与研究"首席专家。主要论著有《阳明学的形成与发展》《儒学正脉——王守仁传》《胜国宾师——朱舜水传》《王阳明及其学派论考》《浙中王学研究》《东亚视域中的近世思想研究》等。